政府采购实务

Practice of Government Procurement

政府采购代理机构辅导用书 基础篇

主 编　李海燕

副主编　程振华　王 蓓　付方龙

参 编　宋 浠　胡火轮　印 鹏　饶 阳　张 威　肖 飞

　　　　汪 丹　武天仪　田 翠　邱 天　刘才华　辛梓正

　　　　刘源浩　史俊峰　王 彦　刘 凯　王 力　陆仲恒

　　　　邓雄伟　朱元博　李香昊　姚陈雨

华中科技大学出版社
http://press.hust.edu.cn
中国·武汉

内容简介

　　本书作为政府采购从业人员的基础辅导用书,旨在帮助从业人员全面理解政府采购的基本原理、程序和要求,提升其在政府采购活动中的专业水平和服务质量。本书涵盖了政府采购的基本概念、法律法规、操作流程、风险防范等方面的内容,并结合实际案例进行了详细解读和分析。

　　希望本书能够成为政府采购从业人员的实用指南,为其在政府采购实务中提供有力的支持和指导,促进政府采购工作规范化、专业化。

图书在版编目(CIP)数据

政府采购实务 / 李海燕主编 . -- 武汉:华中科技大学出版社,2024.7. --(政府采购代理机构辅导用书). -- ISBN 978-7-5772-0996-8

　Ⅰ . F812.2

中国国家版本馆 CIP 数据核字第 2024Y35Q88 号

政府采购实务
Zhengfu Caigou Shiwu

李海燕　主编

策划编辑:张　玲

责任编辑:陈元玉

封面设计:何　轩　刘　洋

责任监印:周治超

出版发行:华中科技大学出版社(中国·武汉)　　　　电话:(027)81321913

　　　　　武汉市东湖新技术开发区华工科技园　　　　邮编:430223

录　　排:孙雅丽

印　　刷:武汉科源印刷设计有限公司

开　　本:787mm×1092mm　1/16

印　　张:19.75　插页:1

字　　数:387千字

版　　次:2024年7月第1版第1次印刷

定　　价:59.80元

政府采购是衡量国家经济的重要指标之一，它不仅反映政府的支出和投资，还影响到市场供应和需求的动态，对经济增长和就业产生重要的作用。

2022年全国政府采购规模为34993.1亿元，占全国财政支出和GDP的比重分别为9.4%和2.9%。从结构来看，货物、工程、服务政府采购规模分别为9027.5亿元、15664.1亿元和10301.5亿元，占全国政府采购规模比例为25.8%、44.8%和29.4%。从组织形式来看，政府集中采购、部门集中采购、分散采购规模分别为7676.8亿元、2609.7亿元和24706.5亿元，占全国政府采购规模的21.9%、7.5%和70.6%。从采购方式来看，公开招标、邀请招标、竞争性谈判、竞争性磋商、询价、单一来源采购规模分别占全国政府采购规模的77.2%、0.8%、2.2%、11.0%、0.9%和3.3%。

政府采购政策作用日益凸显，有效促进了经济社会的发展。在支持绿色发展方面，2022年全国强制采购、优先采购节能节水产品520.4亿元，占同类产品采购规模的89.7%；优先采购环保产品847.6亿元，占同类产品采购规模的87.1%。在支持中小企业发展方面，全国政府采购授予中小企业合同金额为25884.2亿元，授予中小企业合同总金额占全国政府采购规模的74.0%。其中，授予小微企业合同金额为15148亿元，占全国政府采购规模的43.3%。

政府采购作为公共资源配置的重要手段，直接关系到社会经济的发展和公共利益的保障。为了确保政府采购活动的公开、公平、透明、高效，政府采购代理机构在其中扮演着至关重要的角色。同时，在时代的发展中，政府采购代理机构又面临着重大的挑战，需要不断地改进和创新，适应时代的变化，提高专业素养和服务水平。本书通过系统性的理论阐述和实务案例分析，旨在帮助政府采购代理机构更好地履行职责。

　　《政府采购实务——政府采购代理机构辅导用书》为政府采购实务系列丛书的重要组成部分。在编写过程中，我们深知政府采购领域的复杂性和多变性。因此，我们汇集了来自政府采购领域的专家、学者以及实践者的经验和见解，力求将最新的理论研究与实际操作相结合，使本书既具有理论深度，又具有实用性和操作性。

　　我们也特别感谢所有参与本书编写和审阅的专家及同行们的辛勤努力与支持。他们的宝贵意见或建议为本书的完善提供了重要的参考与支持。

　　最后，我们衷心希望《政府采购实务——政府采购代理机构辅导用书》能够成为政府采购代理机构及相关从业人员的得力工具书，为推动政府采购工作的规范化、专业化和高效化发展贡献自己的力量。同时，也欢迎读者积极提出宝贵的意见或建议，共同促进政府采购领域的发展和进步。

编者

2024 年 5 月

配套资料(赠送)：
政府采购常用法律法规

目录

第三章　政府采购预算管理及意向公开

第四章　政府采购方式及流程

第五章　采购文件的编制

第六章 政府采购质疑投诉的处理

第七章 政府采购电子化

第八章　政府采购风险防控

第一章
政府采购基础知识

第一节　政府采购概述

一、定义与概念

政府采购，是指各级国家机关、事业单位和团体组织，使用财政性资金采购依法制定的集中采购目录以内的或者采购限额标准以上的货物、工程和服务的行为。

政府采购需具备以下几个要素。

1. 采购主体

政府采购主体必须是各级国家机关、事业单位和团体组织。

2. 资金性质

政府采购资金性质为财政性资金。政府采购所称的财政性资金是指纳入预算管理的资金，以财政性资金作为还款来源的借贷资金视同为财政性资金。对于既使用财政性资金又使用非财政性资金的采购项目，能按资金性质不同进行分割的，使用财政性资金采购的部分适用《中华人民共和国政府采购法》（以下简称《政府采购法》）及相关法规；不能进行分割的，整个采购项目都应适用《政府采购法》及相关法规。

3. 采购范围

政府采购的采购范围包括集中采购目录以内的或者限额标准以上的货物、工程和服务。

《政府采购法》所称的集中采购，是指采购人将列入集中采购目录的项目委托集中采购机构代理采购或者进行部门集中采购的行为；所称的分散采购，是指采购人将采购限额标准以上的未列入集中采购目录的项目自行采购或者委托采购代理机构代理采购的行为。

集中采购的范围和政府采购限额标准由省级以上人民政府公布的集中采购目录确定。属于中央预算的政府采购项目，集中采购目录和政府采购限额标准由国务院确定并公布；属于地方预算的政府采购项目，集中采购目录和政府采购限额标准由省、自治区、直辖市人民政府或者其授权的机构确定并公布。

《政府采购法》所称的采购，是指以合同方式有偿取得货物、工程和服务的行为，包括购买、租赁、委托、雇用等。该法所称的货物是指各种形态和种类的物品，包括原材料、燃料、设备、产品等。该法所称的工程是指建设工程，包括建筑物和构筑物的新建、改建、扩建、装修、拆除、修缮等。服务是指除货物和工程以外的其他政府采购对象。

二、政府采购的原则

《政府采购法》第三条规定，政府采购应当遵循公开透明原则、公平竞争原则、公正原则和诚实信用原则。

1. 公开透明原则

政府采购被誉为"阳光下的交易"，只有坚持公开透明，才能为供应商参加政府采购活动提供公平竞争的环境，为公众对财政性资金的使用情况进行有效监督创造条件。

公开透明要求政府采购的法规和规章制度要公开，政府采购信息要公开，包括依照政府采购有关法律制度规定应予公开的公开招标公告、资格预审公告、单一来源采购公示、中标（成交）结果公告、政府采购合同公告等政府采购项目信息，以及投诉处理结果、监督检查处理结果、集中采购机构考核结果等政府采购监管信息。

2. 公平竞争原则

公平竞争要求在竞争的前提下公平地开展政府采购活动。政府采购活动必须引入竞争机制，让采购人获得价廉物美的货物、工程或者服务，以提高财政性资金的使用效益。竞争必须公平，不能设置妨碍公平竞争的不正当条件。要公平地对待每一个供应商，不能排斥潜在供应商参与政府采购活动。

3. 公正原则

公正原则是为确保供应商公平参与政府采购活动，促进供应商之间充分竞争而设立的。采购人和采购代理机构不得以不合理的条件对供应商实行差别待遇或者歧视待遇；在评审活动中，评审专家应当按照客观、公正、审慎的原则，根据采购文件规定的评审程序、评审方法和评审标准进行独立评审，不得明示或者暗示其倾向性、引导性意见。

4. 诚实信用原则

诚实信用原则是政府采购的重要基础，要求政府采购各方当事人在政府采购活动中，本着诚实、守信的契约精神，履行各自的权利和义务，恪守信用，兑现承诺，不得有欺诈、串通、隐瞒等行为，不得伪造、变造、隐匿、销毁需要依法保存的文件。

第二节 政府采购当事人

《政府采购法》第十四条规定，政府采购当事人是指在政府采购活动中享有权利和承担义务的各类主体，包括采购人、供应商和采购代理机构等。

《政府采购法》第二十五条规定，政府采购当事人不得相互串通损害国家利益、社会公共利益和其他当事人的合法权益；不得以任何手段排斥其他供应商参与竞争。供应商不得以向采购人、采购代理机构、评标委员会的组成人员、竞争性谈判小组的组成人员、询价小组的组成人员行贿或者采取其他不正当手段谋取中标或者成交。采购代理机构不得以向采购人行贿或者采取其他不正当手段谋取非法利益。

一、采购人

《政府采购法》第十五条规定，采购人是指依法进行政府采购的国家机关、事业单位、团体组织。

1. 国家机关

国家机关是指行使国家权力、管理国家事务的机关。其包括国家权力机关、国家行政机关、国家审判机关、国家检察机关、军事机关等。

2. 事业单位

事业单位是指政府为实现特定目的而批准设立的事业法人。

3. 团体组织

团体组织是指各党派及政府批准的社会团体。

采购人在政府采购活动中应当维护国家利益和社会公共利益，公正廉洁，诚实守信，执行政府采购政策，建立政府采购内部管理制度，厉行节约，科学合理地确定采购需求。

二、采购代理机构

《中华人民共和国政府采购法实施条例》（以下简称《政府采购法实施条例》）第十二条规定，政府采购法所称采购代理机构，是指集中采购机构和集中采购机构以外的采购代理机构。

集中采购机构是设区的市级以上人民政府依法设立的非营利事业法人，是代理集中采购项目的执行机构。集中采购机构应当根据采购人委托制定集中采购项目的实施方案，明确采购规程，组织政府采购活动，不得将集中采购项目转委托。集中采购机构以外的采购代理机构，是从事采购代理业务的社会中介机构。

1. 集中采购机构

1）集中采购机构的设立

设区的市、自治州以上人民政府根据本级政府采购项目组织集中采购的需要设立集中采购机构。

2）集中采购机构的性质

集中采购机构受采购人的委托，以代理人的身份办理政府采购事宜，集中采购机构是为向采购人提供采购服务而设立的；集中采购机构不是政府机关，而是非营利性的事业法人。

2. 社会代理机构

集中采购机构以外、受采购人委托从事政府采购代理业务的社会中介机构称为社会代理机构，一般直接称为采购代理机构。本书所称政府采购代理机构一般是指集中采购机构以外、受采购人委托从事政府采购代理业务的社会中介机构。

1）社会代理机构的性质

社会代理机构是营利性机构，根据采购代理委托协议的约定收取招标代理费。当前招标代理费的收取已经打破了"政府指导价"的限制，原国家计委《招标代理服务收费管理暂行办法》（计价格〔2002〕1980号文件）对招标代理机构的收费标准做了详细要求，但在国家发改委《关于进一步放开建设项目专业服务价格的通知》（发改价格〔2015〕299号）中规定，全面放开实行政府指导价管理的建设项目专业服务价格，实行市场调节价，其中就包括招标代理费。实行市场调节价后，经营者应严格遵守《中华人民共和国价格法》《关于商品和服务实行明码标价的规定》等法律法规规定，告知委托人有关服务项目、服务内容、服务质量及服务价格等，并在委托代理协议中约定。

实行市场调节价，并不意味着乱收费，采购人和采购代理机构在签署政府采购代理协议时，应在协议中明确收费方式及收费比例或金额等。收费比例或金额不能脱离市场实际，采购代理机构提供的服务，应当符合国家和行业有关标准规范，满足委托代理协议约定的服务内容和质量标准等要求。采购代理机构不得违反标准、规范、规定或协议约定，通过降低服务质量、减少服务内容等手段进行恶性竞争，扰乱市场秩序。

2）社会代理机构从业条件

社会代理机构代理政府采购业务应当具备以下条件：

（1）具有独立承担民事责任的能力。

（2）建立完善的政府采购内部监督管理制度。

（3）拥有不少于5名熟悉政府采购法律法规、具备编制采购文件和组织采购活动等相应能力的专职从业人员。

（4）具备独立办公场所和代理政府采购业务所必需的办公条件。

（5）在自有场所组织评审工作的，应当具备必要的评审场地和录音录像等监控设备设施并符合省级人民政府规定的标准。

3）社会代理机构名录登记

按照财政部《政府采购代理机构管理暂行办法》（财库〔2018〕2号）要求，社会代理机构实行名录登记管理，完成名录登记方可从业。

省级财政部门依托中国政府采购网省级分网建立政府采购代理机构名录，名录信息全国共享并向社会公开。

代理机构应当通过工商登记注册地省级分网填报以下信息申请进入名录，并承诺对信息真实性负责：

（1）代理机构名称、统一社会信用代码、办公场所地址、联系电话等机构信息。

（2）法定代表人及专职从业人员有效身份证明等个人信息。

（3）内部监督管理制度。

（4）在自有场所组织评审工作的，应当提供评审场所地址、监控设备设施情况。

（5）省级财政部门要求提供的其他材料。

4）社会代理机构信息查询

完成名录登记的代理机构，可在中国政府采购网或省级政府采购网上政府采购代理机构名录登记栏中查询详细信息，包括代理机构基本资料、主要业绩、异地评审场所和变更历史等内容。基本资料包括代理机构工商注册信息、评审场地情况、擅长领域及专职人员信息等，以方便采购人根据需要自行选择代理机构。

3.集中采购机构与社会代理机构

集中采购机构为设区的市、自治州以上人民政府根据本级政府采购项目组织集中采购的需要而设立，其性质为事业单位，为全额财政拨款的非营利性机构，无需登记备案。

社会代理机构为营利性质的机构，必须在政府采购网登记备案方可从业。

两者的共同点在于：一是均需按照政府采购相关规定执行政府采购政策法规；二是项目执行均需获得采购人的委托；三是均需接受政府采购监督管理部门的监管。

三、供应商

1.供应商的定义及分类

《政府采购法》第二十一条规定，供应商是指向采购人提供货物、工程或者服务的法人、其他组织或者自然人。

1) 法人供应商

法人供应商包括企业法人、机关法人、事业单位法人和社会团体法人。企业法人应具有其在工商部门注册的有效"企业法人营业执照"或"营业执照";如果供应商是事业单位,应具有有效的"事业单位法人证书"。

2) 其他组织供应商

其他组织主要包括合伙企业、非企业专业服务机构、个体工商户、农村承包经营户。如果供应商是个体工商户,应具有有效的"个体工商户营业执照"。

3) 自然人供应商

自然人是法律上用来区分法人和非法人的一个术语。在法律上,自然人指的是具有民事权利能力和民事行为能力的人,也就是普通的个人。自然人供应商,一般指的是以个人身份而非法人身份从事供应商活动的个人。

2. 供应商应具备的条件

《政府采购法》第二十二条规定,供应商参加政府采购活动应当具备下列条件:

(1) 具有独立承担民事责任的能力。

(2) 具有良好的商业信誉和健全的财务会计制度。

(3) 具有履行合同所必需的设备和专业技术能力。

(4) 有依法缴纳税收和社会保障资金的良好记录。

(5) 参加政府采购活动前三年内,在经营活动中没有重大违法记录。

(6) 法律、行政法规规定的其他条件。

采购人可以根据采购项目的特殊要求,规定供应商的特定条件,但不得以不合理的条件对供应商实行差别待遇或者歧视待遇。

《政府采购法》第二十四条规定,两个以上的自然人、法人或者其他组织可以组成一个联合体,以一个供应商的身份共同参加政府采购。

以联合体形式进行政府采购的,参加联合体的供应商均应当具备《政府采购法》第二十二条规定的条件,并应当向采购人提交联合协议,载明联合体各方承担的工作和义务。联合体各方应当共同与采购人签订采购合同,就采购合同约定的事项对采购人承担连带责任。

分支机构是否可以参加政府采购活动呢?《政府采购法》第二十二条规定,供应商参加政府采购活动应当具备的条件之一是具有独立承担民事责任的能力。《中华人民共和国民法典》(以下简称《民法典》)第七十四条规定,分支机构以自己的名义从事民事活动,产生的民事责任由法人承担,也可以先以该分支机构管理的财产承担,不足以承担的，由法人承担。专家认为，《民法典》首先明确了分支机构能以自己的名义从事民事活动，其民事责任由其法人承担，也可以由分支机构先行承担，不足以承担的，由其法人承担。所以，分支机构参加政府采购活动法律并无禁止，不能以分支机构不具有独立承接民事责任的能力为由拒绝其参加政府采购活动。实务中可以要求分支机构由其总公司授权，明确其民事责任由其总公司承担。

第三节 政府采购品目分类

《政府采购品目分类目录》是确定政府采购项目属性的基础，编制政府采购预算、实施政府采购计划、统计政府采购数据等业务均需按照《政府采购品目分类目录》规范管理。

为完善政府采购基础分类标准，按照深化政府采购制度改革和实施预算管理一体化要求，财政部对《政府采购品目分类目录》（财库〔2013〕189号）进行了修订，并与《固定资产等资产基础分类与代码》（GB/T 14885）统一为一套编码体系。

《政府采购品目分类目录》将政府采购项目分为货物类、工程类和服务类。在这三大类下又细分了各级品目，相当完整与细化，所以在项目实施前难以确定项目属性的，应当查询《政府采购品目分类目录》。采购人应按照品目分类目录来确定项目属性，不同的项目属性选择的采购方式可能不同，对采购文件的要求也可能不同。

在财政部《政府采购品目分类目录》白皮书中，货物类代码以"A"开头，工程类代码以"B"开头，服务类代码以"C"开头。例如，"A02"代表"通用设备"，逐层分级，"A0201"代表"计算机设备及软件"，再细分下去，"A020101"代表"计算机设备"，"A02010103"代表"小型计算机"……

一、货物类

《政府采购法》所称货物，是指各种形态和种类的物品，包括原材料、燃料、设备、产品等。

修订后的货物类品目共8个门类，包括房屋和构筑物、设备、文物和陈列品、图书和档案、家具和用具、特种动植物、物资、无形资产。

二、工程类

《政府采购法》中规定，本法所指工程是指建设工程，包括建筑物和构筑物的新建、改建、扩建、装修、拆除、修缮等。

《政府采购法实施条例》进一步规定，政府采购工程是指建设工程，包括建筑物和构筑物的新建、改建、扩建及其相关的装修、拆除、修缮等；所称与工程建设有关的货物，是指构成工程不可分割的组成部分，且为实现工程基本功能所必需的设备、材料等；所称与工程建设有关的服务，是指为完成工程所需的勘察、设计、监理等服务。

修订后的工程类品目共10个门类，包括房屋施工、构筑物施工、施工工程准备、预制构件组装和装配、专业施工、安装工程、装修工程、修缮工程、工程设备租赁（带操作员）、其他建筑工程。

《政府采购法》规定，政府采购工程进行招标投标的，适用《中华人民共和国招标投标法》（以下简称《招标投标法》）。因此，必须招标的工程以及与工程建设有关的货物和服务，达到数额标准的，应采用招标方式进行采购。除此之外的，应适用政府采购法及相关规定，结合项目需求特点，采用竞争性谈判、竞争性磋商、单一来源采购方式采购。

三、服务类

《政府采购法》所称服务，是指除货物和工程以外的其他政府采购对象。

《政府采购法实施条例》规定，政府采购服务包括政府自身需要的服务和政府向社会公众提供的公共服务。

修订后的服务类品目共25个门类，包括科学研究和试验开发、教育服务、医疗卫生服务、社会服务、生态环境保护和治理服务、公共设施管理服务、农林牧渔服务等。

如果一个项目是既有货物又有服务的混合项目，如何确定项目属性呢？《政府采购货物和服务招标投标管理办法》第七条规定，采购人应当按照财政部制定的《政府采购品目分类目录》确定采购项目属性。按照《政府采购品目分类目录》无法确定的，按照有利于采购项目实施的原则确定。

第四节　政府集中采购目录及限额标准

一、政府采购目录的定义

政府采购目录是有关政府采购主管部门依据提高采购质量、降低采购成本的原则，对一些通用的、大批量的采购对象应纳入政府采购管理和进行集中采购而确定的，并由政府部门公布的货物、工程、服务的范围和具体的名称清单。

政府采购目录可分为政府集中采购目录和部门集中采购目录。属于中央预算的政府采购项目，其政府采购目录由国务院确定并公布；属于地方预算的政府采购项目，其政府采购目录由省、自治区、直辖市人民政府或者授权的机构确定并公布。

二、政府集中采购目录及限额标准的主要内容

政府集中采购目录及限额标准主要包括以下几个方面。

1. 集中采购目录

1）集中采购机构采购项目

纳入集中采购范围的项目需按规定委托集中采购机构代理采购。集中采购目录的品目名称、编码及说明按照《政府采购品目分类目录》执行和解释。

2）部门集中采购项目

部门集中采购项目是指部门或系统有特殊要求，需要由部门或系统统一配置的货物、工程和服务类专用项目。各中央预算单位可按实际工作需要确定，报财政部备案后组织实施采购。省级部门集中采购项目范围由各省级主管预算单位结合自身业务特点自行确定，报省财政厅备案后组织实施。

2. 分散采购限额标准

除集中采购机构采购项目和部门集中采购项目外，采购人自行采购单项或批量金额达到分散采购限额标准的项目应按《政府采购法》和《招标投标法》有关规定执行。

例如：《中央预算单位政府集中采购目录及标准（2020年版）》中规定，中央预算单位各部门自行采购单项或批量金额达到100万元以上的货物和服务的项目、120万元以上的工程项目应按《政府采购法》和《招标投标法》有关规定执行。

湖北省人民政府办公厅《关于印发〈湖北省政府集中采购目录及标准（2021年版）〉的通知》（鄂政办发〔2020〕56号）则规定，分散采购限额标准，货物、服务类项目省级和武汉市本级为100万元、市州级为60万元、县级为40万元；工程类项目全省统一为60万元。

3. 公开招标数额标准

公开招标数额标准是对于需要公开招标的采购项目的数额规定。

例如：《中央预算单位政府集中采购目录及标准（2020年版）》中规定，中央预算单位政府采购货物或服务项目，单项采购金额达到200万元以上的，必须采用公开招标方式。政府采购工程以及与工程建设有关的货物、服务公开招标数额标准按照国务院有关规定执行。

省人民政府办公厅《关于印发〈湖北省政府集中采购目录及标准（2021年版）〉的

通知》（鄂政办发〔2020〕56号）则规定，政府采购货物或服务项目，省级单项或批量采购达到400万元以上、市县级200万元以上的应当采用公开招标方式，其中武汉市市本级执行省级公开招标数额标准。政府采购工程项目以及与工程建设有关的货物、服务公开招标数额标准按照国家有关规定执行。

采购人应当根据集中采购目录、分散采购限额标准和已批复的部门预算编制政府采购实施计划，通过预算管理一体化系统报同级财政部门备案后实施采购。

在线习题（第一章）

第二章
政府采购法律体系

第一节　政府采购法律体系

目前，我国可以规范和约束政府采购活动的法规，可以分为四个层级。

一、法律

第一层级是法律，由全国人民代表大会或者全国人民代表大会常务委员会负责制定，政府采购活动需要高频适用的是《政府采购法》。

1. 《中华人民共和国政府采购法》

政府采购法律法规体系核心为《中华人民共和国政府采购法》（中华人民共和国主席令第68号），该法于2002年6月29日通过，并于2003年1月1日起施行，为第一层级。

《政府采购法》由中华人民共和国第九届全国人民代表大会常务委员会第二十八次会议于2002年6月29日通过，自2003年1月1日起施行。

2014年8月31日第十二届全国人民代表大会常务委员会第十次会议通过对《中华人民共和国政府采购法》作出修改。

《政府采购法》全文共八十八条，对政府采购的范围和方式、政府采购当事人、政府采购程序和采购合同、政府采购活动的质疑与投诉、政府采购活动的监督检查和法律责任等作出了明确规定。

2. 《政府采购法》主要条款解读

第一章　总则

定义：本法所称政府采购，是指各级国家机关、事业单位和团体组织，使用财政性资金采购依法制定的集中采购目录以内的或者采购限额标准以上的货物、工程和服务的行为。

政府采购的主体：各级国家机关、事业单位和团体组织。

值得注意的是，国有企业不是政府采购主体，国有企业购买货物、工程、服务，不列入政府采购范围。

采购资金来源：财政性资金（指纳入预算管理的资金），以财政性资金作为还款来源的借贷资金视同财政性资金。

采购内容：采购依法制定的集中采购目录以内的或者采购限额标准以上的货物、工程和服务的行为。

适用范围：在中华人民共和国境内进行的政府采购活动适用本法。

供应商自由进入：任何单位和个人不得采用任何方式，阻挠和限制供应商自由进入本地区和本行业的政府采购市场。

政府采购执行模式：实行集中采购和分散采购相结合的模式。

政府采购政策取向：应当有助于实现国家的经济和社会发展政策目标，包括保护环境、扶持不发达地区和少数民族地区、促进中小企业发展等。

政府采购信息公开：政府采购的信息应当在政府采购监督管理部门指定的媒体上及时向社会公开发布，但涉及商业秘密的除外。

回避制度：政府采购活动中，采购人员及相关人员与供应商有利害关系的，必须回避。供应商认为采购人员及相关人员与其他供应商有利害关系的，可以申请其回避。

监管部门：各级人民政府财政部门是负责政府采购监督管理的部门，依法履行对政府采购活动的监督管理职责。

政府采购应当采购本国货物、工程和服务。但有下列情形之一的除外：

（1）需要采购的货物、工程或者服务在中国境内无法获取或者无法以合理的商业条件获取的。

（2）为在中国境外使用而进行采购的。

（3）其他法律、行政法规另有规定的。

前款所称本国货物、工程和服务的界定，依照国务院有关规定执行。

第二章　政府采购当事人

政府采购当事人是指在政府采购活动中享有权利和承担义务的各类主体，包括采购人、供应商和采购代理机构等。

采购人是指依法进行政府采购的国家机关、事业单位、团体组织。

供应商是指向采购人提供货物、工程或者服务的法人、其他组织或者自然人。

集中采购机构为采购代理机构，是非营利事业法人，根据采购人的委托办理采购事宜。

两个以上的自然人、法人或者其他组织可以组成一个联合体，以一个供应商的身份共同参加政府采购。

供应商参加政府采购活动应当具备下列条件：

（1）具有独立承担民事责任的能力。

（2）具有良好的商业信誉和健全的财务会计制度。

（3）具有履行合同所必需的设备和专业技术能力。

（4）有依法缴纳税收和社会保障资金的良好记录。

（5）参加政府采购活动前三年内，在经营活动中没有重大违法记录。

（6）法律、行政法规规定的其他条件。

联合体各方都应满足以上条件，共同与采购人签订采购合同。

第三章 政府采购方式

政府采购主要有公开招标、邀请招标、竞争性谈判、单一来源采购、询价这5种，其中公开招标应作为政府采购的主要采购方式。

2014年12月31日，财政部以财库〔2014〕214号印发《政府采购竞争性磋商采购方式管理暂行办法》的通知，新增竞争性磋商方式。2022年1月14日，财政部以财政部令第110号印发《政府采购框架协议采购方式管理暂行办法》，新增框架协议采购方式。2024年4月24日，财政部以财库〔2024〕13号印发《政府采购合作创新采购方式管理暂行办法》的通知，新增合作创新采购方式。

第四章 政府采购程序

第五章 政府采购合同

政府采购合同应当采用书面形式。

采购人与中标、成交供应商应当在中标、成交通知书发出之日起三十日内，按照采购文件确定的事项签订政府采购合同。

采购合同自签订之日起七个工作日内，采购人将合同副本报同级政府采购监督管理部门和有关部门备案。

经采购人同意，中标、成交供应商可以依法采取分包方式履行合同。

补充合同的采购金额不得超过原合同采购金额的百分之十。

政府采购合同的双方当事人不得擅自变更、中止或者终止合同。

第六章 质疑与投诉

质疑：供应商认为采购文件、采购过程和中标、成交结果使自己的权益受到损害的，可以在知道或者应知其权益受到损害之日起七个工作日内，以书面形式向采购人提出质疑。

采购人应当在收到供应商的书面质疑后七个工作日内作出答复，并以书面形式通知质疑供应商和其他有关供应商，但答复的内容不得涉及商业秘密。

采购人委托采购代理机构采购的，供应商可以向采购代理机构提出询问或者质疑。

投诉：质疑供应商对采购人、采购代理机构的答复不满意或者采购人、采购代理机构未在规定的时间内作出答复的，可以在答复期满后十五个工作日内向同级政府采购监督管理部门投诉。

政府采购监督管理部门应当在收到投诉后三十个工作日内，对投诉事项作出处理决定，并以书面形式通知投诉人和与投诉事项有关的当事人。

政府采购监督管理部门在处理投诉事项期间，可以视具体情况书面通知采购人暂停采购活动，但暂停时间最长不得超过三十日。

复议和诉讼：投诉人对政府采购监督管理部门的投诉处理决定不服或者政府采购监督管理部门逾期未作处理的，可以依法申请行政复议或者向人民法院提起行政诉讼。

第七章　监督检查

政府采购监督管理部门应当加强对政府采购活动及集中采购机构的监督检查。监督检查的主要内容是：

（1）有关政府采购的法律、行政法规和规章的执行情况。

（2）采购范围、采购方式和采购程序的执行情况。

（3）政府采购人员的职业素质和专业技能。

政府采购项目的采购标准应当公开。

财政部门可以对政府采购的整个过程进行监管。

审计机关应当对政府采购进行审计监督。

监察机关应当加强对参与政府采购活动的相关人员实施监察。

任何单位和个人对政府采购活动中的违法行为，有权控告和检举。

第八章　法律责任

采购人、采购代理机构有下列情形之一的，责令限期改正，给予警告，可以并处罚款，对直接负责的主管人员和其他直接责任人员，由其行政主管部门或者有关机关给予处分，并予通报：

（1）应当采用公开招标方式而擅自采用其他方式采购的。

（2）擅自提高采购标准的。

（3）以不合理的条件对供应商实行差别待遇或者歧视待遇的。

（4）在招标采购过程中与投标人进行协商谈判的。

（5）中标、成交通知书发出后不与中标、成交供应商签订采购合同的。

（6）拒绝有关部门依法实施监督检查的。

采购人、采购代理机构及其工作人员有下列情形之一，构成犯罪的，依法追究刑事责任；尚不构成犯罪的，处以罚款，有违法所得的，并处没收违法所得，属于国家机关工作人员的，依法给予行政处分：

（1）与供应商或者采购代理机构恶意串通的。

（2）在采购过程中接受贿赂或者获取其他不正当利益的。

（3）在有关部门依法实施的监督检查中提供虚假情况的。

（4）开标前泄露标底的。

有前两条违法行为之一影响中标、成交结果或者可能影响中标、成交结果的，按下列情况分别处理：

（1）未确定中标、成交供应商的，终止采购活动。

（2）中标、成交供应商已经确定但采购合同尚未履行的，撤销合同，从合格的中标、成交候选人中另行确定中标、成交供应商。

（3）采购合同已经履行的，给采购人、供应商造成损失的，由责任人承担赔偿责任。

供应商有下列情形之一的，处以采购金额千分之五以上千分之十以下的罚款，列入不良行为记录名单，在一至三年内禁止参加政府采购活动，有违法所得的，并处没收违法所得，情节严重的，由工商行政管理机关吊销营业执照；构成犯罪的，依法追究刑事责任：

（1）提供虚假材料谋取中标、成交的。

（2）采取不正当手段诋毁、排挤其他供应商的。

（3）与采购人、其他供应商或者采购代理机构恶意串通的。

（4）向采购人、采购代理机构行贿或者提供其他不正当利益的。

（5）在招标采购过程中与采购人进行协商谈判的。

（6）拒绝有关部门监督检查或者提供虚假情况的。

供应商有前款第（1）至（5）项情形之一的，中标、成交无效。

二、行政法规

第二层级是行政法规，由国务院负责制定，政府采购活动需要高频适用的是《政府采购法实施条例》。

1.《中华人民共和国政府采购法实施条例》

2015年1月30日，李克强总理签署第658号国务院令，公布《中华人民共和国政府采购法实施条例》（以下简称《政府采购法实施条例》），自2015年3月1日起施行。

《政府采购法实施条例》对于推进政府采购从法制向法治转变，解决政府采购领域中突出的问题，建立统一开放、竞争有序的政府采购市场体系具有重要意义。

《政府采购法实施条例》全文共九章，七十九条。2015年，由财政部国库司、财政部政府采购管理办公室、财政部法条司和国务院法制办公室财金司联合编著并出版《〈中华人民共和国政府采购法实施条例〉释义》（以下简称《释义》）一书，《释义》对《政府采购法实施条例》的条文逐条进行了详细的、权威的、深入的、精确的解读，以帮助读者更好地理解《政府采购法实施条例》的立法背景和具体条款，贯彻落实《政府采购法实施条例》。

2. 《政府采购法实施条例》主要知识点解读

1）明确了何为财政性资金

《政府采购法实施条例》第二条规定，政府采购法第二条所称财政性资金是指纳入预算管理的资金。以财政性资金作为还款来源的借贷资金，视同财政性资金。

2）明确了政府采购服务的范围

《政府采购法实施条例》第二条规定，政府采购法第二条所称服务，包括政府自身需要的服务和政府向社会公众提供的公共服务。

3）政府采购工程概念及法律适用更加清晰

《政府采购法实施条例》第七条规定，政府采购工程是指建设工程，包括建筑物和构筑物的新建、改建、扩建及其相关的装修、拆除、修缮等。所称与工程建设有关的货物，是指构成工程不可分割的组成部分，且为实现工程基本功能所必需的设备、材料等；所称与工程建设有关的服务，是指为完成工程所需的勘察、设计、监理等服务。

政府采购工程以及与工程建设有关的货物、服务，采用招标方式采购的，适用《中华人民共和国招标投标法》及其实施条例；采用其他方式采购的，适用《政府采购法》及《政府采购法实施条例》。

4）采购代理机构有了明确定义

采购代理机构，是指集中采购机构和集中采购机构以外的采购代理机构。集中采购机构是设区的市级以上人民政府依法设立的非营利事业法人，是代理集中采购项目的执行机构。集中采购机构以外的采购代理机构，是从事采购代理业务的社会中介机构。

5）界定化整为零有了依据

在一个财政年度内，采购人将一个预算项目下的同一品目或者类别的货物、服务采用公开招标以外的方式多次采购，累计资金数额超过公开招标数额标准的，属于以化整为零方式规避公开招标，但项目预算调整或者经批准采用公开招标以外方式采购的除外。

6）混合资金如何采购

国家机关、事业单位和团体组织的采购项目既使用财政性资金又使用非财政性资金的，使用财政性资金采购的部分，适用《政府采购法》及《政府采购法实施条例》；财政性资金与非财政性资金无法分割采购的，统一适用《政府采购法》及《政府采购法实施条例》。

7）采购人应建立政府采购内部管理制度

采购人在政府采购活动中应当维护国家利益和社会公共利益，公正廉洁，诚实守信，执行政府采购政策，建立政府采购内部管理制度，厉行节约，科学合理地确定采购需求。

8）可认定为对供应商实行差别待遇或者歧视待遇的情形

《政府采购法实施条例》第二十条规定，采购人或者采购代理机构有下列情形之一的，属于以不合理的条件对供应商实行差别待遇或者歧视待遇：

（1）就同一采购项目向供应商提供有差别的项目信息。

（2）设定的资格、技术、商务条件与采购项目的具体特点和实际需要不相适应或者与合同履行无关。

（3）采购需求中的技术、服务等要求指向特定供应商、特定产品。

（4）以特定行政区域或者特定行业的业绩、奖项作为加分条件或者中标、成交条件。

（5）对供应商采取不同的资格审查或者评审标准。

（6）限定或者指定特定的专利、商标、品牌或者供应商。

（7）非法限定供应商的所有制形式、组织形式或者所在地。

（8）以其他不合理条件限制或者排斥潜在供应商。

9）可认定为供应商应知其权益受到损害之日的三种情况

《政府采购法实施条例》第五十三条规定，政府采购法第五十二条规定的供应商应知其权益受到损害之日，是指：

（1）对可以质疑的采购文件提出质疑的，为收到采购文件之日或者采购文件公告期限届满之日。

（2）对采购过程提出质疑的，为各采购程序环节结束之日。

（3）对中标或者成交结果提出质疑的，为中标或者成交结果公告期限届满之日。

10）明确供应商不得再参加同一采购项目其他采购活动的情形

《政府采购法实施条例》第十八条规定，单位负责人为同一人或者存在直接控股、管理关系的不同供应商，不得参加同一合同项下的政府采购活动。

除单一来源采购项目外，为采购项目提供整体设计、规范编制或者项目管理、监理、检测等服务的供应商，不得再参加该采购项目的其他采购活动。

11）采购人员及相关人员必须回避的五种情形

《政府采购法实施条例》第九条规定，在政府采购活动中，采购人员及相关人员与供应商有下列利害关系之一的，应当回避：

（1）参加采购活动前3年内与供应商存在劳动关系。

（2）参加采购活动前3年内担任供应商的董事、监事。

（3）参加采购活动前3年内是供应商的控股股东或者实际控制人。

（4）与供应商的法定代表人或者负责人有夫妻、直系血亲、三代以内旁系血亲或者近姻亲关系。

（5）与供应商有其他可能影响政府采购活动公平、公正进行的关系。

12）公共服务项目采购需求的确定必须公开征求意见并由服务对象参与验收

《政府采购法实施条例》第十五条明确规定，政府向社会公众提供的公共服务项目，应当就确定采购需求征求社会公众的意见。

《政府采购法实施条例》第四十五条规定，政府向社会公众提供的公共服务项目，验收时应当邀请服务对象参与并出具意见，验收结果应当向社会公告。

13）明确发挥政策功能的路径

《政府采购法实施条例》第六条规定，国务院财政部门应当根据国家的经济和社会发展政策，会同国务院有关部门制定政府采购政策，通过制定采购需求标准、预留采购份额、价格评审优惠、优先采购等措施，实现节约能源、保护环境、扶持不发达地区和少数民族地区、促进中小企业发展等目标。

14）明确评审专家违法最高罚款金额

《政府采购法实施条例》第七十五条规定，政府采购评审专家未按照采购文件规定的评审程序、评审方法和评审标准进行独立评审或者泄露评审文件、评审情况的，由财政部门给予警告，并处2000元以上2万元以下的罚款；影响中标、成交结果的，处2万元以上5万元以下的罚款，禁止其参加政府采购评审活动。

政府采购评审专家与供应商存在利害关系未回避的，处2万元以上5万元以下的罚款，禁止其参加政府采购评审活动。

政府采购评审专家收受采购人、采购代理机构、供应商贿赂或者获取其他不正当利益，构成犯罪的，依法追究刑事责任；尚不构成犯罪的，处2万元以上5万元以下的罚款，禁止其参加政府采购评审活动。

15）评审结束后的工作引入2个工作日时限

采购代理机构应当自评审结束之日起2个工作日内将评审报告送交采购人。

采购人或者采购代理机构应当自中标、成交供应商确定之日起2个工作日内，发出中标、成交通知书，并在省级以上人民政府财政部门指定的媒体上公告中标、成交结果，招标文件、竞争性谈判文件、询价通知书随中标、成交结果同时公告。

采购人应当自政府采购合同签订之日起2个工作日内，将政府采购合同在省级以上人民政府财政部门指定的媒体上公告，但政府采购合同中涉及国家秘密、商业秘密的内容除外。

16）通过对供应商进行考察等方式改变评审结果要追责

采购人或者采购代理机构不得通过对样品进行检测、对供应商进行考察等方式改变评审结果。通过对样品进行检测、对供应商进行考察等方式改变评审结果的依法追究法律责任。

17）对采购结果公告内容提出细化要求

中标、成交结果公告内容应当包括采购人和采购代理机构的名称、地址、联系方式，项目名称和项目编号，中标或者成交供应商名称、地址和中标或者成交金额，主要中标或者成交标的的名称、规格型号、数量、单价、服务要求以及评审专家名单。

18）明确属于恶意串通的七种行为

《政府采购法实施条例》第七十四条规定，有下列情形之一的，属于恶意串通，对供应商依照政府采购法第七十七条第一款的规定追究法律责任，对采购人、采购代理机构及其工作人员依照政府采购法第七十二条的规定追究法律责任：

（1）供应商直接或者间接从采购人或者采购代理机构处获得其他供应商的相关情况并修改其投标文件或者响应文件。

（2）供应商按照采购人或者采购代理机构的授意撤换、修改投标文件或者响应文件。

（3）供应商之间协商报价、技术方案等投标文件或者响应文件的实质性内容。

（4）属于同一集团、协会、商会等组织成员的供应商按照该组织要求协同参加政府采购活动。

（5）供应商之间事先约定由某一特定供应商中标、成交。

（6）供应商之间商定部分供应商放弃参加政府采购活动或者放弃中标、成交。

（7）供应商与采购人或者采购代理机构之间、供应商相互之间，为谋求特定供应商中标、成交或者排斥其他供应商的其他串通行为。

19）明确验收应当出具验收书

《政府采购法实施条例》第四十五条明确规定，采购人或者采购代理机构应当按照政府采购合同规定的技术、服务、安全标准组织对供应商履约情况进行验收，并出具验收书。验收书应当包括每一项技术、服务、安全标准的履约情况。

三、部门规章

第三层级是国务院部门规章，由国务院组成部门制定、以部长令的形式发布，政府采购活动需要高频适用的是财政部发布的部门规章。目前现行有效的主要有以下几个。

1.《政府采购非招标采购方式管理办法》（财政部令第74号）

《政府采购非招标采购方式管理办法》（财政部令第74号，以下简称"74号令"）经

2013年10月28日财政部部务会议审议通过，自2014年2月1日起施行。采购人、采购代理机构采用非招标采购方式采购货物、工程和服务的，适用本办法。政府采购非招标采购方式，是指竞争性谈判、单一来源采购和询价采购方式。

74号令应重点掌握以下知识点。

1）竞争性谈判小组或者询价小组的职责和义务

74号令第八条规定，竞争性谈判小组或者询价小组在采购活动过程中应当履行下列职责：

（1）确认或者制定谈判文件、询价通知书。

（2）从符合相应资格条件的供应商名单中确定不少于3家的供应商参加谈判或者询价。

（3）审查供应商的响应文件并作出评价。

（4）要求供应商解释或者澄清其响应文件。

（5）编写评审报告。

（6）告知采购人、采购代理机构在评审过程中发现的供应商的违法违规行为。

74号令第九条规定，竞争性谈判小组或者询价小组成员应当履行下列义务：

（1）遵纪守法，客观、公正、廉洁地履行职责。

（2）根据采购文件的规定独立进行评审，对个人的评审意见承担法律责任。

（3）参与评审报告的起草。

（4）配合采购人、采购代理机构答复供应商提出的质疑。

（5）配合财政部门的投诉处理和监督检查工作。

2）明确了谈判采购或询价采购供应商的产生方式

74号令第十二条规定，采购人、采购代理机构应当通过发布公告、从省级以上财政部门建立的供应商库中随机抽取或者采购人和评审专家分别书面推荐的方式邀请不少于3家符合相应资格条件的供应商参与竞争性谈判或者询价采购活动。

符合政府采购法第二十二条第一款规定条件的供应商可以在采购活动开始前加入供应商库。财政部门不得对供应商申请入库收取任何费用，不得利用供应商库进行地区和行业封锁。

采取采购人和评审专家书面推荐方式选择供应商的，采购人和评审专家应当各自出具书面推荐意见。采购人推荐供应商的比例不得高于推荐供应商总数的50%。

3）明确了谈判采购、询价采购及单一来源采购文件内容

74号令第二十六条规定，采购人、采购代理机构应当妥善保管每项采购活动的采购文件。采购文件包括采购活动记录、采购预算、谈判文件、询价通知书、响应文件、推荐供应商的意见、评审报告、成交供应商确定文件、单一来源采购协商情况记录、合同

文本、验收证明、质疑答复、投诉处理决定以及其他有关文件、资料。采购文件可以电子档案方式保存。

采购活动记录至少应当包括下列内容：

(1) 采购项目类别、名称。

(2) 采购项目预算、资金构成和合同价格。

(3) 采购方式，采用该方式的原因及相关说明材料。

(4) 选择参加采购活动的供应商的方式及原因。

(5) 评定成交的标准及确定成交供应商的原因。

(6) 终止采购活动的，终止的原因。

4) 明确了谈判采购或询价采购的时间要求

74号令第二十九条规定，从谈判文件发出之日起至供应商提交首次响应文件截止之日止不得少于3个工作日。

提交首次响应文件截止之日前，采购人、采购代理机构或者谈判小组可以对已发出的谈判文件进行必要的澄清或者修改，澄清或者修改的内容作为谈判文件的组成部分。澄清或者修改的内容可能影响响应文件编制的，采购人、采购代理机构或者谈判小组应当在提交首次响应文件截止之日3个工作日前，以书面形式通知所有接收谈判文件的供应商，不足3个工作日的，应当顺延提交首次响应文件截止之日。

74号令第四十五条规定，从询价通知书发出之日起至供应商提交响应文件截止之日止不得少于3个工作日。

提交响应文件截止之日前，采购人、采购代理机构或者询价小组可以对已发出的询价通知书进行必要的澄清或者修改，澄清或者修改的内容作为询价通知书的组成部分。澄清或者修改的内容可能影响响应文件编制的，采购人、采购代理机构或者询价小组应当在提交响应文件截止之日3个工作日前，以书面形式通知所有接收询价通知书的供应商，不足3个工作日的，应当顺延提交响应文件截止之日。

5) 明确了单一来源采购的公示要求

74号令第三十八条规定，属于政府采购法第三十一条第一项情形，且达到公开招标数额的货物、服务项目，拟采用单一来源采购方式的，采购人、采购代理机构在按照本办法第四条报财政部门批准之前，应当在省级以上财政部门指定媒体上公示，并将公示情况一并报财政部门。公示期不得少于5个工作日，公示内容应当包括：

(1) 采购人、采购项目名称和内容。

(2) 拟采购的货物或者服务的说明。

(3) 采用单一来源采购方式的原因及相关说明。

(4) 拟定的唯一供应商名称、地址。

（5）专业人员对相关供应商因专利、专有技术等原因具有唯一性的具体论证意见，以及专业人员的姓名、工作单位和职称。

（6）公示的期限。

（7）采购人、采购代理机构、财政部门的联系地址、联系人和联系电话。

6）明确了单一来源采购协商记录的主要内容

74号令第四十二条规定，单一来源采购人员应当编写协商情况记录，主要内容包括：

（1）依据本办法第三十八条进行公示的，公示情况说明。

（2）协商日期和地点，采购人员名单。

（3）供应商提供的采购标的成本、同类项目合同价格以及相关专利、专有技术等情况说明。

（4）合同主要条款及价格商定情况。

2. 《政府采购货物和服务招标投标管理办法》（财政部令第87号）

2017年，修订后的《政府采购货物和服务招标投标管理办法》（财政部令第87号）（以下简称"87号令"）经财政部部务会议审议通过，自2017年10月1日起施行。《政府采购货物和服务招标投标管理办法》适用于在中华人民共和国境内开展政府采购货物和服务招标投标活动。

87号令应重点掌握以下知识点。

1）采购项目属性按品目分类目录确定

87号令第七条明确规定，采购人应当按照财政部制定的《政府采购品目分类目录》确定采购项目属性。按照《政府采购品目分类目录》无法确定的，按照有利于采购项目实施的原则确定。

2）明确采购人作为采购需求的责任人，应当按照市场调查、价格测算等情况确定采购需求

87号令第十条强调，采购人应当对采购标的的市场技术或者服务水平、供应、价格等情况进行市场调查，根据调查情况、资产配置标准等科学、合理地确定采购需求，进行价格测算。

87号令第十二条进一步明确，采购人根据价格测算情况，可以在采购预算额度内合理设定最高限价，但不得设定最低限价。

87号令第十一条还规定，采购需求应当完整、明确。

3）采购需求包括七项内容

87号令强化了政府采购活动源头管理的力度。第十一条列明了采购需求主要包括的内容：

（1）采购标的需实现的功能或者目标，以及为落实政府采购政策需满足的要求。

（2）采购标的需执行的国家相关标准、行业标准、地方标准或者其他标准、规范。

（3）采购标的需满足的质量、安全、技术规格、物理特性等要求。

（4）采购标的的数量、采购项目交付或者实施的时间和地点。

（5）采购标的需满足的服务标准、期限、效率等要求。

（6）采购标的的验收标准。

（7）采购标的的其他技术、服务等要求。

4）六种规模条件不得作为资格要求或者评审因素

87号令第十七条明确规定，采购人、采购代理机构不得将投标人的注册资本、资产总额、营业收入、从业人员、利润、纳税额等规模条件作为资格要求或者评审因素，也不得通过将除进口货物以外的生产厂家授权、承诺、证明、背书等作为资格要求，对投标人实行差别待遇或者歧视待遇。

5）招标文件或者资格预审文件的提供期限，为自招标公告、资格预审公告发布之日起计算不得少于5个工作日

87号令第十八条规定，采购人或者采购代理机构应当按照招标公告、资格预审公告或者投标邀请书规定的时间、地点提供招标文件或者资格预审文件，提供期限自招标公告、资格预审公告发布之日起计算不得少于5个工作日。提供期限届满后，获取招标文件或者资格预审文件的潜在投标人不足3家的，可以顺延提供期限，并予公告。

该条款还规定，公开招标进行资格预审的，招标公告和资格预审公告可以合并发布，招标文件应当向所有通过资格预审的供应商提供。

6）列明招标文件所包括的十六项主要内容

87号令第二十条规定，采购人或者采购代理机构应当根据采购项目的特点和采购需求编制招标文件。招标文件应当包括以下主要内容：

（1）投标邀请。

（2）投标人须知（包括投标文件的密封、签署、盖章要求等）。

（3）投标人应当提交的资格、资信证明文件。

（4）为落实政府采购政策，采购标的需满足的要求，以及投标人须提供的证明材料。

（5）投标文件编制要求、投标报价要求和投标保证金交纳、退还方式以及不予退还投标保证金的情形。

（6）采购项目预算金额，设定最高限价的，还应当公开最高限价。

（7）采购项目的技术规格、数量、服务标准、验收等要求，包括附件、图纸等。

（8）拟签订的合同文本。

（9）货物、服务提供的时间、地点、方式。

（10）采购资金的支付方式、时间、条件。

（11）评标方法、评标标准和投标无效情形。

（12）投标有效期。

（13）投标截止时间、开标时间及地点。

（14）采购代理机构代理费用的收取标准和方式。

（15）投标人信用信息查询渠道及截止时点、信用信息查询记录和证据留存的具体方式、信用信息的使用规则等。

（16）省级以上财政部门规定的其他事项。

对于不允许偏离的实质性要求和条件，采购人或者采购代理机构应当在招标文件中规定，并以醒目的方式标明。

7）对样品使用提出要求

87号令第二十二条规定，仅凭书面方式不能准确描述采购需求或者需要对样品进行主观判断以确认是否满足采购需求等特殊情况除外，采购人、采购代理机构一般不得要求投标人提供样品。要求投标人提供样品的，应当在招标文件中明确规定样品制作的标准和要求、是否需要随样品提交相关检测报告、样品的评审方法以及评审标准。需要随样品提交检测报告的，还应当规定检测机构的要求、检测内容等。

该条还明确，采购活动结束后，对于未中标人提供的样品，应当及时退还或者经未中标人同意后自行处理；对于中标人提供的样品，应当按照招标文件的规定进行保管、封存，并作为履约验收的参考。

8）招标文件、资格预审文件"明显硬伤"，修改后重新招标

87号令第二十五条规定，招标文件、资格预审文件的内容不得违反法律、行政法规、强制性标准、政府采购政策，或者违反公开透明、公平竞争、公正和诚实信用原则。影响潜在投标人投标或者资格预审结果的，采购人或者采购代理机构应当修改招标文件或者资格预审文件后重新招标。

9）明确终止招标活动的情形以及处理方式

87号令第二十九条明确，采购人、采购代理机构在发布招标公告、资格预审公告或者发出投标邀请书后，除因重大变故采购任务取消情况外，不得擅自终止招标活动。

终止招标的，采购人或者采购代理机构应当及时在原公告发布媒体上发布终止公告，以书面形式通知已经获取招标文件、资格预审文件或者被邀请的潜在投标人，并将项目实施情况和采购任务取消原因报告本级财政部门。已经收取招标文件费用或者投标保证金的，采购人或者采购代理机构应当在终止采购活动后5个工作日内，退还所收取的招标文件费用和所收取的投标保证金及其在银行产生的孳息。

10）规定何为"相同品牌产品"

87号令第三十一条规定，采用最低评标价法的采购项目，提供相同品牌产品的不同投标人参加同一合同项下投标的，以其中通过资格审查、符合性审查且报价最低的参加评标；报价相同的，由采购人或者采购人委托评标委员会按照招标文件规定的方式确定一个参加评标的投标人，招标文件未规定的采取随机抽取方式确定，其他投标无效。

使用综合评分法的采购项目，提供相同品牌产品且通过资格审查、符合性审查的不同投标人参加同一合同项下投标的，按一家投标人计算，评审后得分最高的同品牌投标人获得中标人推荐资格；评审得分相同的，由采购人或者采购人委托评标委员会按照招标文件规定的方式确定一个投标人获得中标人推荐资格，招标文件未规定的采取随机抽取方式确定，其他同品牌投标人不作为中标候选人。

该条还明确，非单一产品采购项目，采购人应当根据采购项目技术构成、产品价格比重等合理确定核心产品，并在招标文件中载明。多家投标人提供的核心产品品牌相同的，按前两款规定处理。

11）明确重大采购项目评标委员会成员人数

87号令第四十七条对评标委员会成员人数做了细化。通常情况下，评标委员会由采购人代表和评审专家组成，成员人数应当为5人以上单数，其中评审专家不得少于成员总数的三分之二。

不过，在三种情形下，评标委员会成员人数应当为7人以上单数，具体包括：采购预算金额在1000万元以上、技术复杂、社会影响较大的采购项目。

该条还规定，除特定情形外，评审专家对本单位的采购项目只能作为采购人代表参与评标，采购代理机构工作人员不得参加由本机构代理的政府采购项目的评标。

12）综合评分法的评审因素应细化和量化

87号令第五十五条进一步细化了综合评分法如何使用。该条要求，评审因素的设定应当与投标人所提供货物服务的质量相关，包括投标报价、技术或者服务水平、履约能力、售后服务等。资格条件不得作为评审因素。同时，评审因素应当在招标文件中规定，且应当细化和量化，与相应的商务条件和采购需求对应。商务条件和采购需求指标有区间规定的，评审因素也应当量化到相应区间，并设置各区间对应的不同分值。

评标时，评标委员会各成员应当独立对每个投标人的投标文件进行评价，然后汇总每个投标人的得分。

13）明确货物、服务采购项目采用综合评分法时的价格分值比重

87号令第五十五条规定，货物项目的价格分值占总分值的比重不得低于30%；服务项目的价格分值占总分值的比重不得低于10%。执行国家统一定价标准和采用固定价格采购的项目，其价格不列为评审因素。

14）综合评分法中，价格采用低价优先法计算，不得去掉最高价和最低价

87号令第五十五条要求，价格分应当采用低价优先法计算，即满足招标文件要求且投标价格最低的投标报价为评标基准价，其价格分为满分。其他投标人的价格分统一按照下列公式计算：

投标报价得分＝（评标基准价／投标报价）×100

评标总得分＝F1×A1＋F2×A2＋…＋Fn×An

F1、F2、……、Fn分别为各项评审因素的汇总得分；

A1、A2、……、An分别为各项评审因素所占的权重（A1＋A2＋…＋An＝1）。

评标过程中，不得去掉报价中的最高报价和最低报价。因落实政府采购政策进行价格调整的，以调整后的价格计算评标基准价和投标报价。

15）投标人报价低于成本应提供书面说明证明其合理性

87号令第六十条规定，评标委员会认为投标人的报价明显低于其他通过符合性审查投标人的报价，有可能影响产品质量或者不能诚信履约的，应当要求其在评标现场合理的时间内提供书面说明，必要时提交相关证明材料；投标人不能证明其报价合理性的，评标委员会应当将其作为无效投标处理。

16）四种情形外不得修改评标结果

87号令第六十四条为新增内容。该条规定，评标结果汇总完成后，除下列情形外，任何人不得修改评标结果：

（1）分值汇总计算错误的。

（2）分项评分超出评分标准范围的。

（3）评标委员会成员对客观评审因素评分不一致的。

（4）经评标委员会认定评分畸高、畸低的。

评标报告签署前，经复核发现存在以上情形之一的，评标委员会应当当场修改评标结果，并在评标报告中记载；评标报告签署后，采购人或者采购代理机构发现存在以上情形之一的，应当组织原评标委员会进行重新评审，重新评审改变评标结果的，书面报告本级财政部门。

投标人对本条第一款情形提出质疑的，采购人或者采购代理机构可以组织原评标委员会进行重新评审，重新评审改变评标结果的，应当书面报告本级财政部门。

17）明确四种情形经财政部门认定后可重新组建评标委员会

87号令第六十七条明确，因评标委员会或者其成员存在下列情形导致评标结果无效的，经书面报告本级财政部门后，采购人、采购代理机构可以重新组建评标委员会进行评标，但采购合同已经履行的除外：

（1）评标委员会组成不符合本办法规定的。

（2）有本办法第六十二条第一至五项情形的。

（3）评标委员会及其成员独立评标受到非法干预的。

（4）有政府采购法实施条例第七十五条规定的违法行为的。

有违法违规行为的原评标委员会成员不得参加重新组建的评标委员会。

3.《政府采购质疑和投诉办法》（财政部令第94号）

2017年12月26日，中华人民共和国财政部令第94号公布《政府采购质疑和投诉办法》（以下简称"94号令"）。《政府采购质疑和投诉办法》分总则、质疑提出与答复、投诉提起、投诉处理、法律责任、附则6章45条，自2018年3月1日起施行。2004年8月11日财政部发布的《政府采购供应商投诉处理办法》（财政部令第20号）予以废止。

94号令应掌握以下几个要点。

1）总则

质疑答复：采购人负责供应商质疑答复。采购人委托采购代理机构采购的，采购代理机构在委托授权范围内作出答复。

投诉处理：县级以上各级人民政府财政部门（以下简称"财政部门"）负责依法处理供应商投诉。

供应商投诉按照采购人所属预算级次，由本级财政部门处理。

跨区域联合采购项目的投诉，采购人所属预算级次相同的，由采购文件事先约定的财政部门负责处理，事先未约定的，由最先收到投诉的财政部门负责处理；采购人所属预算级次不同的，由预算级次最高的财政部门负责处理。

2）质疑提出与答复

提出方式：供应商以书面形式向采购人或采购代理机构提出质疑。

质疑分类：供应商认为采购文件、采购过程、中标或者成交结果使自己的权益受到损害的。

提交期限：在知道或者应知其权益受到损害之日起7个工作日内。

内容要求：供应商提出质疑应当提交质疑函和必要的证明材料。

质疑函应包括的内容如下：

（1）供应商的姓名或者名称、地址、邮编、联系人及联系电话。

（2）质疑项目的名称、编号。

（3）具体、明确的质疑事项和与质疑事项相关的请求。

（4）事实依据。

（5）必要的法律依据。

（6）提出质疑的日期。

答复程序：采购人、采购代理机构不得拒收质疑供应商在法定质疑期内发出的质疑函，并以书面形式通知质疑供应商和其他有关供应商。

答复期限：应当在收到质疑函后7个工作日内作出答复。

答复内容：质疑答复的内容不得涉及商业秘密。

质疑答复应包括的内容如下：

（1）质疑供应商的姓名或者名称。

（2）收到质疑函的日期、质疑项目名称及编号。

（3）质疑事项、质疑答复的具体内容、事实依据和法律依据。

（4）告知质疑供应商依法投诉的权利。

（5）质疑答复人名称。

（6）答复质疑的日期。

3）投诉提起

投诉情形：质疑供应商对采购人、采购代理机构的答复不满意，或者采购人、采购代理机构未在规定时间内作出答复的。

提交期限：在答复期满后15个工作日内。

提出方式：供应商以书面形式向财政部门提起投诉。

内容要求：投诉人投诉时，应当提交投诉书和必要的证明材料，并按照被投诉采购人、采购代理机构（以下简称"被投诉人"）和与投诉事项有关的供应商数量提供投诉书的副本。

投诉书应包括的内容如下：

（1）投诉人和被投诉人的姓名或者名称、通信地址、邮编、联系人及联系电话。

（2）质疑和质疑答复情况说明及相关证明材料。

（3）具体、明确的投诉事项和与投诉事项相关的投诉请求。

（4）事实依据。

（5）法律依据。

（6）提起投诉的日期。

投诉条件：投诉人应按照其规定的方式提起投诉。

投诉人提起投诉应当符合下列条件：

（1）提起投诉前已依法进行质疑。

（2）投诉书内容符合本办法的规定。

（3）在投诉有效期限内提起投诉。

（4）同一投诉事项未经财政部门投诉处理。

（5）财政部规定的其他条件。

4）投诉处理

投诉处理：财政部门收到投诉书后，应当在5个工作日内进行审查，审查后按照下列情况处理：

（1）投诉书内容不符合本办法第十八条规定的，应当在收到投诉书5个工作日内一次性书面通知投诉人补正。补正通知应当载明需要补正的事项和合理的补正期限。未按照补正期限进行补正或者补正后仍不符合规定的，不予受理。

（2）投诉不符合本办法第十九条规定条件的，应当在3个工作日内书面告知投诉人不予受理，并说明理由。

（3）投诉不属于本部门管辖的，应当在3个工作日内书面告知投诉人向有管辖权的部门提起投诉。

（4）投诉符合本办法第十八条、第十九条规定的，自收到投诉书之日起即为受理，并在收到投诉后8个工作日内向被投诉人和其他与投诉事项有关的当事人发出投诉答复通知书及投诉书副本。

举证要求：应当由投诉人承担举证责任的投诉事项，投诉人未提供相关证据、依据和其他有关材料的，视为该投诉事项不成立；被投诉人未按照投诉答复通知书要求提交相关证据、依据和其他有关材料的，视同其放弃说明权利，依法承担不利后果。

时间要求：财政部门应当自收到投诉之日起30个工作日内，对投诉事项作出处理决定。

4.《政府采购信息发布管理办法》(财政部令第101号)

2019年，《政府采购信息发布管理办法》（财政部令第101号，以下简称"101号令"）由财政部部务会议审议通过，自2020年3月1日起施行。

101号令应重点掌握以下知识点：

（1）政府采购信息应当按照财政部规定的格式编制。

（2）发布主体应当确保其在不同媒体发布的同一政府采购信息内容一致。

（3）采购人或者其委托的采购代理机构未依法在指定媒体上发布政府采购项目信息的，依照《政府采购法实施条例》第六十八条追究法律责任。

5.《政府购买服务管理办法》(财政部令第102号)

2020年，《政府购买服务管理办法》（财政部令第102号，以下简称"102号令"）于2019年11月19日第一次部务会议审议通过，自2020年3月1日起施行。

102号令应重点掌握以下知识点。

1）政府购买服务主体

102号令第五条明确，各级国家机关是政府购买服务的购买主体。

2）政府购买服务内容

以下各项不得纳入政府购买服务范围：

（1）不属于政府职责范围的服务事项。

（2）应当由政府直接履职的事项。

（3）政府采购法律、行政法规规定的货物和工程，以及将工程和服务打包的项目。

（4）融资行为。

（5）购买主体的人员招、聘用，以劳务派遣方式用工，以及设置公益性岗位等事项。

（6）法律、行政法规以及国务院规定的其他不得作为政府购买服务内容的事项。

政府购买服务的具体范围和内容实行指导性目录管理，指导性目录依法予以公开。

需要特别注意的是：102号令第二十四条规定，政府购买服务合同履行期限一般不超过1年；在预算保障的前提下，对于购买内容相对固定、连续性强、经费来源稳定、价格变化幅度小的政府购买服务项目，可以签订履行期限不超过3年的政府购买服务合同。

6.《财政部关于公布废止和失效的财政规章和规范性文件目录（第十三批）的决定》（财政部令103号）

为了适应依法行政、依法理财的需要，根据《财政部规章和规范性文件清理工作规则》，财政部对截至2017年12月底发布的现行财政规章和规范性文件进行了全面清理。经过清理，确定废止和失效的财政规章和规范性文件共796件，其中，废止的财政规章24件，失效的财政规章3件，废止的财政规范性文件521件，失效的财政规范性文件248件。其中，涉及政府采购方面的财政规章和规范性文件，包括：《政府采购供应商投诉处理办法》（财政部令第20号）；《政府采购信息公告管理办法》（财政部令第19号）；《政府采购货物和服务招标投标管理办法》（财政部令第18号）；《关于印发〈全国政府采购管理交易系统建设总体规划〉的通知》和《关于印发〈政府采购业务基础数据规范〉的通知》（财库〔2013〕18号）；《关于加强政府采购货物和服务项目价格评审管理的通知》（财库〔2007〕2号）；《关于印发〈政府采购评审专家管理办法〉的通知》（财库〔2003〕119号）；《关于2016年开展全国政府采购代理机构监督检查工作的通知》（财库〔2016〕76号）；《关于做好2016年中央预算单位政府采购计划和执行情况及信息统计编报工作的通知》（财库〔2015〕240号）；《关于做好政府采购代理机构资格认定行政许可取消后相关政策衔接工作的通知》（财库〔2014〕122号）；《关于贯彻实施〈中华人民共和国政府采购法〉的通知》（财库〔2002〕35号）等。

7.《政府采购框架协议采购方式管理暂行办法》（财政部令第110号）

《政府采购框架协议采购方式管理暂行办法》（财政部令第110号，以下简称"110号令"）经2021年12月31日财政部部务会议审议通过，自2022年3月1日起施行。

110号令应重点掌握以下知识点。

1）适用范围

本办法所称框架协议采购，是指集中采购机构或者主管预算单位（是指负有编制部门预算职责，向本级财政部门申报预算的国家机关、事业单位和团体组织）对技术、服务等标准明确、统一，需要多次重复采购的货物和服务，通过公开征集程序，确定第一阶段入围供应商并订立框架协议，采购人或者服务对象按照框架协议约定规则，在入围供应商范围内确定第二阶段成交供应商并订立采购合同的采购方式。

符合下列情形之一的，可以采用框架协议采购方式采购：

（1）集中采购目录以内品目，以及与之配套的必要耗材、配件等，属于小额零星采购的。

（2）集中采购目录以外，采购限额标准以上，本部门、本系统行政管理所需的法律、评估、会计、审计等鉴证咨询服务，属于小额零星采购的。

（3）集中采购目录以外，采购限额标准以上，为本部门、本系统以外的服务对象提供服务的政府购买服务项目，需要确定2家以上供应商由服务对象自主选择的。

（4）国务院财政部门规定的其他情形。

前款所称采购限额标准以上，是指同一品目或者同一类别的货物、服务年度采购预算达到采购限额标准以上。

2）框架协议类型

框架协议采购包括封闭式框架协议采购和开放式框架协议采购。

3）封闭式框架协议采购

封闭式框架协议采购是框架协议采购的主要形式。除法律、行政法规或者本办法另有规定外，框架协议采购应当采用封闭式框架协议采购。

封闭式框架协议是指通过公开竞争订立框架协议后，除经过框架协议约定的补充征集程序外，不得增加协议供应商的框架协议采购。

封闭式框架协议的公开征集程序，按照政府采购公开招标的规定执行，本办法另有规定的，从其规定。

确定第一阶段入围供应商的评审方法包括价格优先法和质量优先法。有政府定价、政府指导价的项目，以及对质量有特别要求的检测、实验等仪器设备，可以采用质量优先法，其他项目应当采用价格优先法。

确定第二阶段成交供应商的方式包括直接选定、二次竞价和顺序轮候。直接选定方式是确定第二阶段成交供应商的主要方式。

4）开放式框架协议采购

开放式框架协议采购是指明确采购需求和付费标准等框架协议条件，愿意接受协议条件的供应商可以随时申请加入的框架协议采购。开放式框架协议的公开征集程序，按照本办法规定执行。

符合下列情形之一的，可以采用开放式框架协议采购：

（1）本办法第三条第一款第一项规定的情形，因执行政府采购政策不宜淘汰供应商的，或者受基础设施、行政许可、知识产权等限制，供应商数量在3家以下且不宜淘汰供应商的。

（2）本办法第三条第一款第三项规定的情形，能够确定统一付费标准，因地域等服务便利性要求，需要接纳所有愿意接受协议条件的供应商加入框架协议，以供服务对象自主选择的。

第二阶段成交供应商由采购人或者服务对象从第一阶段入围供应商中直接选定。

5）框架协议采购遵循竞争择优、讲求绩效的原则

框架协议采购遵循竞争择优、讲求绩效的原则，应当有明确的采购标的和定价机制，不得采用供应商符合资格条件即入围的方法。

6）框架协议采购应当实行电子化采购

7）框架协议需求调查

110号令第十一条规定，确定框架协议采购需求应当开展需求调查，听取采购人、供应商和专家等意见。面向采购人和供应商开展需求调查时，应当选择具有代表性的调查对象，调查对象一般各不少于3个。

四、规范性文件

第四层级是规范性文件，由各级与政府采购相关的政府部门制定的专门规范各领域、各地区政府采购活动的带有固定文号的文件，都在各自的领域或者地区对政府采购相关当事人具有约束力，政府采购活动需要高频适用的是财政部颁布的规范性文件。

例如财政部发布的补充性通知：《关于印发〈政府采购竞争性磋商采购方式管理暂行办法〉的通知》（财库〔2014〕214号）、《关于印发〈政府采购评审专家管理办法〉的通知》（财库〔2016〕198号）、《关于印发〈政府采购代理机构管理暂行办法〉的通知》（财库〔2018〕2号）及《关于印发〈政府采购需求管理办法〉的通知》（财库〔2021〕22号）等。

下面对几个高频使用的规范性文件进行简要解析。

1.《关于印发〈政府采购进口产品管理办法〉的通知》（财库〔2007〕119号）

为了贯彻落实《国务院关于实施〈国家中长期科学和技术发展规划纲要（2006—

2020年）〉若干配套政策的通知》（国发〔2006〕6号），推动和促进自主创新政府采购政策的实施，规范进口产品政府采购行为，根据《中华人民共和国政府采购法》和有关法律法规，财政部制定了《政府采购进口产品管理办法》（财库〔2007〕119号）。《政府采购进口产品管理办法》于2007年12月27日印发，并自印发之日起施行。

《政府采购进口产品管理办法》应重点掌握以下知识点。

1）政府采购进口产品定义

《政府采购进口产品管理办法》第三条规定，政府采购进口产品是指通过中国海关报关验放进入中国境内且产自关境外的产品。

2）政府采购进口审核管理

《政府采购进口产品管理办法》第七条明确，采购人需要采购的产品在中国境内无法获取或者无法以合理的商业条件获取，以及法律法规另有规定确需采购进口产品的，应当在获得财政部门核准后，依法开展政府采购活动。

采购人报财政部门审核时，应当出具以下材料：

（1）《政府采购进口产品申请表》。

（2）关于鼓励进口产品的国家法律法规政策文件复印件。

（3）进口产品所属行业的设区的市、自治州以上主管部门出具的《政府采购进口产品所属行业主管部门意见》。

（4）专家组出具的《政府采购进口产品专家论证意见》。

3）政府采购进口管理

政府采购进口产品应当以公开招标为主要方式。因特殊情况需要采用公开招标以外的采购方式的，按照政府采购有关规定执行。

采购人及其委托的采购代理机构在采购进口产品的采购文件中应当载明优先采购向我国企业转让技术、与我国企业签订消化吸收再创新方案的供应商的进口产品。

2. 《关于推进和完善服务项目政府采购有关问题的通知》（财库〔2014〕37号）

为贯彻落实党的十八届三中全会《中共中央关于全面深化改革若干重大问题的决定》精神，大力推进政府购买服务工作，根据《政府采购法》《国务院办公厅关于政府向社会力量购买服务的指导意见》（国办发〔2013〕96号）等有关规定。2014年4月14日，财政部出台了《关于推进和完善服务项目政府采购有关问题的通知》（财库〔2014〕37号）。

《关于推进和完善服务项目政府采购有关问题的通知》首次提出了"招一管三"的概念。其中第三条中规定，积极培育政府购买服务供给市场。对于有服务区域范围要求、但本地区供应商无法形成有效竞争的服务项目，采购人可以采取将大额项目拆分采购、新增项目向其他供应商采购等措施，促进建立良性的市场竞争关系。采购需求具有相对固定性、延续性且价格变化幅度小的服务项目，在年度预算能保障的前提下，采购人可以签订不超过三年履行期限的政府采购合同。

3.《关于印发〈政府采购竞争性磋商采购方式管理暂行办法〉的通知》（财库〔2014〕214号）

为了深化政府采购制度改革，适应推进政府购买服务、推广政府和社会资本合作（PPP）模式等工作需要，根据《中华人民共和国政府采购法》和有关法律法规，财政部制定了《政府采购竞争性磋商采购方式管理暂行办法》（财库〔2014〕214号）。办法于2014年12月31日发布，并从发布之日起实施。

该办法应掌握以下几个要点。

1）竞争性磋商方式适用范围

该办法第三条规定，符合下列情形的项目，可以采用竞争性磋商方式开展采购：

（1）政府购买服务项目。

（2）技术复杂或者性质特殊，不能确定详细规格或者具体要求的。

（3）因艺术品采购、专利、专有技术或者服务的时间、数量事先不能确定等原因不能事先计算出价格总额的。

（4）市场竞争不充分的科研项目，以及需要扶持的科技成果转化项目。

（5）按照招标投标法及其实施条例必须进行招标的工程建设项目以外的工程建设项目。

2）明确了磋商供应商的产生方式

采购人、采购代理机构应当通过发布公告、从省级以上财政部门建立的供应商库中随机抽取或者采购人和评审专家分别以书面推荐的方式邀请不少于3家符合相应资格条件的供应商参与竞争性磋商采购活动。

采取采购人和评审专家书面推荐方式选择供应商的，采购人和评审专家应当各自出具书面推荐意见。采购人推荐供应商的比例不得高于推荐供应商总数的50%。

3）明确了磋商小组组成

磋商小组由采购人代表和评审专家共3人以上单数组成，其中评审专家人数不得少于磋商小组成员总数的2/3。采购人代表不得以评审专家身份参加本部门或本单位采购项目的评审。采购代理机构人员不得参加本机构代理的采购项目的评审。

采用竞争性磋商方式的政府采购项目，评审专家应当从政府采购评审专家库内相关专业的专家名单中随机抽取。

技术复杂、专业性强的采购项目，评审专家中应当包含1名法律专家。

4）明确了磋商采购的时间要求

该办法第十条规定，从磋商文件发出之日起至供应商提交首次响应文件截止之日止不得少于10日。磋商文件的发售期限自开始之日起不得少于5个工作日。

提交首次响应文件截止之日前，采购人、采购代理机构或者磋商小组可以对已发出的磋商文件进行必要的澄清或者修改，澄清或者修改的内容作为磋商文件的组成部分。澄清或者修改的内容可能影响响应文件编制的，采购人、采购代理机构应当在提交首次响应文件截止时间至少5日前，以书面形式通知所有获取磋商文件的供应商；不足5日的，采购人、采购代理机构应当顺延提交首次响应文件截止时间。

5）明确了磋商采购的评审方法

该办法第二十三条规定，经磋商确定最终采购需求和提交最后报价的供应商后，由磋商小组采用综合评分法对提交最后报价的供应商的响应文件和最后报价进行综合评分。

综合评分法货物项目的价格分值占总分值的比重（即权值）为30%至60%，服务项目的价格分值占总分值的比重（即权值）为10%至30%。采购项目中含不同采购对象的，以占项目资金比例最高的采购对象确定其项目属性。符合本办法第三条第三项的规定和执行统一价格标准的项目，其价格不列为评分因素。有特殊情况需要在上述规定范围外设定价格分权重的，应当经本级人民政府财政部门审核同意。

综合评分法中的价格分统一采用低价优先法计算，即满足磋商文件要求且最后报价最低的供应商的价格为磋商基准价，其价格分为满分。其他供应商的价格分统一按照下列公式计算：

磋商报价得分＝（磋商基准价/最后磋商报价）×价格权值×100

项目评审过程中，不得去掉最后报价中的最高报价和最低报价。

4.《关于印发〈政府采购评审专家管理办法〉的通知》（财库〔2016〕198号）

2016年11月18日，财政部发布《政府采购评审专家管理办法》（财库〔2016〕198号），本办法自2017年1月1日起施行。财政部、监察部2003年11月17日发布的《政府采购评审专家管理办法》（财库〔2003〕119号）同时废止。

该办法适用于政府采购评审专家选聘、解聘、抽取、使用和监督管理，并明确了评审专家实行统一标准、管用分离、随机抽取的管理原则。

5.《关于印发〈政府采购代理机构管理暂行办法〉的通知》（财库〔2018〕2号）

2018年1月4日，财政部发布《政府采购代理机构管理暂行办法》（财库〔2018〕2

号），该办法自2018年3月1日起施行。本办法所称政府采购代理机构（以下简称"代理机构"）是指集中采购机构以外、受采购人委托从事政府采购代理业务的社会中介机构。政府采购代理机构的名录登记、从业管理、信用评价及监督检查适用本办法。

该办法应重点注意以下知识点。

1）名录登记

代理机构实行名录登记管理。省级财政部门依托中国政府采购网省级分网建立政府采购代理机构名录。名录信息全国共享并向社会公开。

2）采购人选择代理机构

采购人应当根据项目特点、代理机构专业领域和综合信用评价结果，从名录中自主择优选择代理机构。

任何单位和个人不得以摇号、抽签、遴选等方式干预采购人自行选择代理机构。

3）代理机构从业管理

代理机构应当严格按照委托代理协议的约定依法依规开展政府采购代理业务，相关开标及评审活动应当全程录音录像，录音录像应当清晰可辨，音像资料作为采购文件一并存档。

代理费用可以由中标、成交供应商支付，也可由采购人支付。由中标、成交供应商支付的，供应商报价应当包含代理费用。代理费用超过分散采购限额标准的，原则上由中标、成交供应商支付。

采购人和代理机构在委托代理协议中约定由代理机构负责保存采购文件的，代理机构应当妥善保存采购文件，不得伪造、变造、隐匿或者销毁采购文件。采购文件的保存期限为从采购结束之日起至少15年。

6. 《关于调整优化节能产品、环境标志产品政府采购执行机制的通知》（财库〔2019〕9号）

为落实"放管服"改革要求，完善政府绿色采购政策，简化节能（节水）产品、环境标志产品政府采购执行机制，优化供应商参与政府采购活动的市场环境，财政部 发展改革委 生态环境部 市场监管总局就节能产品、环境标志产品政府采购有关事项，发布了《关于调整优化节能产品、环境标志产品政府采购执行机制的通知》（财库〔2019〕9号），该通知于2019年2月1日发布，自2019年4月1日起施行。

该通知主要提出以下几个要求：

（1）对政府采购节能产品、环境标志产品实施品目清单管理。

（2）依据品目清单和认证证书实施政府优先采购和强制采购。

（3）逐步扩大节能产品、环境标志产品认证机构范围。

（4）发布认证机构和获证产品信息。

（5）加大政府绿色采购力度。

财政部 生态环境部《关于调整公布第二十二期环境标志产品政府采购清单的通知》（财库〔2018〕70号）和财政部 国家发展改革委《关于调整公布第二十四期节能产品政府采购清单的通知》（财库〔2018〕73号）同时停止执行。

7.《关于印发环境标志产品政府采购品目清单的通知》（财库〔2019〕18号）、《关于印发节能产品政府采购品目清单的通知》（财库〔2019〕19号）

政府采购的重要政策目标之一就是要实现"节约能源、保护环境"。因此财政部会同有关部门印发了《关于调整优化节能产品、环境标志产品政府采购执行机制的通知》（财库〔2019〕9号），对政府采购节能产品、环境标志产品实施品目清单管理，不再发布"节能产品政府采购清单"和"环境标志产品政府采购清单"，并在政府采购活动中对清单中所列产品实施优先采购政策。随后便出台了《关于印发环境标志产品政府采购品目清单的通知》（财库〔2019〕18号）和《关于印发节能产品政府采购品目清单的通知》（财库〔2019〕19号），明确了环境标志产品政府采购品目清单和节能产品政府采购品目清单。

8.《关于印发〈政府采购促进中小企业发展管理办法〉的通知》（财库〔2020〕46号）和《关于进一步加大政府采购支持中小企业力度的通知》（财库〔2022〕19号）

2020年，《政府采购促进中小企业发展管理办法》（财库〔2020〕46号，以下简称"46号文"）审议通过，自2021年1月1日起施行。

46号文应重点掌握以下知识点。

1）中小企业概念

本办法所称中小企业，是指在中华人民共和国境内依法设立，依据国务院批准的中小企业划分标准确定的中型企业、小型企业和微型企业，但与大企业的负责人为同一人，或者与大企业存在直接控股、管理关系的除外。符合中小企业划分标准的个体工商户，在政府采购活动中视同中小企业。

2）中小企业认定

在政府采购活动中，供应商提供的货物、工程或者服务符合下列情形的，享受本办法规定的中小企业扶持政策。

（1）在货物采购项目中，货物由中小企业制造，即货物由中小企业生产且使用该中小企业商号或者注册商标。

（2）在工程采购项目中，工程由中小企业承建，即工程施工单位为中小企业。

（3）在服务采购项目中，服务由中小企业承接，即提供服务的人员为中小企业依照《中华人民共和国劳动合同法》订立劳动合同的从业人员。

（4）在货物采购项目中，供应商提供的货物既有中小企业制造货物，也有大型企业制造货物的，不享受本办法规定的中小企业扶持政策。以联合体形式参加政府采购活动，联合体各方均为中小企业的，联合体视同中小企业。其中，联合体各方均为小微企业的，联合体视同小微企业。

3）专门面向中小企业的情形

采购限额标准以上，200万元以下的货物和服务采购项目、400万元以下的工程采购项目，适宜由中小企业提供的，采购人应当专门面向中小企业采购。46号文第八条规定，超过200万元的货物和服务采购项目、超过400万元的工程采购项目中适宜由中小企业提供的，预留该部分采购项目预算总额的30%以上专门面向中小企业采购，其中预留给小微企业的比例不低于60%。

预留份额通过下列措施进行：（1）将采购项目整体或者设置采购包专门面向中小企业采购；（2）要求供应商以联合体形式参加采购活动，且联合体中中小企业承担的部分达到一定比例；（3）要求获得采购合同的供应商将采购项目中的一定比例分包给一家或者多家中小企业。组成联合体或者接受分包合同的中小企业与联合体内其他企业、分包企业之间不得存在直接控股、管理关系。

符合下列情形之一的，可不专门面向中小企业预留采购份额：（1）法律法规和国家有关政策明确规定优先或者应当面向事业单位、社会组织等非企业主体采购的；（2）因确需使用不可替代的专利、专有技术，基础设施限制，或者提供特定公共服务等原因，只能从中小企业之外的供应商处采购的；（3）按照本办法规定预留采购份额无法确保充分供应、充分竞争，或者存在可能影响政府采购目标实现的情形；（4）框架协议采购项目；（5）省级以上人民政府财政部门规定的其他情形。除上述情形外，其他均为适宜由中小企业提供的情形。

4）非专门面向中小企业的项目优惠政策

对于经主管预算单位统筹后未预留份额专门面向中小企业采购的采购项目，以及预留份额项目中的非预留部分采购包，采购人、采购代理机构应当对符合本办法规定的小微企业报价给予6%～10%（工程项目为3%～5%）的扣除，用扣除后的价格参加评审。适用招标投标法的政府采购工程建设项目，采用综合评估法但未采用低价优先法计算价格分的，评标时应当在采用原报价进行评分的基础上增加其价格得分的3%～5%作为其价格分。

接受大中型企业与小微企业组成联合体或者允许大中型企业向一家或者多家小微企业分包的采购项目，对于联合协议或者分包意向协议约定小微企业的合同份额占到合同总金额30％以上的，采购人、采购代理机构应当对联合体或者大中型企业的报价给予2％～3％（工程项目为1％～2％）的扣除，用扣除后的价格参加评审。适用招标投标法的政府采购工程建设项目，采用综合评估法但未采用低价优先法计算价格分的，评标时应当在采用原报价进行评分的基础上增加其价格得分的1％～2％作为其价格分。组成联合体或者接受分包的小微企业与联合体内其他企业、分包企业之间存在直接控股、管理关系的，不享受价格扣除优惠政策。

2022年5月30日，财政部发布了《关于进一步加大政府采购支持中小企业力度的通知》（财库〔2022〕19号），该通知调整了对小微企业的价格评审优惠幅度。货物服务采购项目给予小微企业的价格扣除优惠，由财库〔2020〕46号文件规定的6％～10％提高至10％～20％。大中型企业与小微企业组成联合体或者大中型企业向小微企业分包的，评审优惠幅度由2％～3％提高至4％～6％。政府采购工程的价格评审优惠按照财库〔2020〕46号文件的规定执行。该通知还提高了政府采购工程面向中小企业预留额。400万元以下的工程采购项目适宜由中小企业提供的，采购人应当专门面向中小企业采购。超过400万元的工程采购项目中适宜由中小企业提供的，在坚持公开公正、公平竞争原则和统一质量标准的前提下，面向中小企业的预留份额由30％以上阶段性提高至40％以上。

9.《关于印发〈政府采购需求管理办法〉的通知》（财库〔2021〕22号）

2021年，《政府采购需求管理办法》（财库〔2021〕22号，以下简称"22号文"）经财政部部务会议审议通过，自2021年7月1日起施行。《政府采购需求管理办法》适用于在中华人民共和国境内开展的政府采购货物、工程和服务项目。

22号文应重点掌握以下知识点。

1）采购需求管理原则

采购需求管理应当遵循科学合理、厉行节约、规范高效、权责清晰的原则。

2）采购需求内容

采购需求包括三部分内容：拟采购的标的及其需要满足的技术、商务要求。技术要求包括：采购标的的性能、材料、结构、外观、安全，或者服务内容和标准等。商务要求包括：采购标的交付（实施）的时间（期限）和地点（范围）、付款条件（进度和方式）、包装和运输、售后服务、保险等。

3）采购需求应当客观、量化

技术要求和商务要求应当客观，量化指标应当明确相应等次，有连续区间的按照区间划分等次。需由供应商提供设计方案、解决方案或者组织方案的采购项目，应当说明采购标的的功能、应用场景、目标等基本要求，并尽可能地明确其中的客观、量化指标。

4）采购需求调查

采购人可以在确定采购需求前，通过咨询、论证、问卷调查等方式开展需求调查，了解相关产业发展、市场供给、同类采购项目历史成交信息，可能涉及运行维护、升级更新、备品备件、耗材等后续采购，以及其他相关情况。

面向市场主体开展需求调查时，选择的调查对象一般不少于3个，并应当具有代表性。

四类采购项目应当开展需求调查：一是1000万元以上的货物、服务采购项目，3000万元以上的工程采购项目；二是涉及公共利益、社会关注度较高的采购项目，包括政府向社会公众提供的公共服务项目等；三是技术复杂、专业性较强的项目，包括需定制开发的信息化建设项目、采购进口产品的项目等；四是主管预算单位或者采购人认为需要开展需求调查的其他采购项目。

两类项目可以不再重复开展：一是编制采购需求前一年内，采购人已就相关采购标的开展过需求调查的可以不再重复开展。二是按照法律法规的规定，对采购项目开展可行性研究等前期工作，已包含本办法规定的需求调查内容的，可以不再重复调查。

5）采购实施计划内容

采购实施计划主要包括两部分内容：一是合同订立安排，包括采购项目预（概）算、最高限价，开展采购活动的时间安排，采购组织形式和委托代理安排，采购包划分与合同分包，供应商资格条件，采购方式、竞争范围和评审规则等；二是合同管理安排，包括合同类型、定价方式、合同文本的主要条款、履约验收方案、风险管控措施等。

采购人应当通过确定供应商资格条件、设定评审规则等措施，落实支持创新、绿色发展、中小企业发展等政府采购政策功能。

采购人要按照有利于采购项目实施的原则，明确采购包或者合同分包要求。采购项目划分采购包的，要分别确定每个采购包的采购方式、竞争范围、评审规则、合同类型、合同文本、定价方式等相关的合同订立、管理安排。

根据采购需求特点提出的供应商资格条件，要与采购标的的功能、质量和供应商履约能力直接相关，且属于履行合同必需的条件，包括特定的专业资格或者技术资格、设备设施、业绩情况、专业人才及其管理能力等。

采购需求客观、明确且规格、标准统一的采购项目，如通用设备、物业管理等，一般采用招标或者询价方式采购，以价格作为授予合同的主要考虑因素，采用固定总价或者固定单价的方式采购。

采购需求中客观但不可量化的指标应当作为实质性要求，不得作为评分项；参与评分的指标应当是采购需求中的量化指标，评分项应当按照量化指标的等次设置对应的不同分值。不能完全确定客观指标，需由供应商提供设计方案、解决方案或者组织方案的采购项目，可以结合需求调查的情况，尽可能地明确不同的技术路线、组织形式及相关指标的重要性和优先级，设定客观、量化的评审因素、分值和权重。价格因素应当按照相关规定确定分值和权重。

需由供应商提供设计方案、解决方案或者组织方案，且供应商经验和能力对履约有直接影响的，如订购、设计等采购项目，可以在评审因素中适当考虑供应商的履约能力要求，并合理设置分值和权重。需由供应商提供设计方案、解决方案或者组织方案，采购人认为有必要考虑全生命周期成本的，可以明确使用年限，要求供应商报出安装调试费用、使用期间能源管理与废弃处置等全生命周期成本，作为评审时考虑的因素。

6）采购实施计划之合同文本

合同权利义务要围绕采购需求和合同履行设置。国务院有关部门依法制定了政府采购合同标准文本的，应当使用标准文本。属于22号文第十一条规定范围的采购项目，合同文本应当经过采购人聘请的法律顾问审定。

7）采购实施计划之履约验收方案

履约验收方案要明确履约验收的主体、时间、方式、程序、内容和验收标准等事项。采购人、采购代理机构可以邀请参加本项目的其他供应商或者第三方专业机构及专家参与验收，相关验收意见作为验收的参考资料。政府向社会公众提供的公共服务项目，验收时应当邀请服务对象参与并出具意见，验收结果应当向社会公告。验收内容要包括每一项技术要求和商务要求的履约情况，验收标准要包括所有客观、量化指标。不能明确客观标准、涉及主观判断的，可以通过在采购人、使用人中开展问卷调查等方式，转化为客观、量化的验收标准。

8）采购需求和采购实施计划编制

22号文明确，采购人可以自行组织确定采购需求和编制采购实施计划，也可以委托采购代理机构或者其他第三方机构开展。

9）采购需求审查内容

采购人应当建立审查工作机制，在采购活动开始前，针对采购需求管理中的重点风险事项，对采购需求和采购实施计划进行审查，审查分为一般性审查和重点审查。

一般性审查主要审查是否按照本办法规定的程序和内容确定采购需求、编制采购实施计划。审查内容包括：采购需求是否符合预算、资产、财务等管理制度规定；对采购方式、评审规则、合同类型、定价方式的选择是否说明适用理由；属于按规定需要报相关监管部门批准、核准的事项，是否作出相关安排；采购实施计划是否完整。

重点审查包括非歧视性审查、竞争性审查、采购政策审查、履约风险审查以及采购人或者主管预算单位认为应当审查的其他内容。

10）采购需求审查工作机制

审查工作机制成员应当包括本部门、本单位的采购、财务、业务、监督等内部机构。

采购人可以根据本单位的实际情况，建立相关专家和第三方机构参与审查的工作机制。

10.《关于印发〈政府采购品目分类目录〉的通知》（财库〔2022〕31号）

为适应深化政府采购制度改革和预算管理一体化工作的需要，财政部修订印发了《政府采购品目分类目录（2022年）》（财库〔2022〕31号），对《政府采购品目分类目录》（财库〔2013〕189号，以下简称《采购品目目录》）进行了修订，并与《固定资产等资产基础分类与代码》（GB/T 14885，以下简称《资产分类与代码》）统一为一套编码体系，该目录自2022年9月2日印发起执行。

修订后的货物类品目共8个门类，包括房屋和构筑物、设备、文物和陈列品、图书和档案、家具和用具、特种动植物、物资、无形资产。主要内容为：一是与《资产分类与代码》保持一致；二是根据工作实践和单位反馈意见，新增部分品目；三是优化货物类品目分类方式；四是不适宜政府采购的分类未纳入《采购品目目录》。

修订后的工程类品目共10个门类，包括房屋施工、构筑物施工、施工工程准备、预制构件组装和装配、专业施工、安装工程、装修工程、修缮工程、工程设备租赁（带操作员）、其他建筑工程。修订的主要内容包括：一是与资产分类中的房屋分类保持一致，并对其下级品目进行同步更新；二是规范部分品目名称。

修订后的服务类品目共25个门类，包括科学研究和试验开发、教育服务、医疗卫生服务、社会服务、生态环境保护和治理服务、公共设施管理服务、农林牧渔服务等。修订的主要内容为：一是与政府购买服务相衔接；二是与框架协议采购相适应；三是规范实施政府和社会资本合作项目采购；四是根据《"十四五"公共服务规划》、《国家基本公共服务标准（2021年版）》及新型服务业态的变化，新增或调整相关品目；五是根据工作实践和单位反馈意见，新增或调整部分品目；六是优化服务分类顺序；七是补充完善品目说明。

第二节　政府采购法与招标投标法

一、两法的区别

1. 目的和侧重点不同

《政府采购法》主要旨在规范政府采购行为，提高公共资金使用效率，促进公平竞争和社会公共利益。它侧重于规范各级国家机关、事业单位和团体组织使用财政性资金购买货物、工程和服务的行为。

《招标投标法》则侧重于规范所有类型的招标投标活动，以保证招标投标活动的公开、公平、公正，促进市场经济健康发展。它不仅适用于政府项目，也适用于非政府项目的招标投标活动。

2.监管和执行机构不同

《政府采购法》的监管机构主要是财政部门，财政部门负责监督和管理政府采购活动，确保采购活动的合法性、规范性。

《招标投标法》的监督管理则由多个部门共同负责，包括但不限于发展和改革、建设、交通等行业主管部门，根据不同行业的特点执行招标投标活动的监管工作。

3.适用情形不同

《政府采购法》规范的主体是各级国家机关、事业单位和团体组织。

《政府采购法》第二条规定，政府采购包括货物、工程和服务；第四条规定，政府采购工程进行招标投标的，适用招标投标法。

《招标投标法》第二条规定，在中华人民共和国境内进行招标投标活动，适用本法。

《招标投标法》和《政府采购法》适用情形对比如表2-1所示。

表2-1　《招标投标法》和《政府采购法》适用情形对比

对比项	《招标投标法》	《政府采购法》
适用情形	在中华人民共和国境内进行招标投标活动,适用本法	在中华人民共和国境内进行的政府采购,适用本法
	在中华人民共和国境内进行下列工程建设项目,包括项目的勘察、设计、施工、监理以及与工程建设有关的重要设备、材料等的采购,必须进行招标:(1)大型基础设施、公用事业等关系社会公共利益、公众安全的项目;(2)全部或者部分使用国有资金投资或者国家融资的项目;(3)使用国际组织或者外国政府贷款、援助资金的项目。 前款所列项目的具体范围和规模标准,由国务院发展计划部门会同国务院有关部门制订,报国务院批准。 法律或者国务院对必须进行招标的其他项目的范围有规定的,依照其规定	本法所称政府采购,是指各级国家机关、事业单位和团体组织,使用财政性资金采购依法制定的集中采购目录以内的或者采购限额标准以上的货物、工程和服务的行为。 政府集中采购目录和采购限额标准依照本法规定的权限制定。 本法所称采购,是指以合同方式有偿取得货物、工程和服务的行为,包括购买、租赁、委托、雇用等。 本法所称货物,是指各种形态和种类的物品,包括原材料、燃料、设备、产品等。 本法所称工程,是指建设工程,包括建筑物和构筑物的新建、改建、扩建、装修、拆除、修缮等。 本法所称服务,是指除货物和工程以外的其他政府采购对象。政府采购工程进行招标投标的,适用招标投标法

采购人和采购代理机构在判断采购项目是适用《政府采购法》还是《招标投标法》时，一定要对两部法律的适用范围有着全面了解。

4.采购方式不同

《政府采购法》中规范的采购方式，不仅包括公开招标和邀请招标两种招标采购方式，还包括询价采购、竞争性谈判采购、单一来源采购等非招标方式。除此之外，2014年出台的《政府采购竞争性磋商采购方式管理暂行办法》在原有的五种政府采购方式之外新增了竞争性磋商的采购方式；2022年出台的《政府采购框架协议采购方式管理暂行办法》又增加了框架协议采购方式。2024年4月24日，财政部以财库〔2024〕13号印发《政府采购合作创新采购方式管理暂行办法》的通知，又新增了合作创新采购方式。

而《招标投标法》仅规定了公开招标和邀请招标两种招标形式。在中国招标投标协会发布的《非招标方式采购代理服务规范》中，补充了谈判采购、询比采购、竞价采购、直接采购和框架协议等几种方式。

《招标投标法》和《政府采购法》体系下采购方式的对比如表2-2所示。

表2-2　《招标投标法》和《政府采购法》体系下采购方式的对比

对比项	《招标投标法》	《政府采购法》
采购方式	（1）公开招标：依据《招标投标法》； （2）邀请招标：依据《招标投标法》； （3）谈判采购：依据《非招标方式采购代理服务规范》（中国招标投标协会）； （4）询比采购：依据《非招标方式采购代理服务规范》（中国招标投标协会）； （5）竞价采购：依据《非招标方式采购代理服务规范》（中国招标投标协会）； （6）直接采购：依据《非招标方式采购代理服务规范》（中国招标投标协会）； （7）框架协议：依据《非招标方式采购代理服务规范》（中国招标投标协会）	（1）公开招标：依据《政府采购法》《政府采购货物和服务招标投标管理办法》（财政部令第87号）； （2）邀请招标：依据《政府采购法》《政府采购货物和服务招标投标管理办法》（财政部令第87号）； （3）竞争性谈判：依据《政府采购法》《政府采购非招标采购方式管理办法》（财政部令第74号）； （4）询价采购：依据《政府采购法》《政府采购非招标采购方式管理办法》（财政部令第74号）； （5）单一来源采购：依据《政府采购法》《政府采购非招标采购方式管理办法》（财政部令第74号）； （6）竞争性磋商：依据《政府采购竞争性磋商采购方式管理暂行办法》（财库〔2014〕214号）； （7）框架协议采购：依据《政府采购框架协议采购方式管理暂行办法》（财政部令第110号）； （8）合作创新采购：依据《政府采购合作创新采购方式管理暂行办法》（财库〔2024〕13号）

《政府采购法》有关采购文件的编制、评标方法和评标标准的制定、招标信息发布、评审专家抽取、中标信息发布、质疑和投诉处理等方面的规定均不同于《招标投标法》。在政府采购活动中，招标投标法及其实施条例，主要适用于通过招标方式采购的政府采购工程及与工程建设相关的货物、服务。政府采购工程及与工程建设相关的货物、服务通过招标方式以外的方式采购的，和与工程建设不相关的货物、服务的采购，都应适用政府采购法及其实施条例、《政府采购货物和服务招标投标管理办法》等规定。与工程建设不相关的货物和服务的采购未依照前述规定执行，而依据招标投标法执行的，属于适用法律错误，违反了《政府采购法》第二条第一款和第六十四条第一款的规定。

即使同是公开招标方式，在《政府采购法》和《招标投标法》中的程序与要求也有很大区别，我们来做如下对比，如表2-3所示。

表2-3 《招标投标法》和《政府采购法》体系下适用法律的对比

适用法律对比项	政府采购法体系	招标投标法体系
发布公告媒体	省级以上财政部门指定媒体	国务院发展改革部门依法指定的媒介
招标公告期限	5个工作日	/
提供采购文件期限	不少于5个工作日	不少于5日
投标保证金	不得超过采购项目预算金额的2%	不得超过招标项目估算价的2%
专家库	财政部门组建专家库	省级人民政府和国务院有关部门应当组建综合评审专家库
评审因素要求不同	评审因素应当细化和量化，且与相应的商务条件和采购需求对应。商务条件和采购需求指标有区间规定的，评审因素应当量化到相应区间，并设置各区间对应的不同分值	未做要求
	综合评分法中价格评审采用低价优先法，货物项目的价格分值占总分值的比重不得低于30%；服务项目的价格分值占总分值的比重不得低于10%。执行国家统一定价标准和采用固定价格采购的项目，其价格不列为评审因素	未做要求
定标及结果公布	采购代理机构应当在评标结束后2个工作日内将评标报告送采购人。采购人应当自收到评标报告之日起5个工作日内，在评标报告确定的中标候选人名单中按顺序确定中标人。采购人自行组织招标的，应当在评标结束后5个工作日内确定中标人。采购人在收到评标报告5个工作日内未按评标报告推荐的中标候选人顺序确定中标人，又不能说明合法理由的，视同按评标报告推荐的顺序确定排名第一的中标候选人为中标人。采购人或者采购代理机构应当自中标人确定之日起2个工作日内，在省级以上财政部门指定的媒体上公告中标结果，采购文件应当随中标结果同时公告。中标公告期限为1个工作日。在公告中标结果的同时，采购人或者采购代理机构应当向中标人发出中标通知书；对未通过资格审查的供应商，应当告知其未通过的原因；采用综合评分法评审的，还应当告知未中标人本人的评审得分与排序。	评标完成后，评标委员会应当向招标人提交书面评标报告和中标候选人名单。依法必须进行招标的项目，招标人应当自收到评标报告之日起3日内公示中标候选人，公示期不得少于3日

适用法律 对比项	政府采购法体系	招标投标法体系
定标及结果 公布	项目采购采用最低评标（审）价法的,公告中标、成交结果时应当同时公告因落实政府采购政策等原因进行价格扣除后中标、成交供应商的评审报价;项目采购采用综合评分法的,公告中标、成交结果时应当同时公告中标、成交供应商的评审总得分	评标完成后,评标委员会应当向招标人提交书面评标报告和中标候选人名单。依法必须进行招标的项目,招标人应当自收到评标报告之日起3日内公示中标候选人,公示期不得少于3日
救济方式	供应商认为采购文件、采购过程、中标或者成交结果使自己的权益受到损害的,可以在知道或者应知其权益受到损害之日起7个工作日内,以书面形式向采购人、采购代理机构提出质疑。质疑供应商对采购人、采购代理机构的答复不满意,或者采购人、采购代理机构未在规定时间内作出答复的,可以在答复期满后15个工作日内向《政府采购质疑和投诉办法》第六条规定的财政部门提起投诉	潜在供应商或者其他利害关系人对资格预审文件有异议的,应当在提交资格预审申请文件截止时间2日前提出;对采购文件有异议的,应当在投标截止时间10日前提出。招标人应当自收到异议之日起3日内作出答复;作出答复前,应当暂停招标投标活动。 供应商或者其他利害关系人对依法必须进行招标的项目的评标结果有异议的,应当在中标候选人公示期间提出。招标人应当自收到异议之日起3日内作出答复;作出答复前,应当暂停招标投标活动。 供应商或者其他利害关系人认为招标投标活动不符合法律、行政法规规定的,可以自知道或者应当知道之日起10日内向有关行政监督部门投诉。投诉应当有明确的请求和必要的证明材料。 就《招标投标法实施条例》第二十二条、第四十四条、第五十四条规定事项投诉的,应当先向招标人提出异议,异议答复期间不计算在前款规定的期限内

二、两法的衔接

《政府采购法》第四条规定，政府采购工程进行招标投标的，适用招标投标法。第二条规定，本法所称工程，是指建设工程，包括建筑物和构筑物的新建、改建、扩建、装修、拆除、修缮等。也就是说，即使采购主体是各级国家机关、事业单位和团体组织，使用财政性资金，当对政府采购工程项目进行公开招标或邀请招标时，也不再适用政府采购法，而是适用招标投标法。

按照中华人民共和国国家发展和改革委员会令（以下简称"国家发改委"）《必须招标的工程项目规定》（发改委〔2018〕第16号令，自2018年6月1日起施行）要求，对规定范围内的项目，其勘察、设计、施工、监理以及与工程建设有关的重要设备、材料等的采购达到限额标准的，必须招标。

一是全部或者部分使用国有资金投资或者国家融资的项目，包括以下两方面：

（1）使用预算资金200万元人民币以上，并且该资金占投资额10%以上的项目。

（2）使用国有企业事业单位资金，并且该资金占控股或者主导地位的项目。

二是使用国际组织或者外国政府贷款、援助资金的项目，包括以下两方面：

（1）使用世界银行、亚洲开发银行等国际组织贷款、援助资金的项目。

（2）使用外国政府及其机构贷款、援助资金的项目。

三是不属于上述情形的大型基础设施、公用事业等关系社会公共利益、公众安全的项目，必须招标的具体范围由国务院发展改革部门会同国务院有关部门按照确有必要、严格限定的原则制订，报国务院批准。

规定范围内的项目，其勘察、设计、施工、监理以及与工程建设有关的重要设备、材料等的采购达到下列标准之一的，必须招标。

（1）施工单项合同估算价在400万元人民币以上。

（2）重要设备、材料等货物的采购，单项合同估算价在200万元人民币以上。

（3）勘察、设计、监理等服务的采购，单项合同估算价在100万元人民币以上。

同一项目中可以合并进行的勘察、设计、施工、监理以及与工程建设有关的重要设备、材料等的采购，合同估算价合计达到前款规定标准的，必须招标。

从《政府采购品目分类目录》来看，政府采购工程包含了B01房屋施工、B02构筑物施工、B03施工工程准备、B04预制构件组装和装配、B05专业施工、B06安装工程、B07装修工程、B08修缮工程、B09工程设备租赁（带操作员）和B99其他建筑工程。从分类情况来看，并非所有的政府采购工程都属于建筑物和构筑物的新建、改建、扩建、装修、拆除、修缮工程。按照中央预算单位政府集中采购目录及标准，分散采购限额以上的，适用于招标投标法的建设工程项目以外的以及与建筑物、构筑物新建、改建、扩建无关的装修、拆除和修缮工程仍然执行政府采购程序。

财政部国库司在《关于政府采购工程项目有关法律适用问题的复函》（财库便函〔2020〕385号）中提出，根据《中华人民共和国政府采购法》及其实施条例有关规定，工程招标限额标准以上，与建筑物和构筑物新建、改建、扩建项目无关的单独的装修、拆除、修缮项目，以及政府集中采购目录以内或者政府采购工程限额标准以上、工程招标限额标准以下的政府采购工程项目，不属于依法必须进行招标的项目，政府采购此类项目时，应当按照《政府采购法实施条例》第二十五条的规定，采用竞争性谈判、竞争性磋商或者单一来源方式进行采购。

值得注意的是，询价采购方式不适用工程类项目。

在线习题（第二章）

第三章
政府采购预算管理及意向公开

第一节　政府采购预算的编制及调整

一、政府采购预算编制

预算编制必须符合预算法及相关法规的规定，充分体现党和国家的政策方向。政府所有的收入和支出必须被纳入预算范围。单位预算是单位根据发展目标和计划编制的年度财务收支计划，是部门预算的组成部分，反映单位全部收入和支出计划的安排与执行情况。政府预算包括部门预算中的财政拨款收支预算，各部门预算由本部门及其所属单位预算组成。

政府采购预算是指在进行政府采购活动时，事先确定的资金支出计划，用于购买所需的货物、工程或服务。

1. 政府采购预算编制依据

各级预算单位政府采购预算编制的依据是本级年度政府采购目录和限额标准。其中：

属于本级年度政府采购目录和限额标准中，集中采购目录以内的或者采购限额标准以上的货物、工程和服务，需纳入政府采购，编制政府采购预算。

纳入政府采购的项目中，属于政府集中采购目录以内的实行政府集中采购，属于部门集中采购目录以内的实行部门集中采购，其余项目实行分散采购。

纳入政府采购的项目中，属于本级年度政府采购目录和限额标准中公开招标数额标准以上的，按照公开招标方式组织采购活动。

2. 政府采购预算编制程序

《政府采购法》第三十三条规定，负有编制部门预算职责的部门在编制下一财政年度部门预算时，应当将该财政年度政府采购的项目及资金预算列出，报本级财政部门汇总。

部门预算的审批，按预算管理权限和程序进行。以中央单位为例，中央单位下一财政年度部门预算编制，从本财政年度的第三季度就开始准备，国务院先就预算编制原则、支出重点等问题下发一个财政年度预算编制通知，财政部根据国务院通知部署预算编制工作（称为"一下"）。各部门根据财政部的具体部署组织本部门的预算编制工作，汇总后报财政部审核（称为"一上"）。财政部对各部门预算进行审核后，根据国民经济和社会发展计划以及财力等情况，核定部门预算支出控制数，要求各部门按照支出控制数调整预算（称为"二下"）。各部门根据财政部下达的支出控制数，按照优先顺序，调整支出项目，使部门预算的总支出不得突破控制数，最后将调整后的部门预算上报财政部（称为"二上"）。

政府采购预算编制程序如下。

1）"一上"阶段

本级政府公布年度政府采购目录和限额标准后，各预算单位应以其作为政府采购预算编制的依据。

2）"二上"阶段

各预算单位在编制预算文本过程中：

属于本级年度政府采购目录和限额标准中集中采购目录以内的或者采购限额标准以上的货物、工程和服务项目，应全部编入政府采购预算，纳入政府采购管理。

属于政府购买服务的购买主体的预算单位，应当单独编列政府购买服务预算，按要求填报购买服务项目表，并将列入集中采购目录或采购限额标准以上的政府购买服务项目同时反映在政府采购预算中，与部门预算一并报送财政部门审核。

【小贴士】

【问】多家预算单位联合采购，单个项目均不超过（100万），联合后超过100万，此类情况每个预算单位是否需要补报、新增政府采购预算？

【答】如各单位采购的货物不属于集中采购目录内且未达到分散采购限额，则该联合采购项目无需补报、新增政府采购预算。

二、政府采购预算调整

1. 政府采购预算调整的原则

根据《中华人民共和国预算法》（以下简称《预算法》）确立的"无预算、不支出"的基本原则，部门预算经过审查批准和依法批复后，具有刚性约束，不能随意调整变动。政府采购预算作为部门预算的一部分，除有关法律政策、本级党委政府有明确规定，以及涉及抢险救灾、社会稳定等工作需要外，在年度预算执行中不得随意调增或调减。

1）强化约束原则

部门预算（含政府采购预算）经财政部门批复后，各预算单位必须严格执行，未经批准不得随意调整。

2）严格控制原则

预算单位新增项目支出，应先从部门预算不可预见费中安排或通过调整预算支出结构解决，其他各类调整也应从严控制；通过以上资金渠道可以解决的，财政部门不办理追加支出预算。

3）规范办理原则

部门预算调整事项由预算单位直接向本级财政部门提出书面申请。

4）审核权限原则

预算执行中确属法律、政策规定或者工作需要，必须追加支出的事项，由财政部门按规定审核提出意见，按照本级财政资金审批规程报经本级政府审批后办理；其他部门预算调整事项，由财政部门按规定审核办理，其中政策性强的重大事项，由财政部门报本级政府审批。依照法律规定需向本级人大常委会报告的部门预算调整事项，由财政部门列入本级预算调整方案。

2.政府采购预算调整的范围

1）因部门预算增减导致政府采购预算变化

其具体包括部门预算支出增加（新增项目等）、部门预算支出减少（取消项目等）导致政府采购项目增加或减少，从而需要对政府采购预算进行调整的情况。

2）因部门预算内项目调整导致政府采购预算变化

主要为部门预算内的调整，不涉及部门预算增减，具体包括：调整支出指标类型、调整预算支出级次、项目支出细化和单位间项目间调整、变更政府采购或资产配置预算指标、调整使用不可预见费等。

第二节 预算管理一体化系统的运用

本节将根据财政部印发《预算管理一体化规范(6.0版)》相关内容，以湖北省为例，对预算管理一体化政府采购模块进行简要介绍。

一、系统登录

打开"通用软件应用安全桌面"进入"财政业务安全桌面"，打开"预算管理一体化"快捷方式，或者在谷歌浏览器中输入http://www.ihbcz.gov.cn/，点击用户名登录，输入用户名与密码登录系统，如图3-1所示。

图3-1　预算管理一体化系统登录页面

登录成功后，点击【政府采购】模块，进入预算管理一体化系统政府采购模块，如图3-2所示。

图3-2　预算管理一体化系统政府采购模块

政府采购模块页面如图3-3所示。

图3-3 政府采购模块页面

二、总体业务流程

政府采购模块包含采购预算管理、采购项目管理、采购意向公开、公告管理、采购计划管理、采购合同管理、履约验收管理、合同支付管理等功能。

财政部门批复部门预算和年中预算调整之后，系统中的政府采购指标作为政府采购模块进行政府采购活动的控制依据。

采购项目信息贯穿整个采购监管全生命周期。采购人基于采购项目进行采购意向公开、单一来源公示、采购计划申报及备案、采购项目执行情况的跟踪、合同备案、履约验收，便于采购人和采购监管部门更好地了解采购项目运行全貌。

单位在政府采购模块录入采购意向公开信息或单一来源公示信息，系统将公示信息同步至采购网进行公示。

单位根据预算指标在政府采购模块中制订政府采购计划，用于支持政府采购项目立项、招投标、签订合同等业务。

单位在政府采购合同（协议）签订后，在政府采购模块进行合同备案。

合同备案完成后，预算单位根据实际支出进度，在采购系统录入合同支付信息。完成后，支付信息将同步至预算执行一体化系统，单位用户可通过预算执行一体化系统进行后续采购资金支付。

当项目履约验收后，需在政府采购模块进行履约验收。

三、政府采购模块流程

1. 采购预算管理

1）采购预算管理

功能说明：通过预算管理一体化系统下达的政府采购指标，展示在采购预算管理的已完结页面上，供采购人查询、核对，该预算指标可在采购项目登记时直接作为项目的资金构成，不需要再进行采购预算确认。

操作用户：采购单位经办人

菜单：【采购预算管理】

操作说明（见图3-4）：【采购预算管理】→【已完结】→【查看】

图3-4　【采购预算管理】→【已完结】→【查看】

2）采购预算录入

功能说明：针对已纳入预算管理的单位资金、暂未下达的采购指标、以后年度资金、市县资金，可在采购预算管理待处理页面新增录入（若本区划允许采购项目登记直接使用录入资金，则可不通过采购预算管理进行新增录入）。

操作用户：采购单位经办人

菜单：【采购预算管理】

操作说明（见图3-5～图3-7）：【采购预算管理】→【新增】→【填写预算信息、上传附件】→【保存】→【提交】

图3-5　采购预算录入流程（1）

图 3-6　采购预算录入流程（2）

图 3-7　采购预算录入流程（3）

3）采购预算审核

操作用户：采购单位审核人\主管部门审核人\采购监管用户\业务部门用户

菜单：【采购预算管理】

操作说明（见图3-8与图3-9）：【采购预算管理】→【审核】（若涉及多岗位审核，可通过状态的追踪按钮查看下一步审核流程节点）

图 3-8　采购预算审核流程（1）

图 3-9　采购预算审核流程（2）

2. 采购项目管理

1）采购项目流程

采购项目的信息贯穿整个采购过程，如图 3-10 所示。采购人基于采购项目进行采购意向公开、单一来源公示、采购计划申报及备案、采购项目执行情况的跟踪、合同备案、履约验收，便于采购人和采购监管部门更好地了解采购项目的运行全貌。

2）采购项目登记

功能说明：采购人在系统中进行采购项目登记，并对采购项目基础信息进行完善，明确是否是涉密项目，明确采购内容清单和项目资金构成等内容。

操作用户：采购单位经办人

菜单：【采购项目管理】→【采购项目登记】

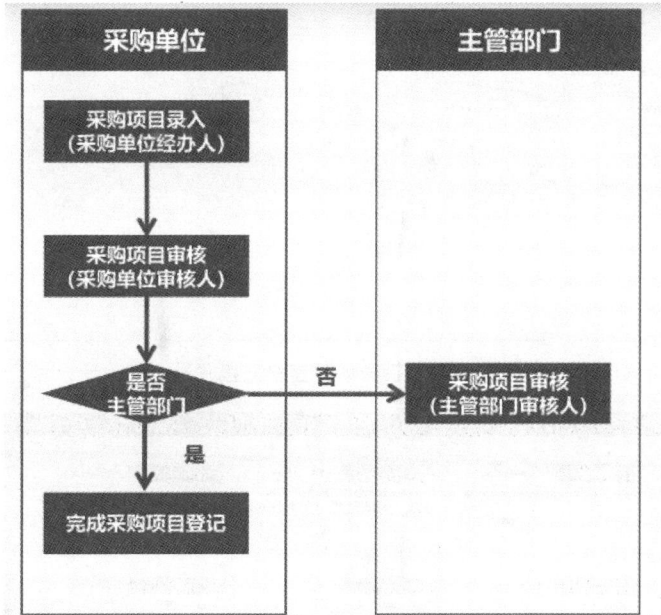

图 3-10　采购项目流程

操作说明（见图 3-11～图 3-14）：点击【采购项目管理】→【采购项目登记】→【新增】→【选择新增项目类型】→【填写基本信息、采购内容清单、项目资金构成、项目安排、项目相关附件等模块的内容】→【保存】→【提交】

图 3-11　采购项目登记流程（1）

图 3-12　采购项目登记流程（2）

图 3-13　采购项目登记流程（3）

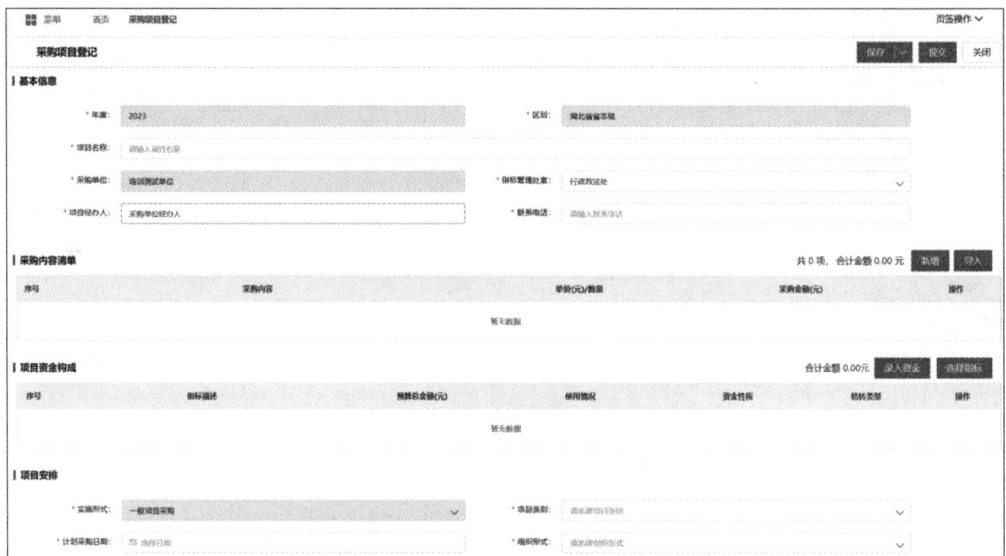

图 3-14　采购项目登记流程（4）

注意以下几点。

（1）项目资金构成。

①通过预算管理一体化系统下达的政府采购指标，可直接在采购项目登记指标里选择使用，如图3-15所示。

图3-15　指标选择：已下达的政府采购指标

②若本区划针对已纳入预算管理的单位资金、暂未下达的采购指标、以后年度资金、市县资金需要采购预算管理新增录入审核的，完成审核后，在采购项目登记指标里选择使用，如图3-16所示。

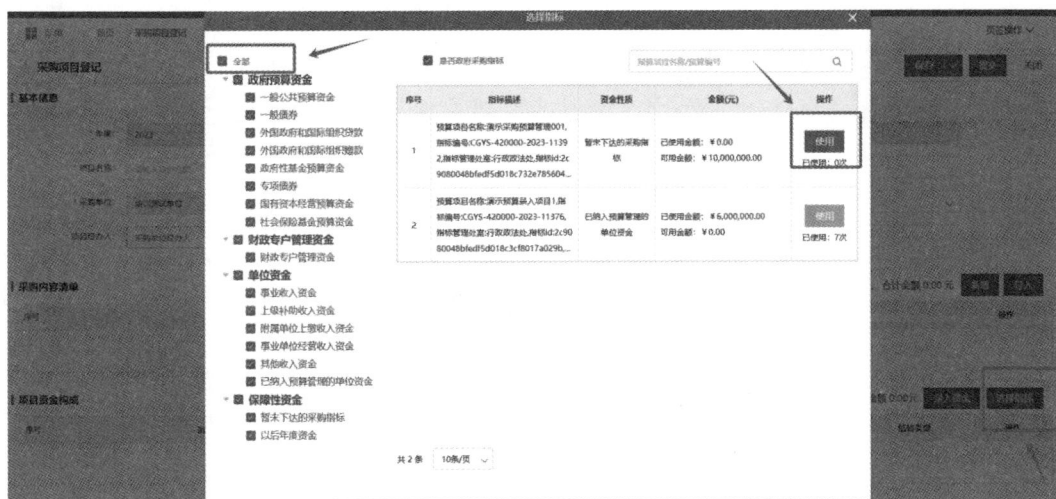

图3-16　指标选择：暂未下达的采购指标

③若本区划不需要针对预算进行审核，则采购项目登记可直接进行录入资金，如图3-17所示。

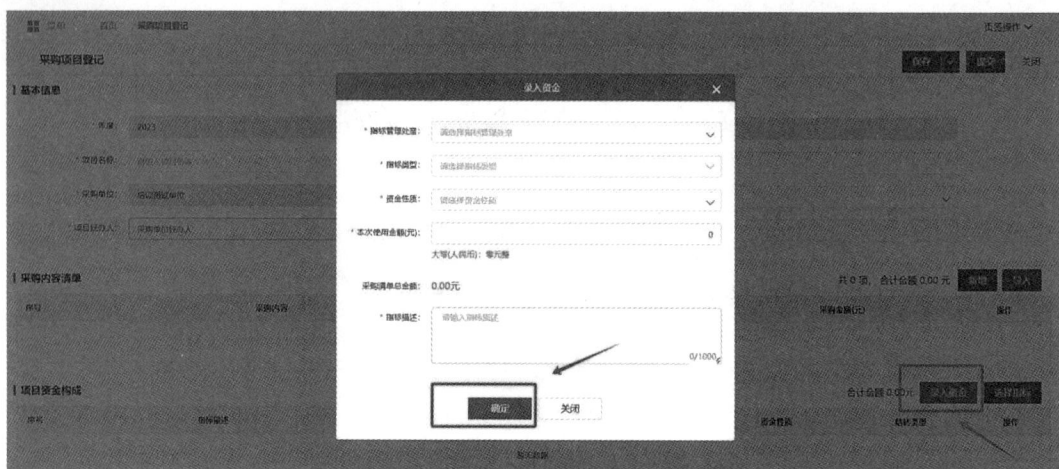

图 3-17 录入资金页面

（2）采购项目登记审核。

操作用户：采购单位审核人\主管部门审核人

菜单：【采购项目管理】→【采购项目登记】

操作说明（见图 3-18）：【采购项目管理】→【采购项目登记】→【审核】

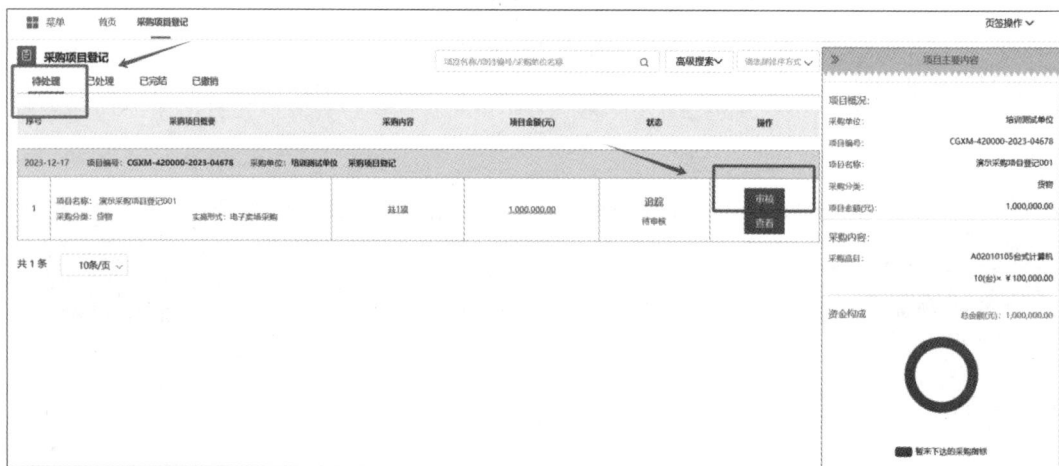

图 3-18 采购项目登记审核页面

3）采购项目变更

功能说明：采购人针对已经登记的采购项目进行调整，可调整的内容包含项目基本信息、采购清单和项目资金构成等。

操作用户：采购单位经办人

菜单：【采购项目管理】→【采购项目登记】

操作说明（见图 3-19 和图 3-20）：【采购项目管理】→【采购项目登记】→【已完结】→【变更】→【保存】→【提交】

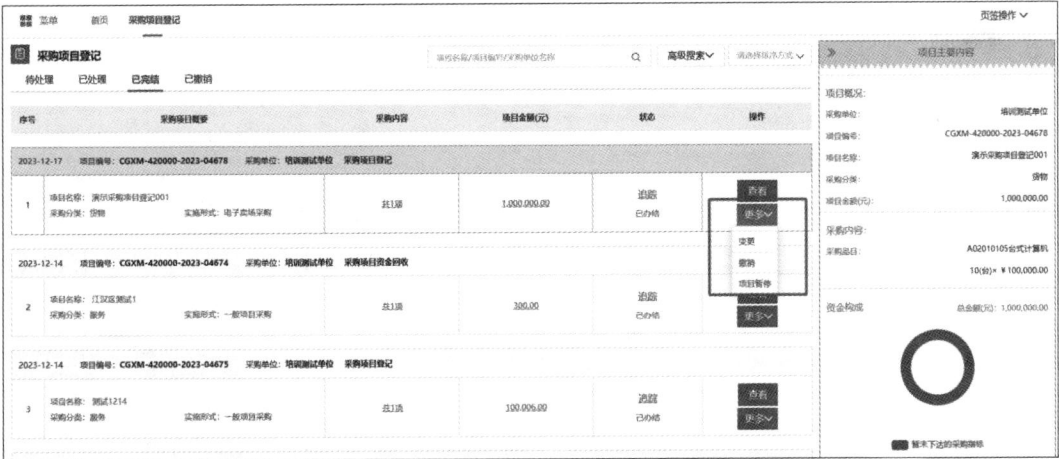

图 3-19 采购项目变更流程（1）

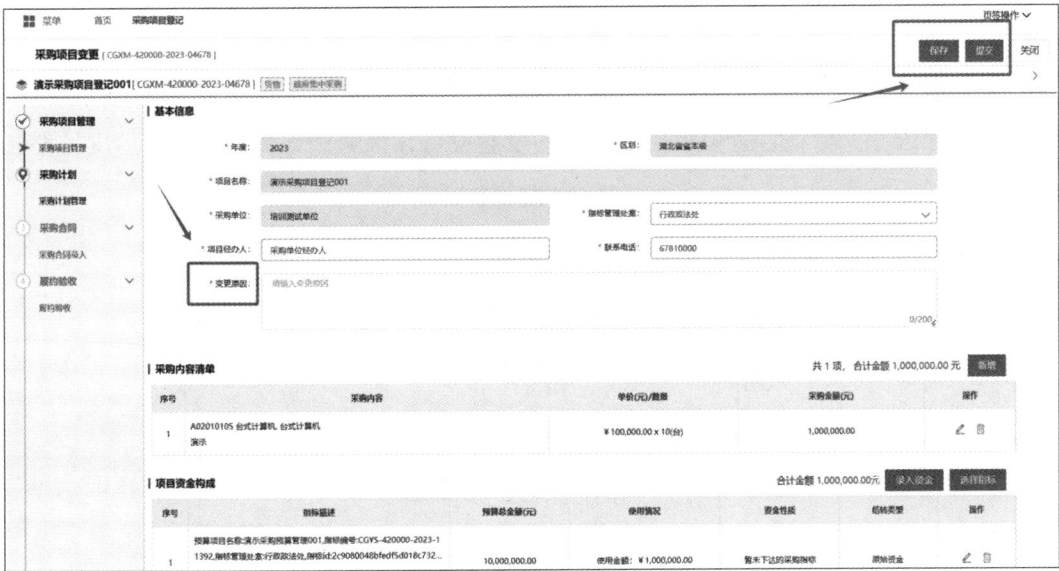

图 3-20 采购项目变更流程（2）

4）采购项目变更审核

操作用户：采购单位审核人\主管部门审核人

菜单：【采购项目管理】→【采购项目登记】

操作说明（见图3-21）：【采购项目管理】→【采购项目登记】→【审核】

图 3-21　采购项目变更审核页面

5）采购项目暂停

功能说明：采购人针对已经登记且有效的采购项目进行暂停，在发起暂停时需录入项目暂停原因并上传项目暂停说明附件。已发起或保存采购计划的采购项目不支持发起项目暂停，如果需进行项目暂停，则需按流程退回。

操作用户：采购单位经办人

菜单：【采购项目管理】→【采购项目登记】

操作说明（见图3-22和图3-23）：【采购项目管理】→【采购项目登记】→【已完结】→【项目暂停】→【保存】→【提交】

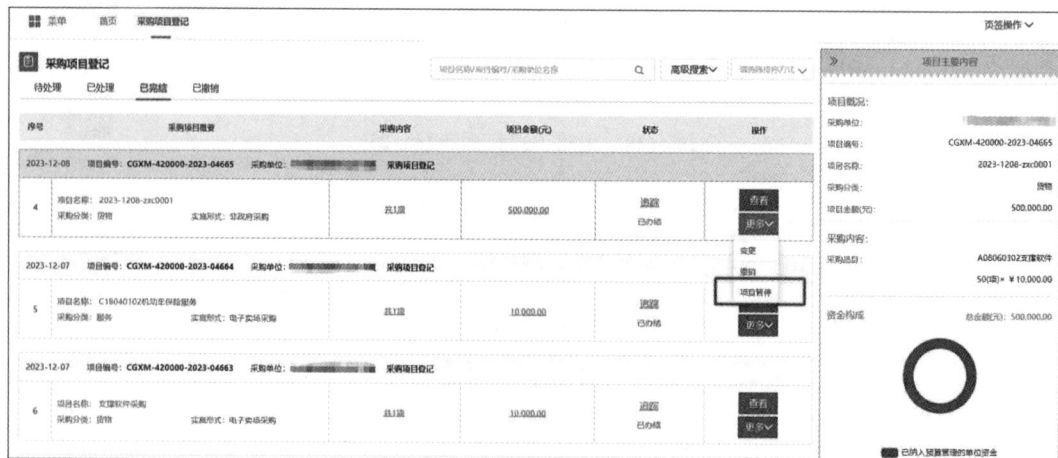

图 3-22　采购项目暂停流程（1）

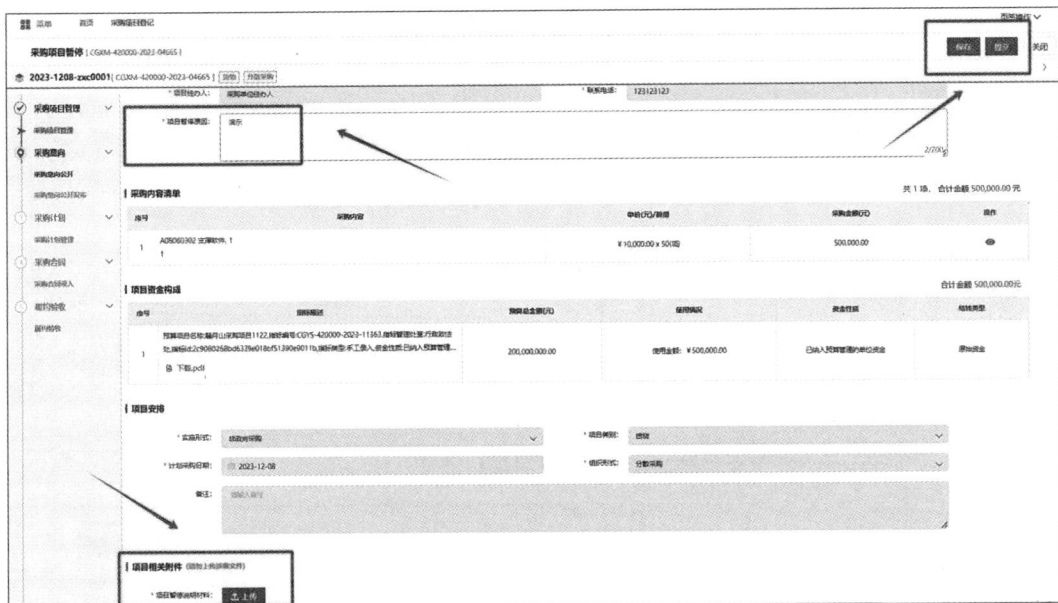

图 3-23　采购项目暂停流程（2）

6）采购项目暂停审核

操作用户：采购单位审核人\主管部门审核人

菜单：【采购项目管理】→【采购项目登记】

操作说明（见图3-24）：【采购项目管理】→【采购项目登记】→【审核】

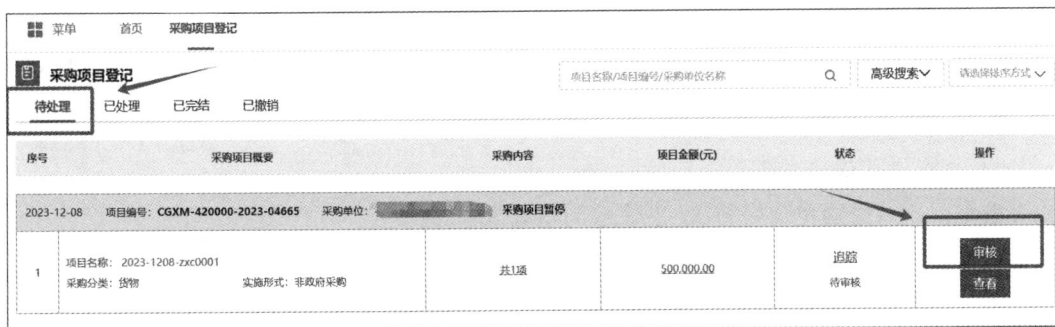

图 3-24　采购项目暂停审核页面

7）采购项目撤销

功能说明：系统支持采购人进行采购项目撤销操作，采购项目撤销后返还采购指标额度并保留原有过程记录信息。

操作用户：采购单位经办人

菜单：【采购项目管理】→【采购项目登记】

操作说明（见图3-25和图3-26）：【采购项目管理】→【采购项目登记】→【已完结】→【项目撤销】→【保存】→【提交】

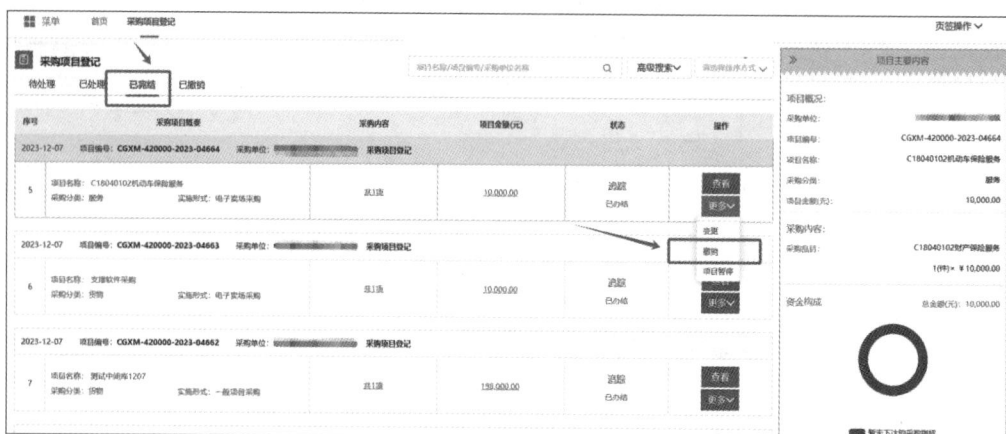

图 3-25 采购项目撤销流程（1）

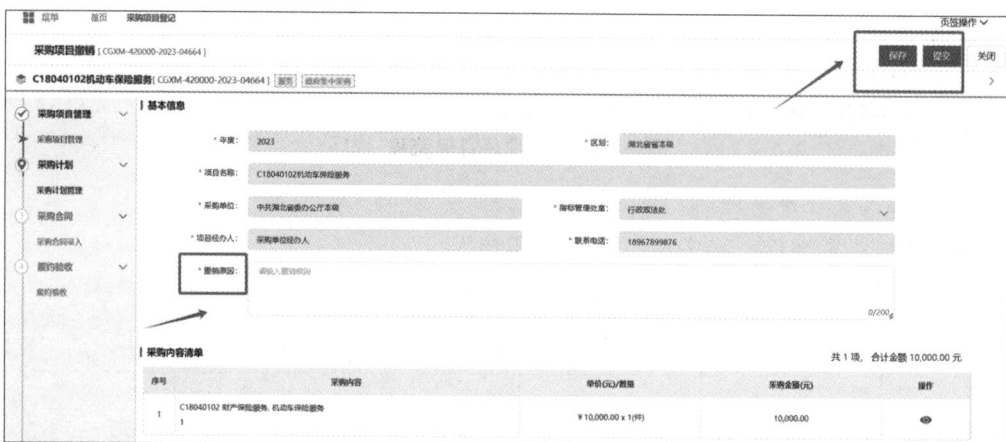

图 3-26 采购项目撤销流程（2）

8）采购项目撤销审核

操作用户：采购单位审核人\主管部门审核人

菜单：【采购项目管理】→【采购项目登记】

操作说明（见图3-27）：【采购项目管理】→【采购项目登记】→【审核】

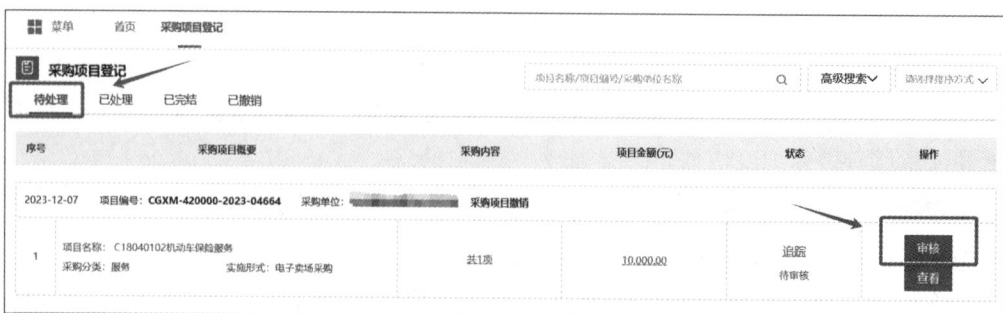

图 3-27 采购项目撤销审核页面

9）采购项目资金替换

功能说明：项目立项时，采购人使用了手工创建（录入资金）的，当无法直接发起支付申请时，可通过项目资金替换功能替换为当年度的采购指标，再发起支付申请。

操作用户：采购单位经办人

菜单：【采购项目管理】→【采购项目登记】

操作说明（见图3-28和图3-29）：【采购项目管理】→【采购项目登记】→【已完结】→【资金替换】→【保存】→【提交】

图3-28 采购项目资金替换流程（1）

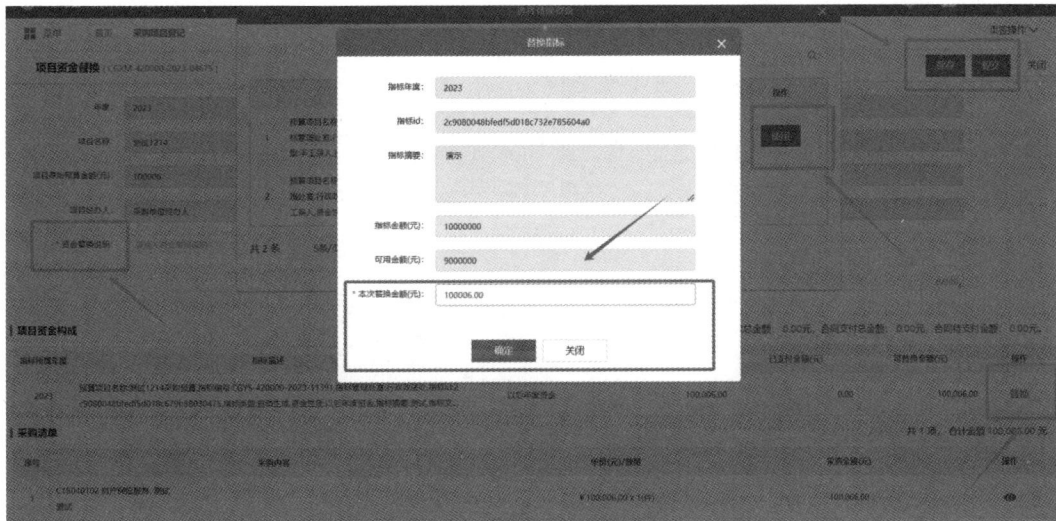

图3-29 采购项目资金替换流程（2）

10）采购项目资金替换审核

操作用户：采购单位审核人\主管部门审核人

菜单：【采购项目管理】→【采购项目登记】

操作说明（见图 3-30）：【采购项目管理】→【采购项目登记】→【审核】

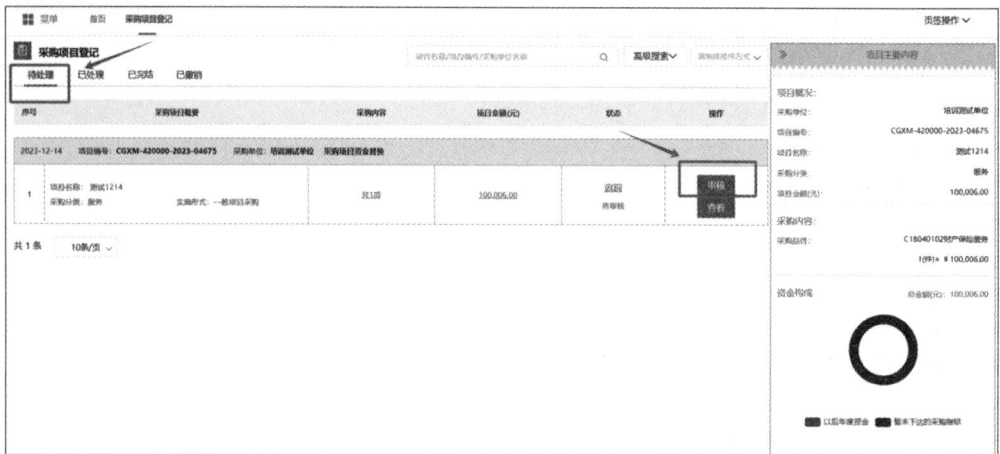

图 3-30　采购项目资金替换审核页面

11）采购项目资金追加

功能说明：采购人在签订补充合同时，如果出现补充合同金额＋合同备案金额超出采购项目原始预算金额的特殊场景，采购人可在采购项目中发起项目资金追加流程，补充不足部分资金。

操作用户：采购单位经办人

菜单：【采购项目管理】→【采购项目登记】

操作说明（见图 3-31 和图 3-32）：【采购项目管理】→【采购项目登记】→【已完结】→【资金追加】→【保存】→【提交】

图 3-31　采购项目资金追加流程（1）

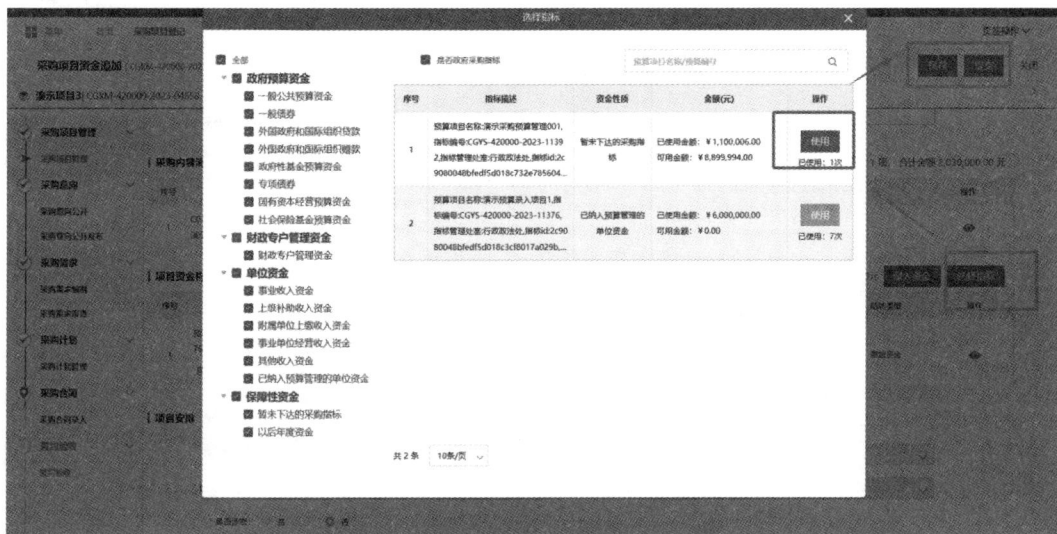

图 3-32 采购项目资金追加流程（2）

12）采购项目资金追加审核

操作用户：采购单位审核人\主管部门审核人

菜单：【采购项目管理】→【采购项目登记】

操作说明（见图3-33）：【采购项目管理】→【采购项目登记】→【审核】

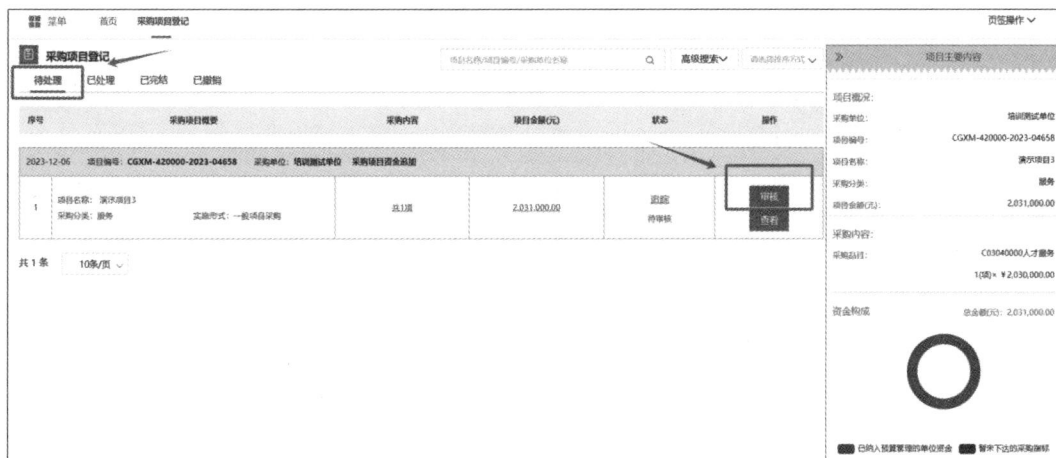

图 3-33 采购项目资金追加审核

13）采购项目资金回收

功能说明：采购人可根据项目的执行情况而发起资金回收流程。资金回收主要包含采购结余资金、采购终止资金、合同执行金额三个方面。

操作用户：采购单位经办人

菜单：【采购项目管理】→【采购项目登记】

政府采购实务

操作说明（见图 3-34 和图 3-35）：【采购项目管理】→【采购项目登记】→【已完结】→【资金回收】→【保存】→【提交】

图 3-34 采购项目资金回收流程（1）

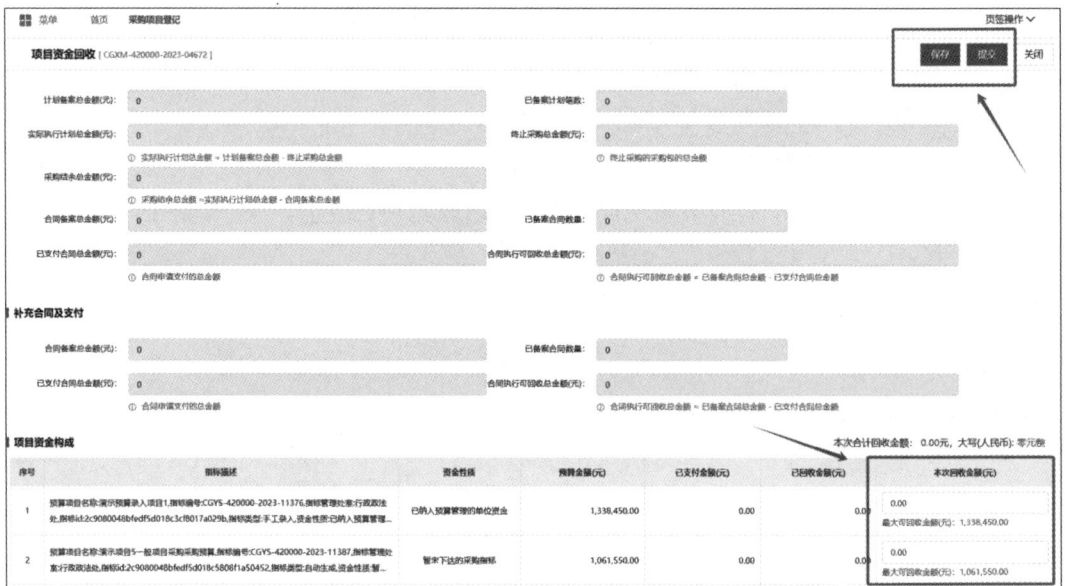

图 3-35 采购项目资金回收流程（2）

14）采购项目资金回收审核

操作用户：采购单位审核人\主管部门审核人

菜单：【采购项目管理】→【采购项目登记】

操作说明（见图 3-36）：【采购项目管理】→【采购项目登记】→【审核】

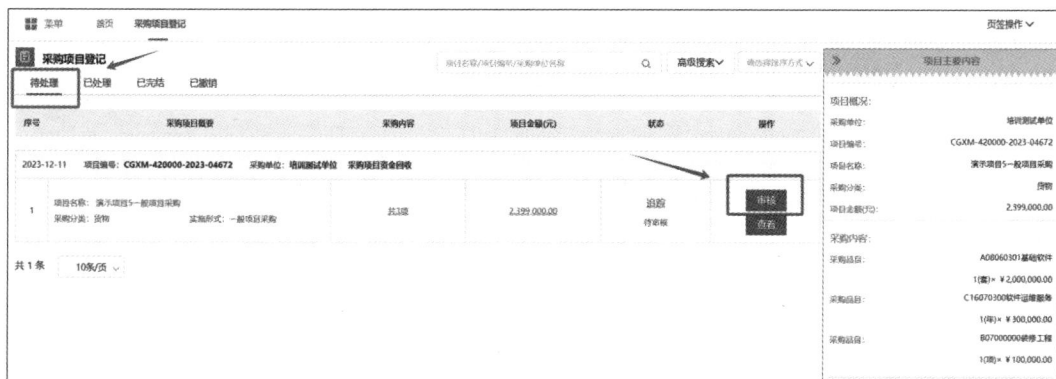

图 3-36　采购项目资金回收审核

15）采购项目资金结项

功能说明：采购人针对已完成合同备案的采购项目进行结项，在发起结项时，需录入项目结项原因并上传项目结项说明附件。

已结项的采购项目，不允许再次进行项目资金追加、替换、回收、签订补充合同等操作，未完成资金支付部分不允许发起支付或验收。

操作用户：采购单位经办人

菜单：【采购项目管理】→【采购项目登记】

操作说明（见图 3-37 与图 3-38）：【采购项目管理】→【采购项目登记】→【已完结】→【项目结项】→【保存】→【提交】

图 3-37　采购项目资金结项流程（1）

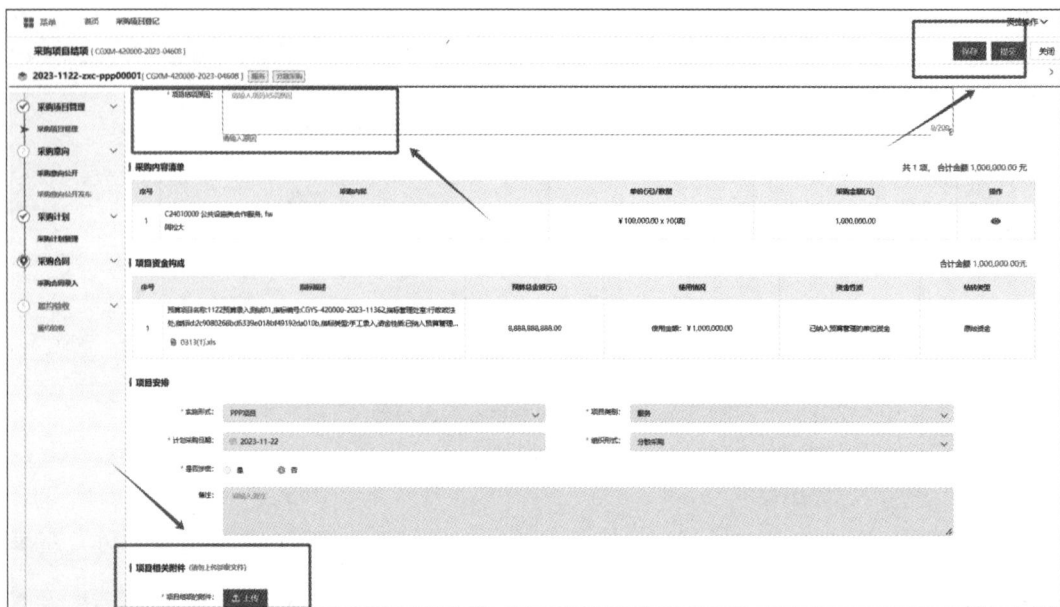

图 3-38 采购项目资金结项流程（2）

16）采购项目资金结项审核

操作用户：采购单位审核人\主管部门审核人

菜单：【采购项目管理】→【采购项目登记】

操作说明（见图 3-39）：【采购项目管理】→【采购项目登记】→【审核】

图 3-39 采购项目资金结项审核页面

17）采购项目查询

功能说明：系统支持对所有采购项目进行查询。可按照相关要素对数据进行筛选，快速定位采购项目，并查看采购项目详情以及采购项目的执行情况。采购项目详情包括采购项目基本信息、各业务环节执行过程信息、系统提供导航栏式的查看方式帮助采购人、监管部门围绕采购项目查看全生命周期执行情况。

菜单：【采购项目管理】→【采购项目查询】

操作说明（见图 3-40～图 3-42）：【采购项目管理】→【采购项目查询】→【查看】

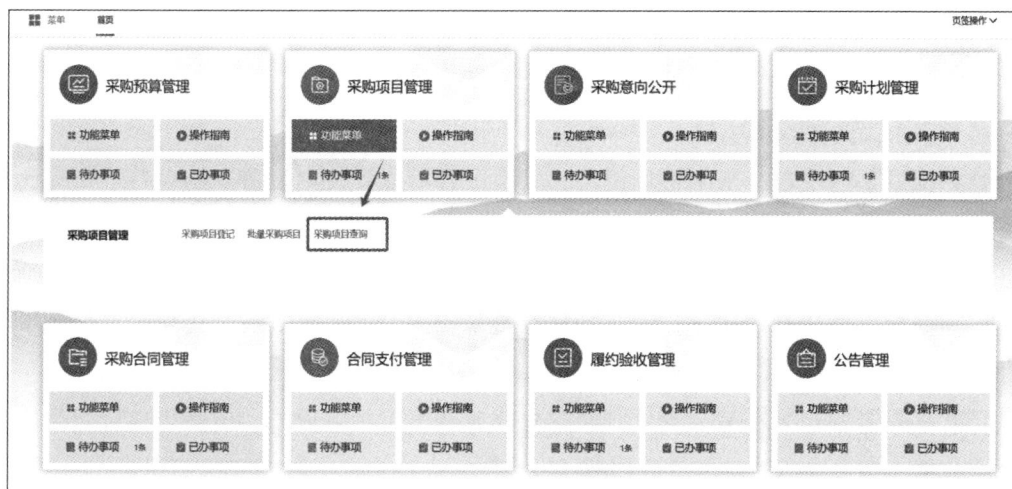

图 3-40 采购项目查询流程（1）

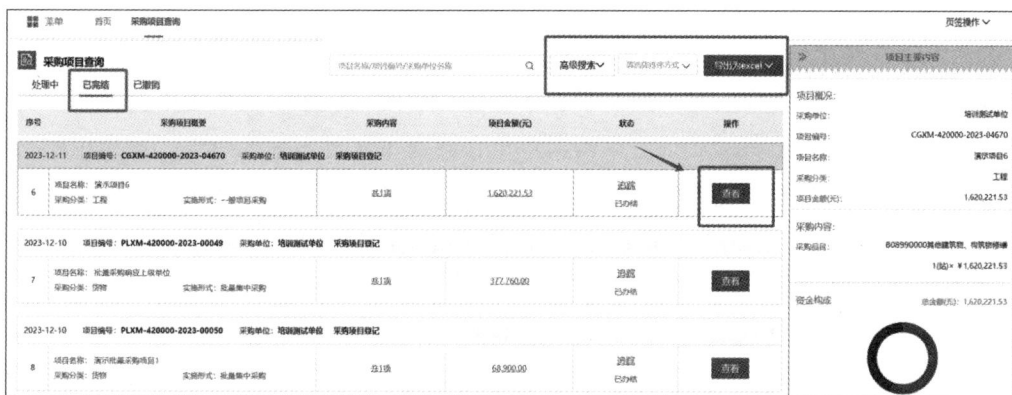

图 3-41 采购项目查询流程（2）

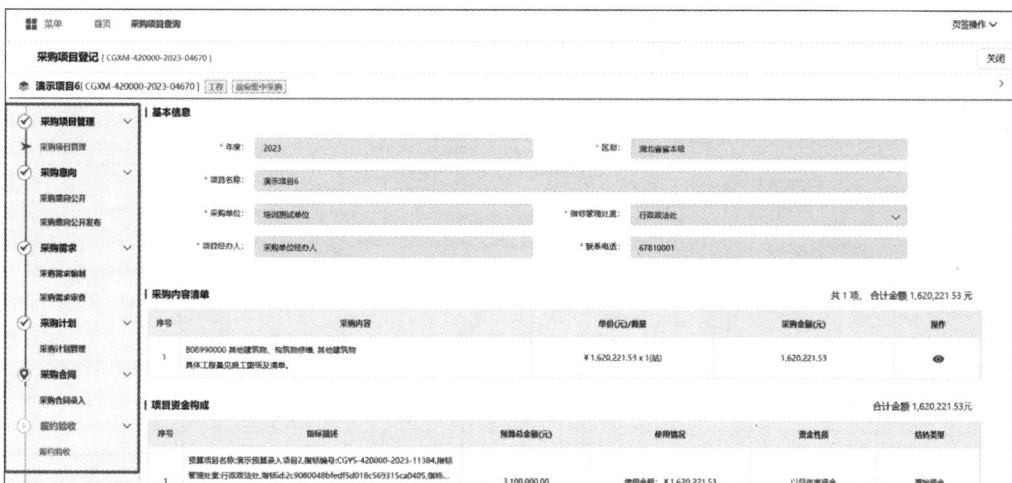

图 3-42 采购项目查询流程（3）

3. 批量集中采购

1）批量集中采购流程

批量集中采购流程说明如下。

（1）批量采购发起：由牵头单位（一般是主管单位）发起批量采购项目，明确此次批量采购的采购内容、允许参与的采购单位范围、参与响应有效时间等。

（2）批量采购报名：范围内采购单位在参与响应有效时间内选择是否参与本次批量采购。若参与，则需明确本单位参与本次批量采购的采购内容及资金构成、单位的采购清单内容为本次批量采购项目清单中的一项或者多项。

（3）批量采购归集：响应有效时间截止或所有单位均响应后，由牵头单位归集所有参与单位的采购内容备案批量采购计划。

（4）批量采购执行：由牵头单位作为采购主体完成项目的采购过程。

（5）批量采购合同备案：各采购单位在系统中完成合同备案。

2）批量采购项目录入

功能说明：批量采购项目一般是由主管单位发起的，发起时需明确本次批量采购项目的采购内容、允许参与本次批量采购的单位、参与本次批量采购时限、拟使用的采购方式等。发起项目审核通过后，参与单位可在参与时限内选择是否参与本次批量采购。此处的"批量采购项目录入"是指批量采购项目的发起。

操作用户：采购单位经办人

菜单：【采购项目管理】→【批量采购项目】

操作说明（见图3-43与图3-44）：【采购项目管理】→【批量采购项目】→【新增】

图3-43　批量采购项目录入流程（1）

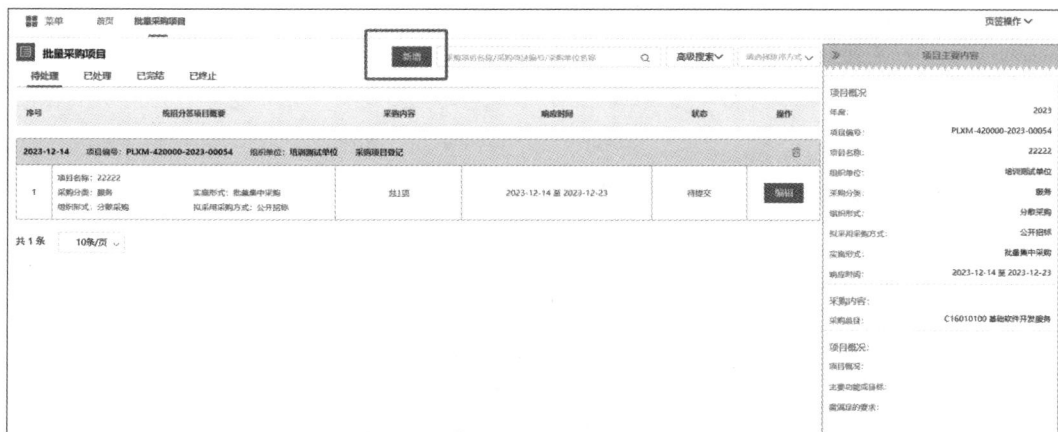

图 3-44 批量采购项目录入流程（2）

在批量采购项目新增界面，填写基本信息、采购内容清单、项目执行方案、项目归集范围及单位响应情况等相关附件，点击【保存】→【提交】，如图 3-45 所示。

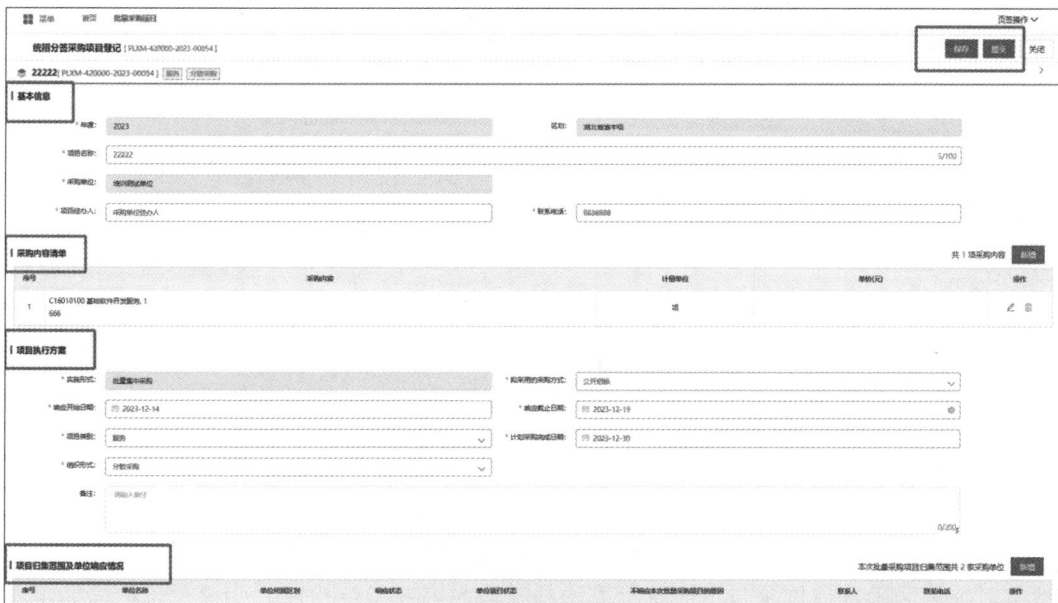

图 3-45 批量采购项目录入流程（3）

3）批量采购项目审核

操作用户：采购单位审核人

菜单：【采购项目管理】→【批量采购项目】

操作说明（见图 3-46 与图 3-47）：【采购项目管理】→【批量采购项目】→【审核】

图3-46　批量采购项目审核流程（1）

图3-47　批量采购项目审核流程（2）

4）批量集中采购项目登记

功能说明：范围内采购单位在参与响应有效时间内选择是否参与本次批量采购。若参与，则需明确本单位参与本次批量采购的采购内容及资金构成，明确单位的采购清单内容为本次批量采购项目清单中的一项或者多项。

操作用户：采购单位经办人

菜单：【采购项目管理】

操作说明（见图3-48～图3-50）：【采购项目管理】→【采购项目登记】→【新增】→【批量集中采购】→【新增】→【选择可参与的项目确定是否响应】

图 3-48 批量集中采购项目登记（1）

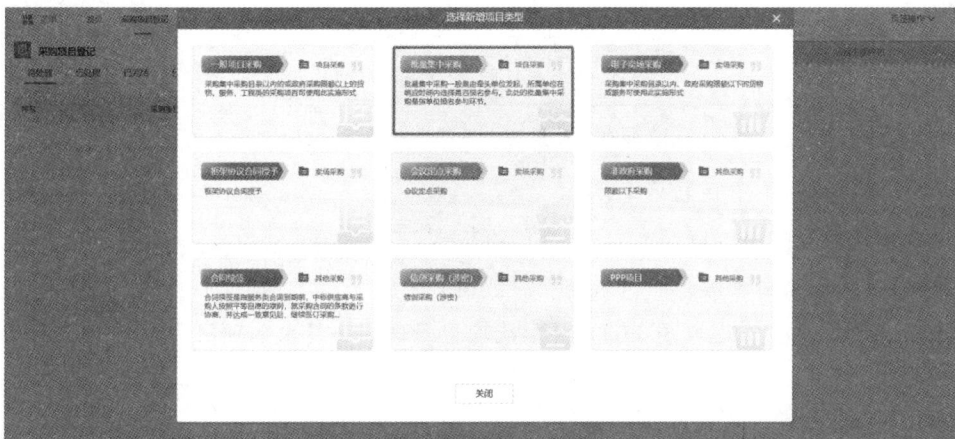

图 3-49 批量集中采购项目登记（2）

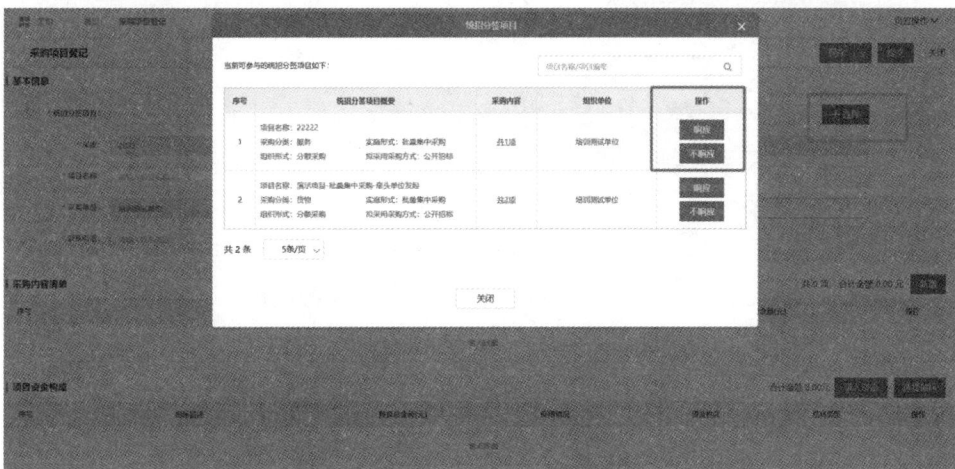

图 3-50 批量集中采购项目登记（3）

在批量集中采购项目登记界面，填写基本信息、采购内容清单、项目资金构成、项目安排等信息后，点击【保存】→【提交】，如图3-51所示。

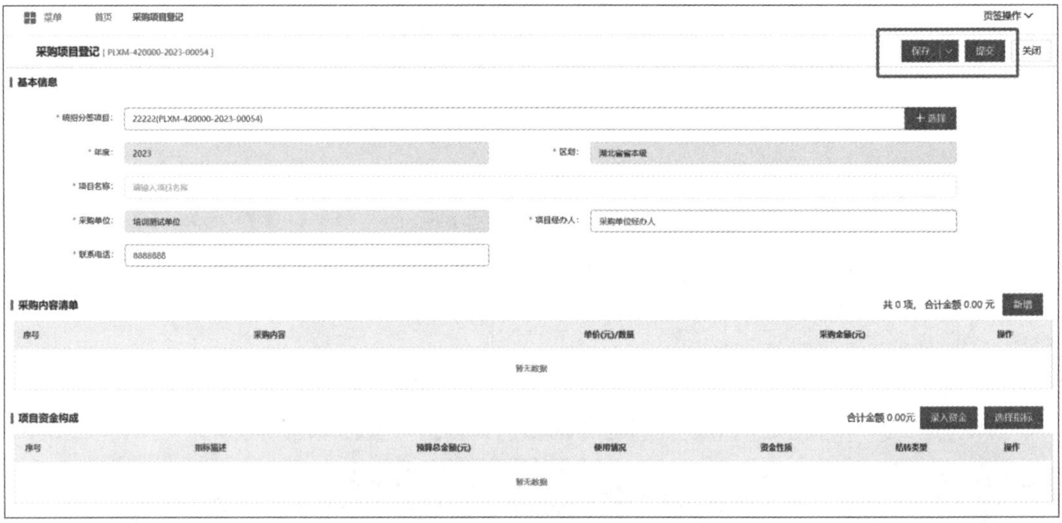

图3-51 批量集中采购项目登记（4）

5）批量集中采购项目登记审核

操作用户：采购单位审核人\主管部门审核人

菜单：【采购项目管理】→【采购项目登记】

操作说明（见图3-52与图3-53）：【采购项目管理】→【采购项目登记】→【审核】

图3-52 批量集中采购项目登记审核流程（1）

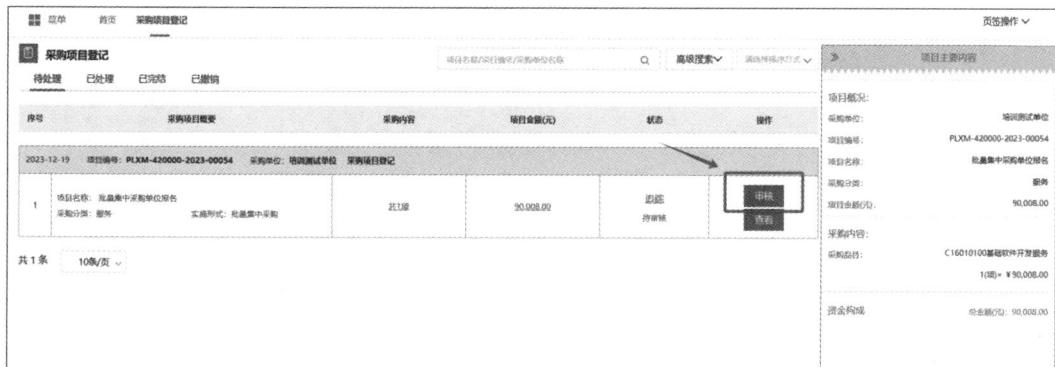

图 3-53 批量集中采购项目登记审核流程（2）

6）批量集中采购计划申报

功能说明：响应有效时间截止或所有单位均响应后，由牵头单位归集所有参与单位的采购内容并备案批量采购计划。

操作用户：采购单位经办人

①菜单：【采购项目管理】→【批量采购项目】

操作说明（见图 3-54～图 3-56）：【采购项目管理】→【批量采购项目】→【已备案】→【更多】→【归集】

图 3-54 批量集中采购计划申报流程（1）

政府 采购实务

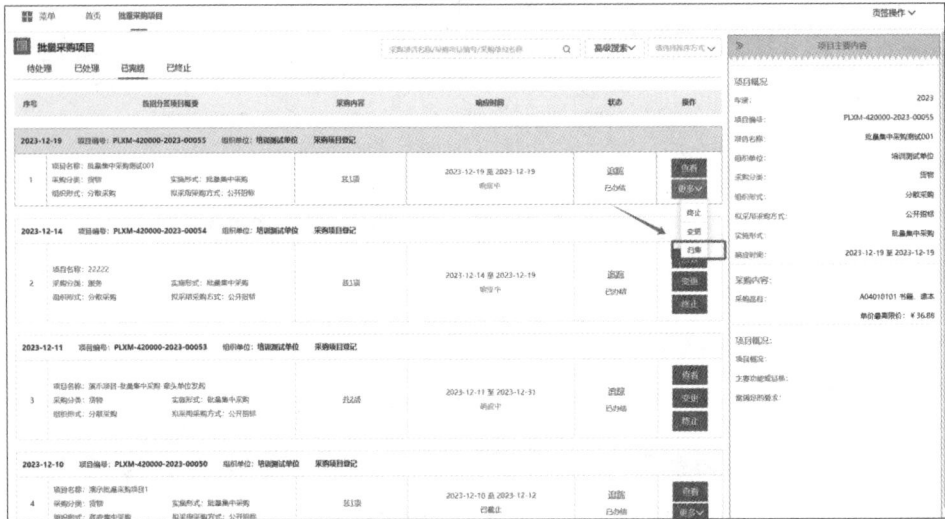

图 3-55　批量集中采购计划申报流程（2）

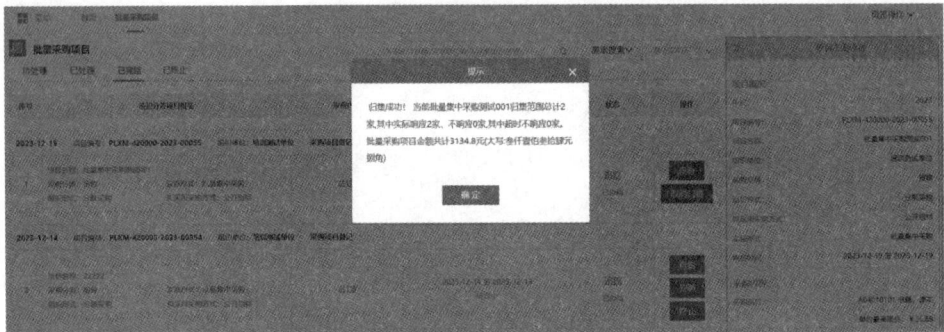

图 3-56　批量集中采购计划申报流程（3）

②菜单：【采购计划管理】→【采购计划申报】

操作说明（见图 3-57～图 3-59）：【采购计划管理】→【采购计划申报】→【新增】→【批量集中采购】→【选择采购项目】→【填写相关信息】→【保存】→【提交】

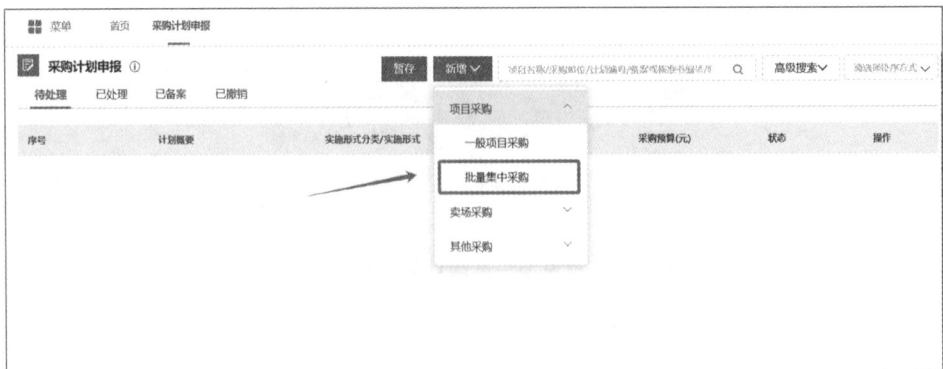

图 3-57　批量集中采购计划申报流程（4）

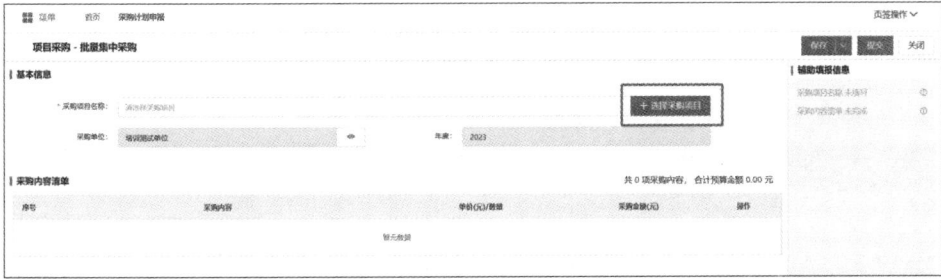

图3-58 批量集中采购计划申报流程（5）

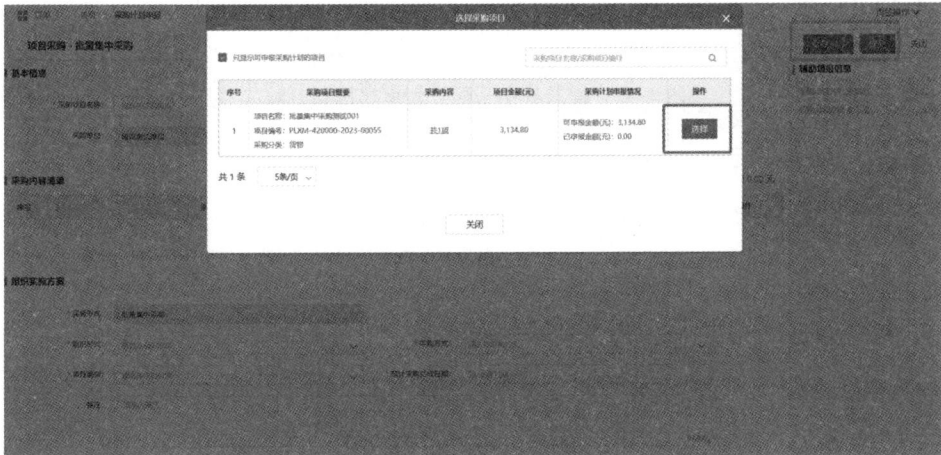

图3-59 批量集中采购计划申报流程（6）

7）批量集中采购计划审核

操作用户：采购单位审核人\主管部门审核人\采购监管用户

菜单：【采购计划管理】→【采购计划申报】

操作说明（见图3-60与图3-61）：【采购计划管理】→【采购计划申报】→【审核】

图3-60 批量集中采购计划审核流程（1）

图 3-61　批量集中采购计划审核流程（2）

8）批量采购合同录入

功能说明：各采购单位在系统中完成合同备案。

操作用户：采购单位经办人

菜单：【采购合同管理】→【合同录入】

操作说明（见图 3-62～图 3-65）：【采购合同管理】→【合同录入】→【新增】→【选择】→【勾选统招分签计划】→【选择】→【填写合同信息】→【保存】→【提交】

图 3-62　批量采购合同录入流程（1）

图 3-63 批量采购合同录入流程（2）

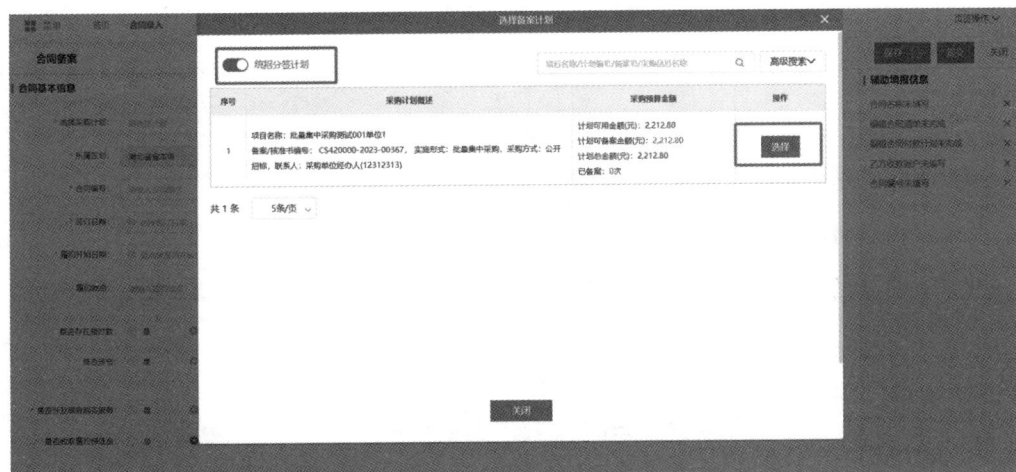

图 3-64 批量采购合同录入流程（3）

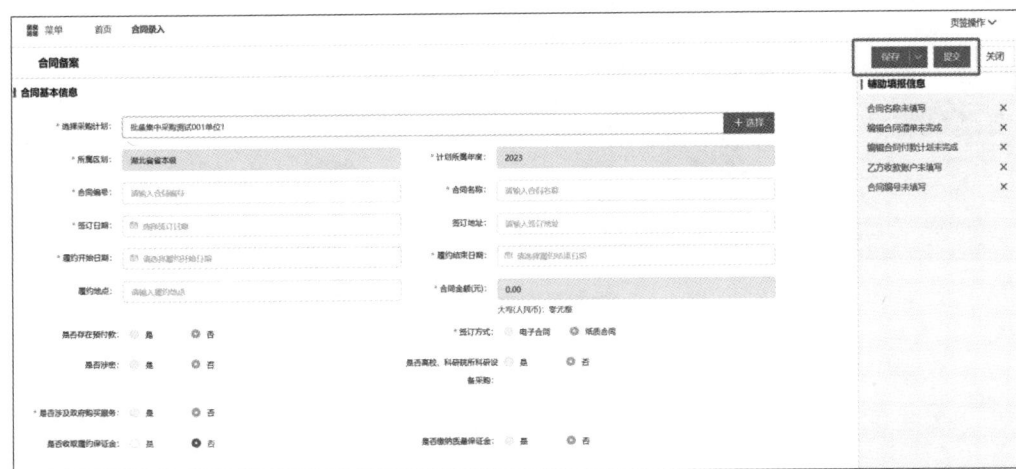

图 3-65 批量采购合同录入流程（4）

采购合同完成审核后，采购单位经办人需在合同录入"待备案"下手动点击"备案"，以完成合同备案，如图3-66所示。

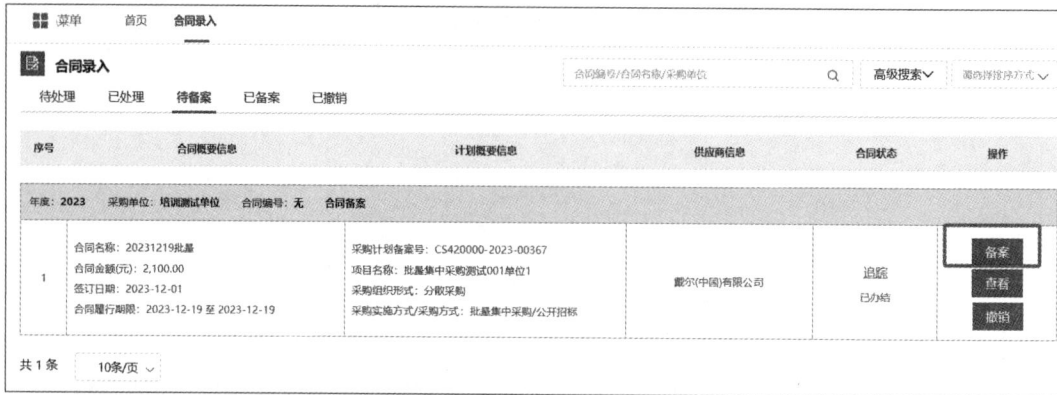

图3-66　批量采购合同录入流程（5）

9）批量采购合同审核

操作用户：采购单位审核人\主管部门审核人

菜单：【采购合同管理】→【合同录入】

操作说明（见图3-67与图3-68）：【合同录入】，选择数据，点击【审核】

图3-67　批量采购合同审核流程（1）

图3-68 批量采购合同审核流程（2）

4. 采购意向公开

1) 采购意向公开流程

流程说明如下（见图3-69）。

（1）采购单位经办人录入采购意向公开信息；

（2）采购单位审核人审核；

（3）通过接口，系统自动将采购意向公开信息推送至湖北省政府采购网进行公示。

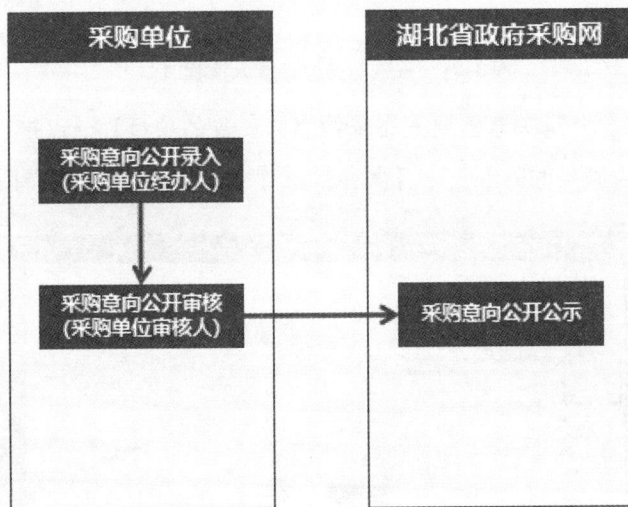

图3-69 采购意向公开流程

2) 采购意向公开录入

操作用户：采购单位经办人

菜单：【采购意向公开】

【政府采购实务

操作说明（见图3-70与图3-71）：【采购意向公开】→【新增】

图 3-70 采购意向公开录入流程（1）

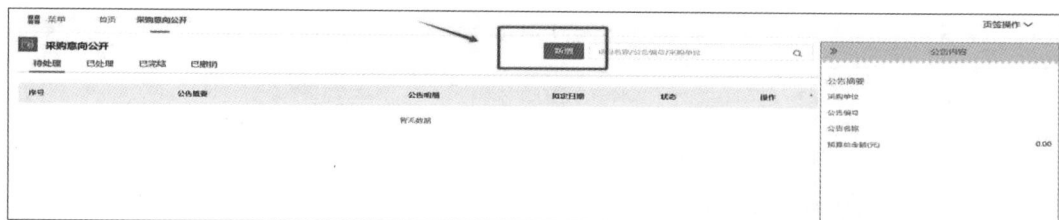

图 3-71 采购意向公开录入流程（2）

【选择采购项目】→【关联需要发布采购意向公告的项目】→点击【编辑】→【填写主要功能或目标、需满足的需求】→【保存】→【提交】，见图3-72与图3-73。

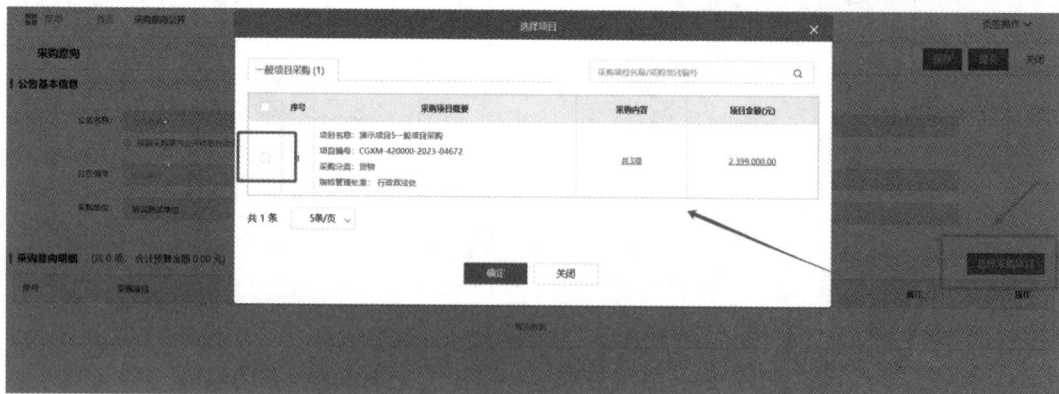

图 3-72 采购意向公开录入流程（3）

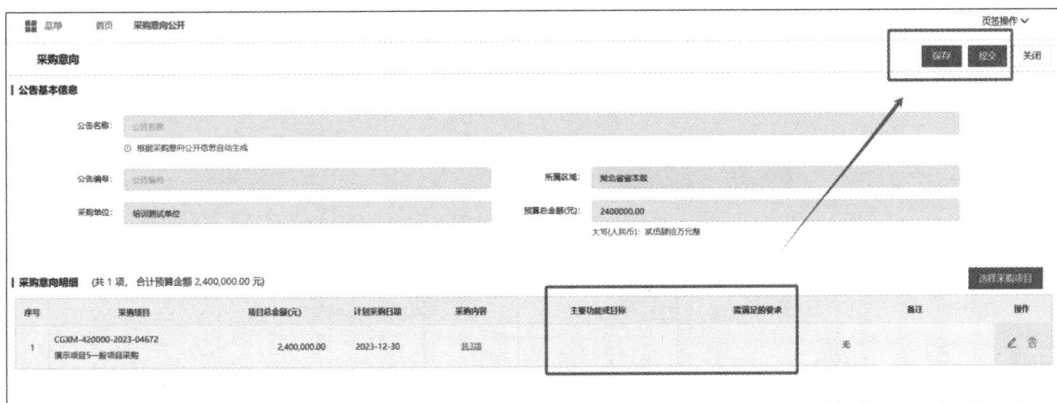

图 3-73 采购意向公开录入流程（4）

3）采购意向公开审核

操作用户：采购单位审核人

菜单：【采购意向公开】

操作说明（见图3-74）：【采购意向公开】→【审核】

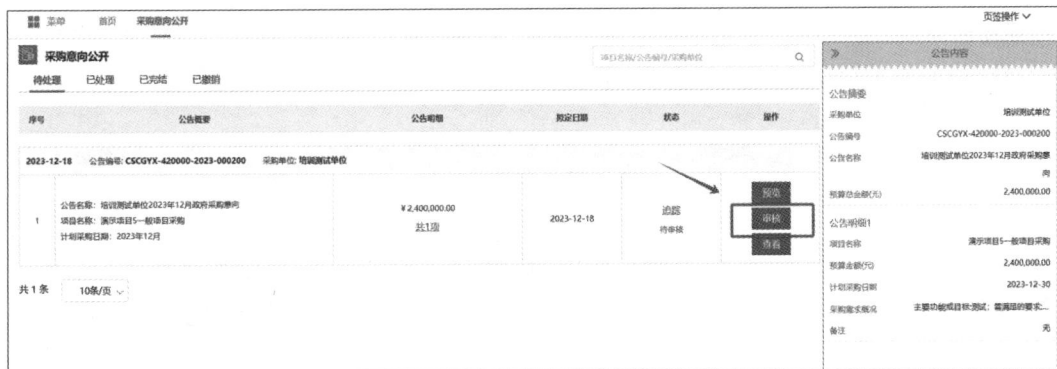

图 3-74 采购意向公开审核页面

四、公告管理

1. 单一来源公示流程

流程说明如下（见图3-75）。

（1）采购单位经办人录入单一来源公示信息；

（2）采购单位审核人审核；

（3）通过接口，系统自动将单一来源公示信息推送至湖北省政府采购网进行公示。

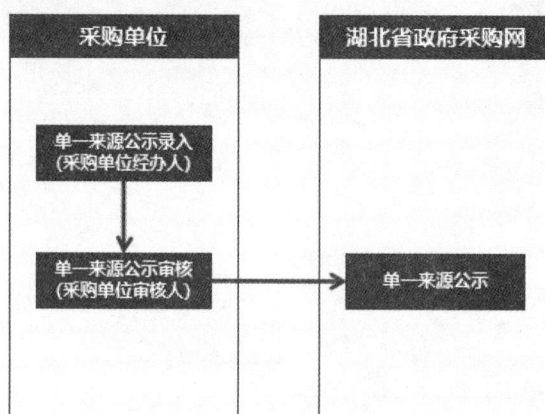

图 3-75　单一来源公示流程

2. 单一来源公示录入

操作用户：采购单位经办人

菜单：【公告管理】→【单一来源公示】

操作说明（见图 3-76 与图 3-77）：【公告管理】→【单一来源公示】→【新增】

图 3-76　单一来源公示录入流程（1）

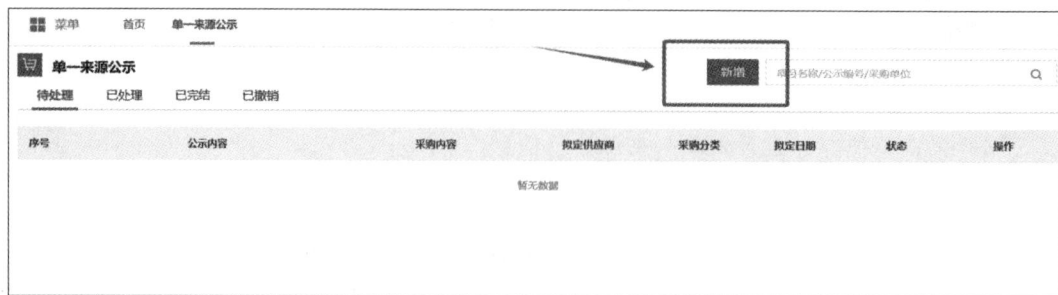

图 3-77　单一来源公示录入流程（2）

进入"单一来源公示"填报界面，先选择需要发布单一来源公示的采购项目，接着按照要求逐步录入相关信息，填写完成并确认信息都无误后，可点击"保存"和"提交"按钮，如图3-78所示。

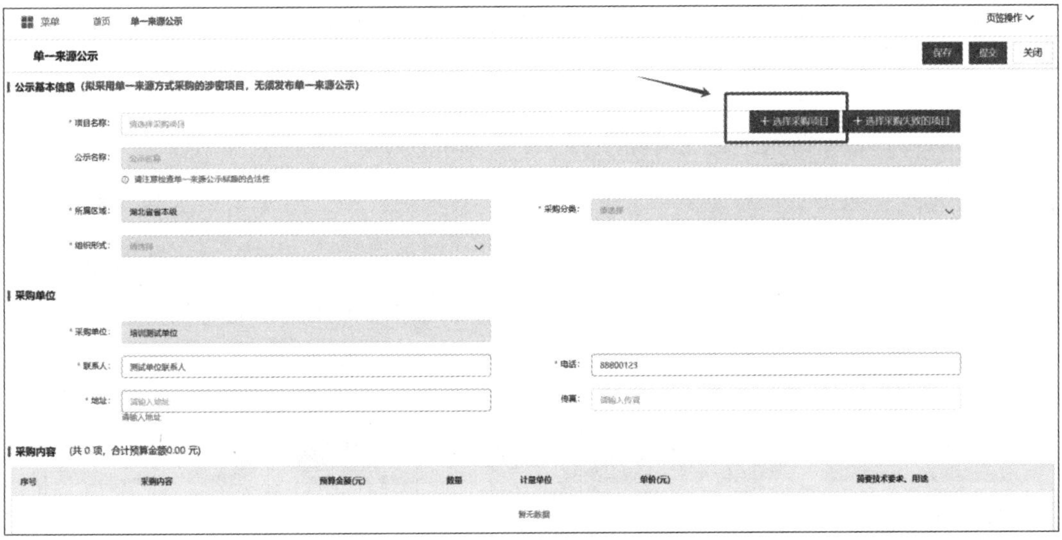

图3-78 单一来源公示录入流程（3）

3.单一来源公示审核

操作用户：采购单位审核人

菜单：【公告管理】→【单一来源公示】

操作说明（见图3-79）：【公告管理】→【单一来源公示】→【审核】

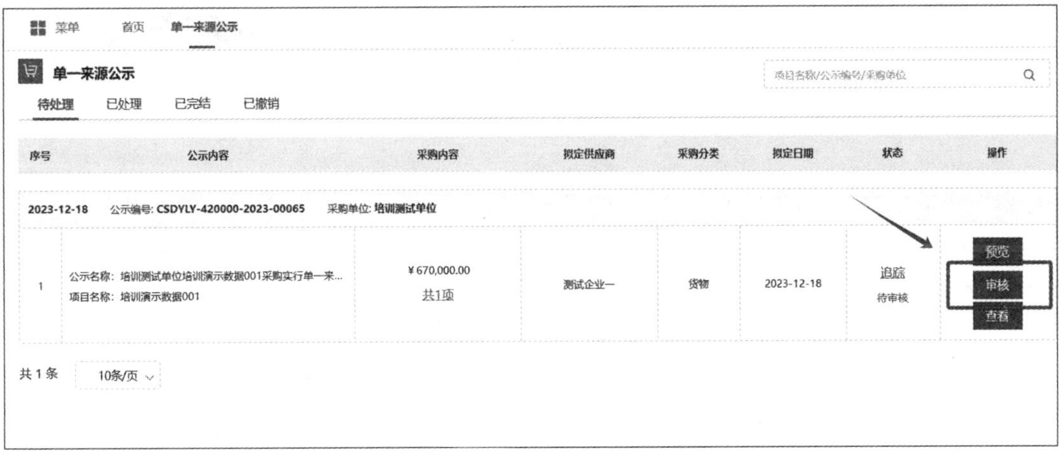

图3-79 单一来源公示审核页面

五、采购计划管理

1. 采购计划流程

政府采购计划申报是政府采购预算执行的起始阶段。采购人基于已经审查通过的采购项目填报采购计划。

采购人可根据采购项目进行采购计划填报及撤销管理。

支持多种实施形式的计划管理，包括一般项目采购计划、电子卖场采购计划、批量集中采购计划、其他采购计划等几类。采购计划备案完成后，系统根据采购人申报的采购计划数据自动生成采购计划备案书，并将采购计划信息推送至湖北省政府采购网和采购中心获取采购计划信息，如图3-80所示。

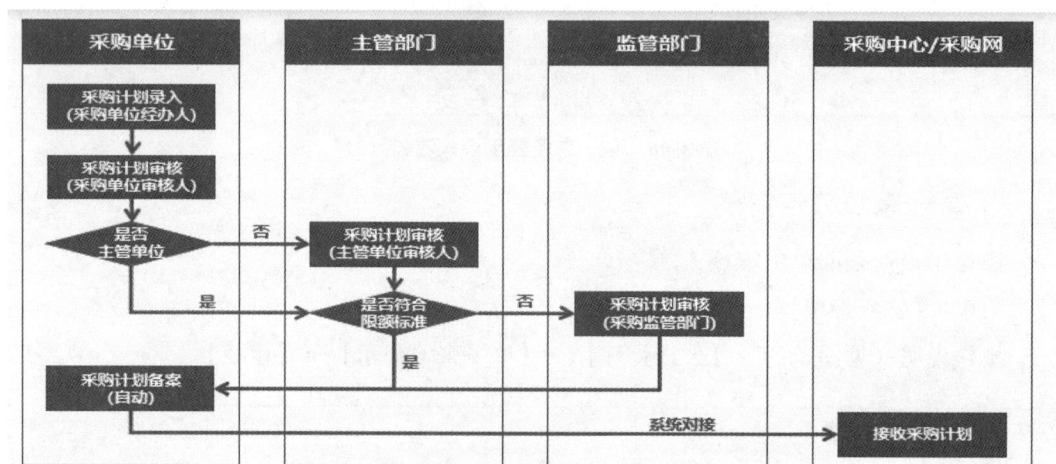

图3-80　采购计划流程

2. 采购计划申报

操作用户：采购单位经办人

菜单：【采购计划管理】→【采购计划申报】

操作说明（见图3-81与图3-82）：【采购计划管理】→【采购计划申报】→【新增】→【项目采购\卖场采购\其他采购】

图3-81 采购计划申报流程（1）

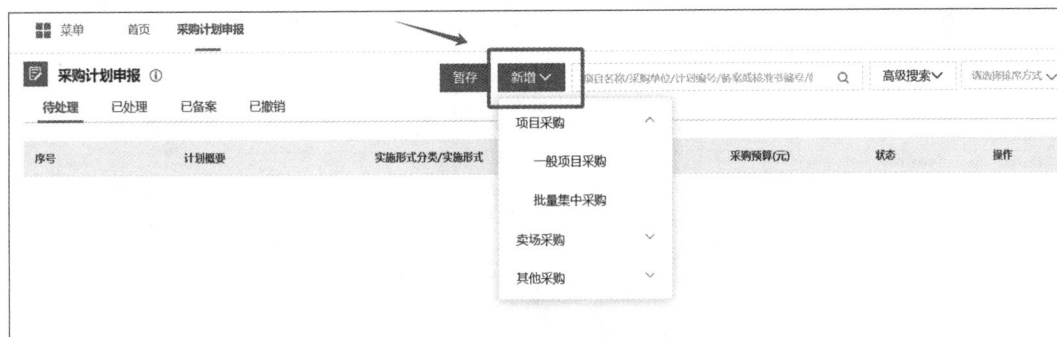

图3-82 采购计划申报流程（2）

进入采购计划申报页面后，先选择需要进行申报的采购项目，再按照要求逐条录入项目信息，录入完成并确认无误后点，点击【保存】→【提交】，如图3-83与图3-84所示。

几点说明如下。

① 采购人拟采用公开招标等6种法定采购方式组织实施的政府采购项目，应当在系统备案采购计划后开展采购活动。通过系统备案的采购计划可以自动同步至湖北省政府采购网，通过政府采购网完成计划分包信息的维护等后续工作。其中，集采类计划同步推送至省采购中心完成后续的招投标过程。

② 采购人拟采用电子卖场方式（协议定点）采购的项目，在系统中完成备案后，将对应计划自动推送至省采购中心协议定点平台，并通过该平台进行采购。

③ 非政府采购、信创（涉密）采购、合同续签、PPP项目及其他无须采购过程的采

购计划通过其他采购计划录入方式完成对应业务，此类计划不推送至采购网及采购中心，关联的合同备案、履约公示等也不进行公示。

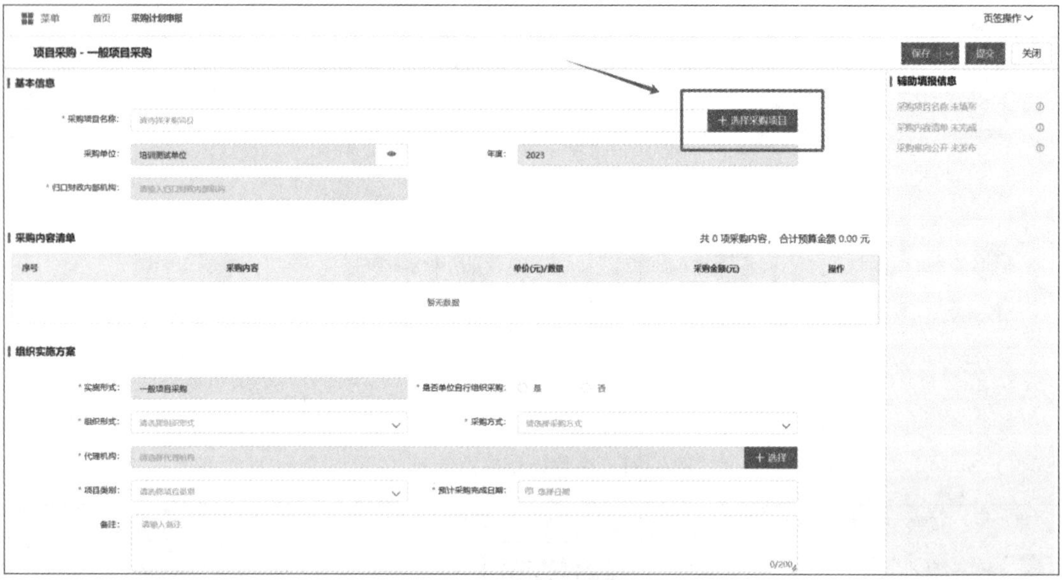

图 3-83　采购计划申报流程（3）

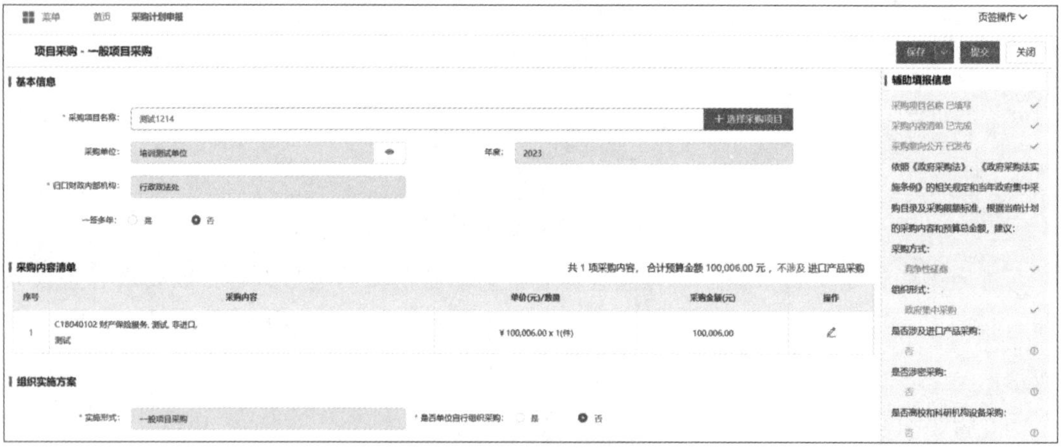

图 3-84　采购计划申报流程（4）

3.采购计划审核

操作用户：采购单位审核人\主管部门审核人\采购监管用户

菜单：【采购计划管理】→【采购计划申报】

操作说明（见图 3-85 与图 3-86）：【采购计划管理】→【采购计划申报】→【审核】

图 3-85 采购计划审核流程（1）

图 3-86 采购计划审核流程（2）

4. 采购计划撤销

操作用户：采购单位经办人

菜单：【采购计划管理】→【采购计划申报】

操作说明（见图 3-87～图 3-89）：【采购计划管理】→【采购计划申报】→【已备案】→【撤销】

图 3-87　采购计划撤销流程（1）

图 3-88　采购计划撤销流程（2）

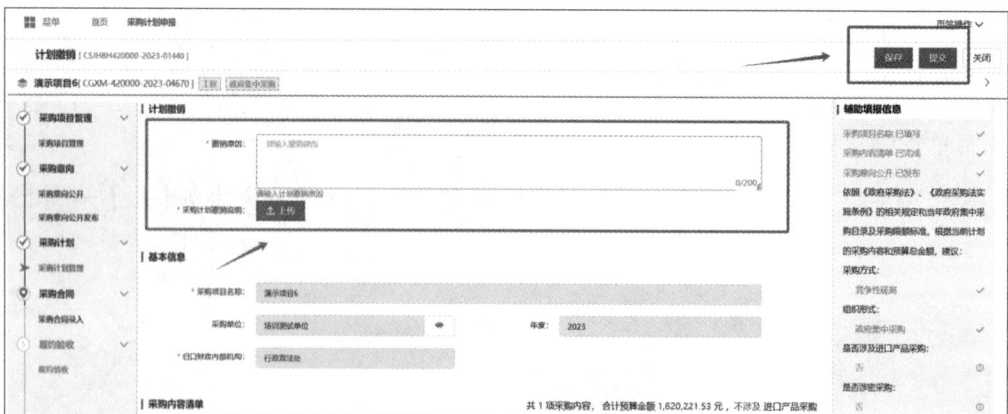

图 3-89　采购计划撤销流程（3）

5. 采购计划撤销审核

操作用户：采购单位经办人\主管部门审核人\采购监管用户

菜单：【采购计划管理】→【采购计划申报】

操作说明（见图3-90与图3-91）：点击【采购计划管理】→【采购计划申报】→【已备案】→【撤销】

图3-90　采购计划撤销审核流程（1）

图3-91　采购计划撤销审核流程（2）

6. 采购计划查询

菜单：【采购计划管理】→【采购计划查询】

操作说明（见图3-92与图3-93）：【采购计划管理】→【采购计划查询】→【查看】

图 3-92　采购计划查询流程（1）

图 3-93　采购计划查询流程（2）

六、采购合同管理

采购人完成采购交易并与供应商签署合同后，需按照规定发布采购合同公告并完成备案。采购合同备案管理包括合同备案信息维护、合同变更、合同撤销、合同终止、履约完成、补充合同录入、历史合同补录等功能。

1. 合同管理流程

合同管理流程如图 3-94 所示。

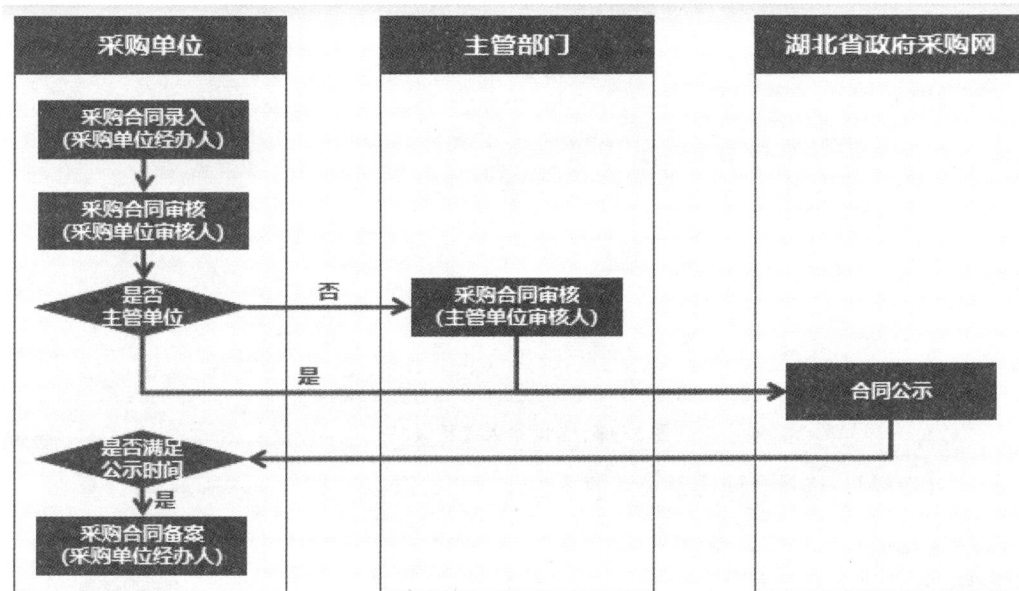

图 3-94 合同管理流程

2. 合同录入

操作用户：采购单位经办人

菜单：【采购合同管理】→【合同录入】

操作说明（见图 3-95 与图 3-96）：【采购合同管理】→【合同录入】→【新增】

图 3-95 合同录入流程（1）

政府采购实务

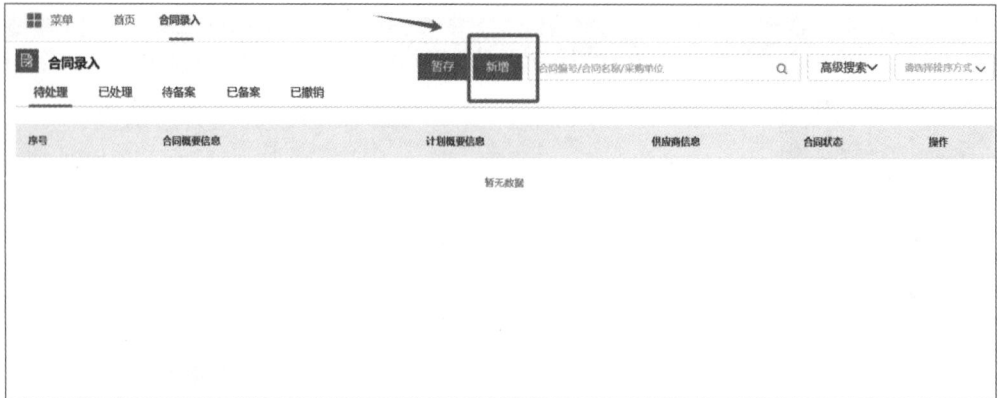

图 3-96　合同录入流程（2）

点击【选择】，选择合同需要录入的采购计划，如图 3-97 与图 3-98 所示。

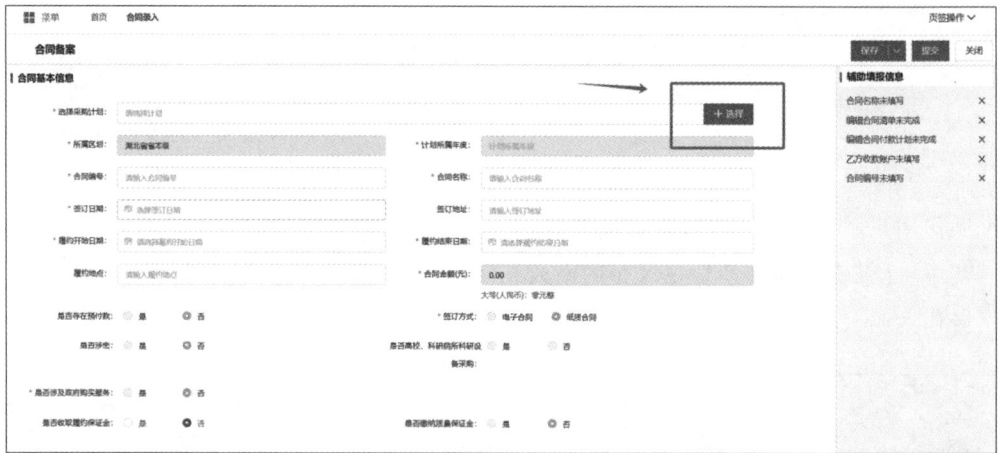

图 3-97　合同录入流程（3）

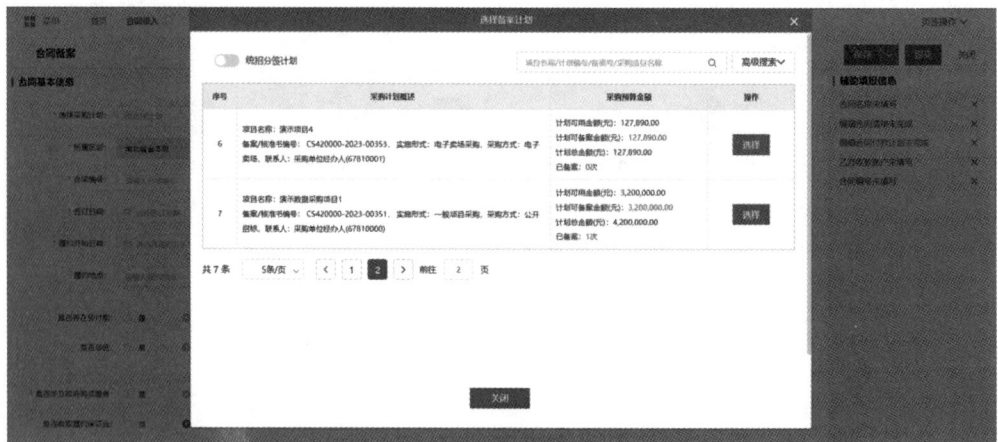

图 3-98　合同录入流程（4）

填写合同基本信息、签订各方信息、收款账户信息、主要标的清单、合同支付计划、项目基本信息等内容后，上传合同附件，点击【保存】→【提交】，如图3-99所示。

图 3-99 合同录入流程（5）

采购合同完成审核后，采购单位经办人需在合同录入待备案下手动点击【备案】，才算完成合同备案，如图3-100所示。

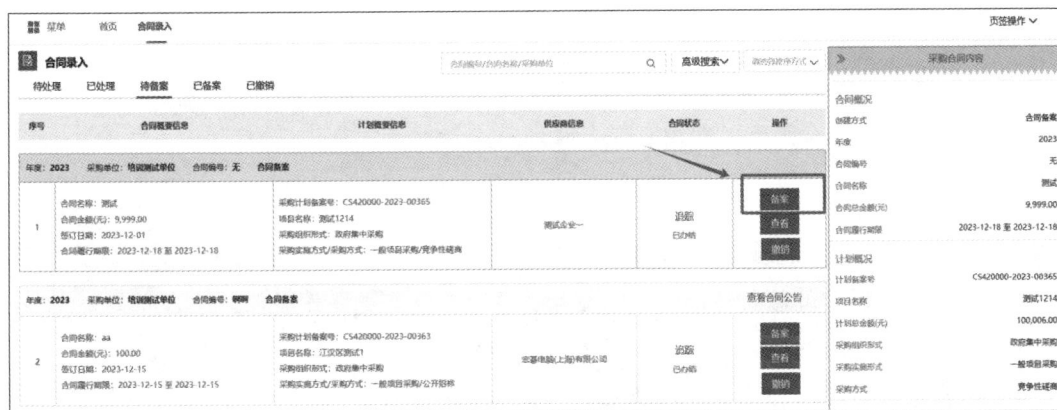

图 3-100 合同录入流程（6）

3. 合同审核

操作用户：采购单位审核人\主管部门审核人

菜单：【采购合同管理】→【合同录入】

操作说明（见图3-101与图3-102）：【采购合同管理】→【合同录入】→【审核】

图3-101 合同审核流程（1）

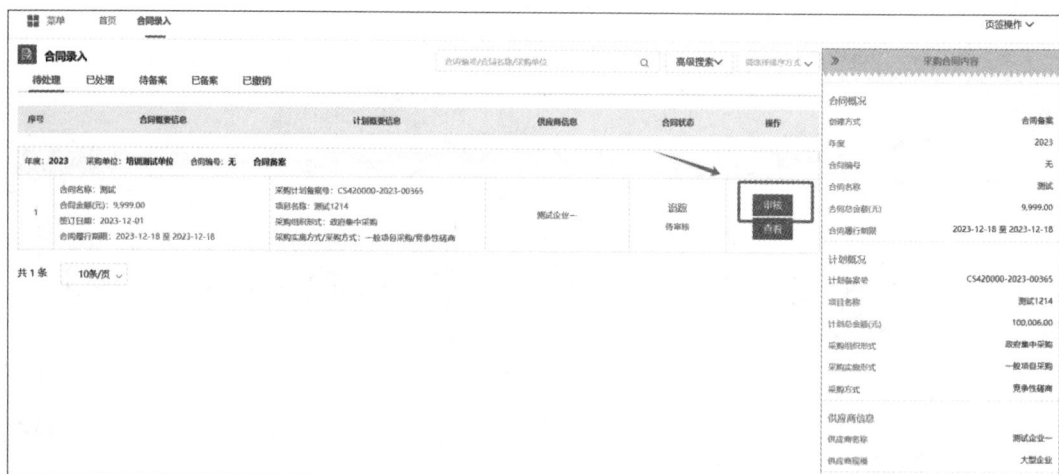

图3-102 合同审核流程（2）

4.合同变更

功能说明：在完成采购合同备案后，如果因合同收款供应商信息有变更或错误导致无法支付时，采购人可对已备案的合同发起变更。合同变更操作需保留原合同备案痕迹，方便追溯。

采购合同变更时，允许变更收款账户信息、除合同备案编号外的合同基础信息，并由采购人填写变更理由，上传相关附件。已进入资金支付流程、验收流程的合同不允许变更，亦不可撤销合同，合同变更审核通过后完成变更备案，系统支持查看原始合同信息。

操作用户：采购单位经办人

菜单：【采购合同管理】→【合同录入】

操作说明（见图3-103与图3-104）：【采购合同管理】→【合同录入】→【已备案】→【更多】→【账户变更/合同变更】

图3-103 合同变更流程（1）

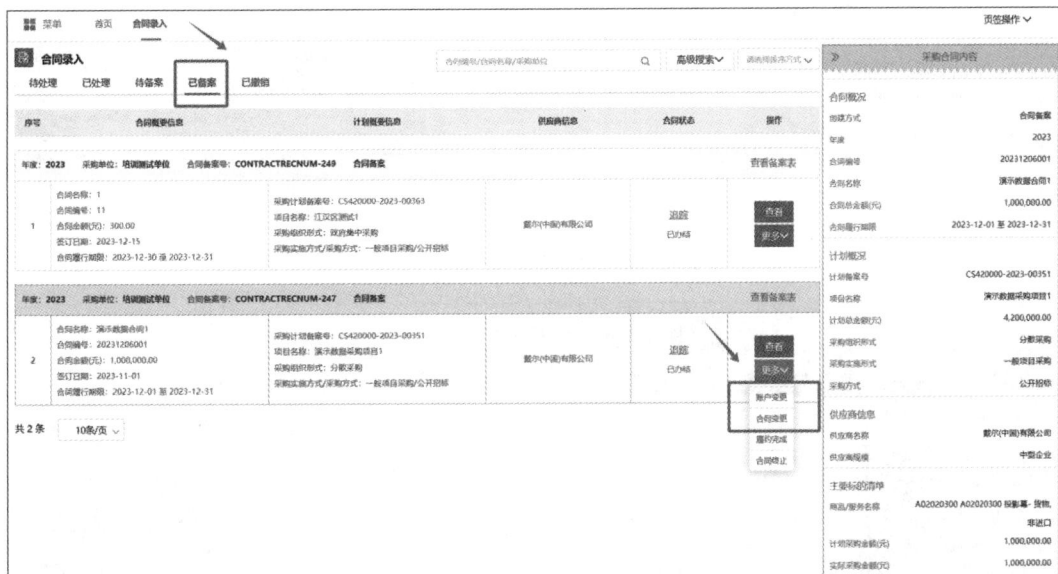

图3-104 合同变更流程（2）

填写账户变更原因，上传账户变更附件，点击【保存】→【提交】，如图3-105所示。

审核完成后，在合同录入已备案里点击"查看变更记录"可以查看合同变更情况，合同备案表也会同步变更，如图3-106与图3-107所示。

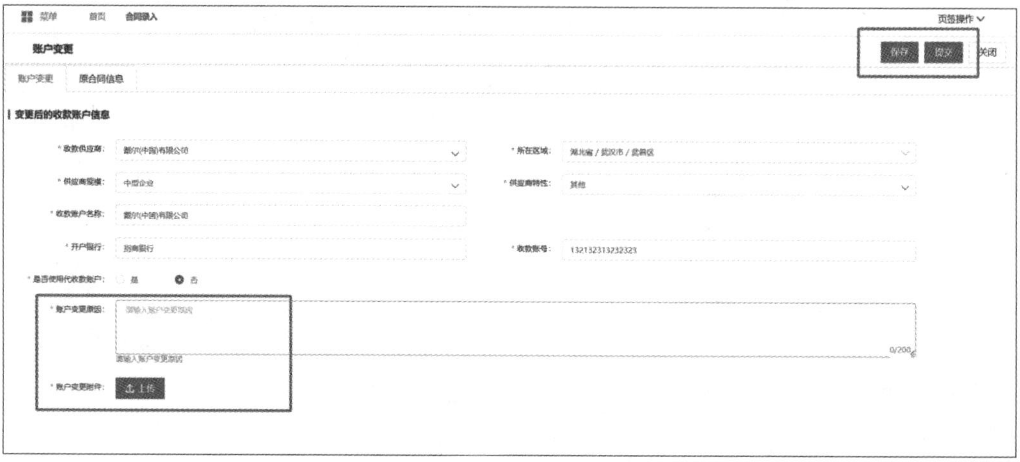

图 3-105　合同变更流程（3）

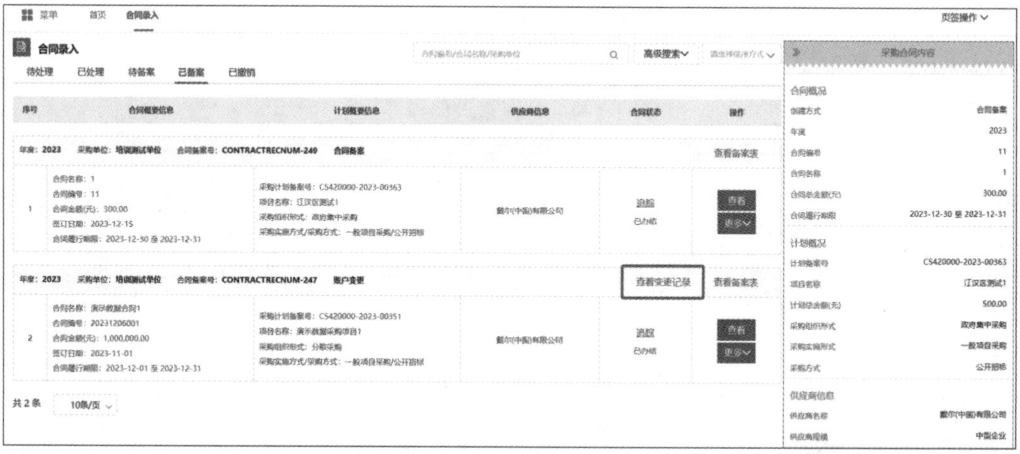

图 3-106　合同变更流程（4）

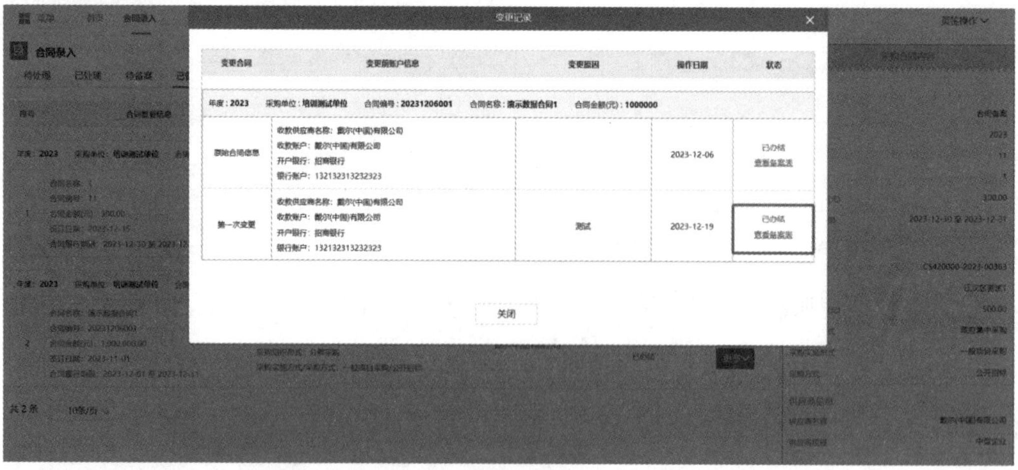

图 3-107　合同变更流程（5）

5. 合同变更审核

操作用户：采购单位审核人\主管部门审核人

菜单：【采购合同管理】→【合同录入】

操作说明（见图3-108与图3-109）：【合同录入】，选择数据，点击【审核】

图3-108 合同变更审核流程（1）

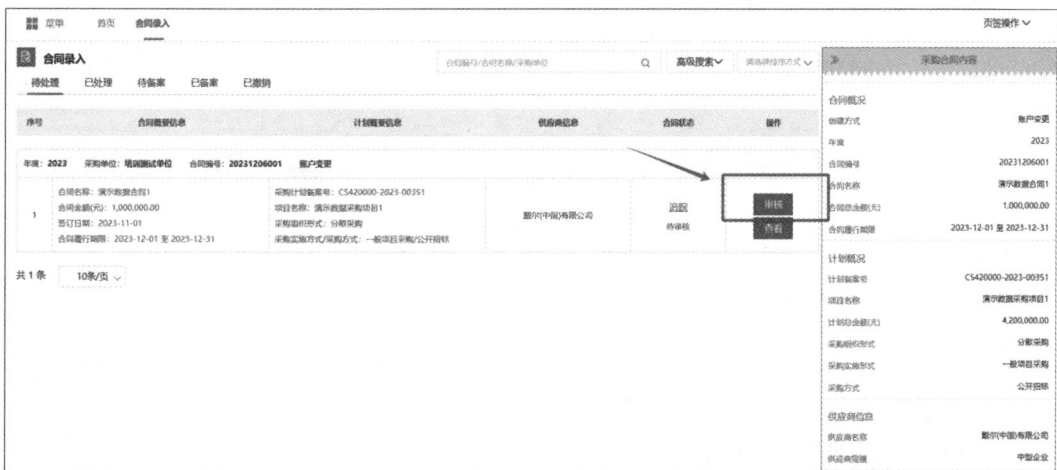

图3-109 合同变更审核流程（2）

6. 合同撤销

功能说明：系统支持采购人对已备案采购合同进行撤销。合同撤销审核通过后撤销操作方可生效。已进入资金支付流程或履约验收流程的合同不允许撤销合同。

操作用户：采购单位经办人

菜单：【采购合同管理】→【合同录入】

操作说明（见图3-110与图3-111）：【采购合同管理】→【合同录入】→【已备

案】→【更多】→【撤销】

图 3-110　合同撤销流程（1）

图 3-111　合同撤销流程（2）

填写合同撤销原因，点击【保存】→【提交】，如图 3-112 所示。

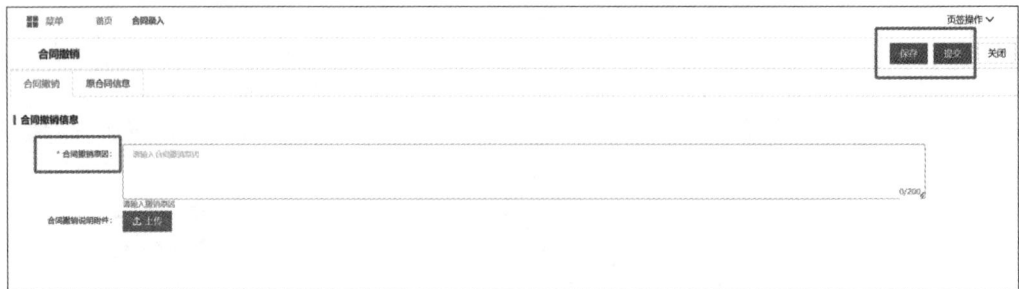

图 3-112　合同撤销流程（3）

7. 合同撤销审核

操作用户：采购单位审核人\主管部门审核人

菜单：【采购合同管理】→【合同录入】

操作说明（见图 3-113 与图 3-114）：【采购合同管理】→【合同录入】→【审核】

图 3-113　合同撤销审核流程（1）

图 3-114　合同撤销审核流程（2）

8. 履约完成

功能说明：在合同履约过程中，因其他不可抗力因素影响与乙方供应商的约定，提前完成合同履约的，系统支持采购人在线发起履约完成流程，履约完成后的采购合同，不允许继续发起合同支付或履约验收。发起履约完成时，如果合同签订收取了履约保证金，则需记录履约保证金的退还情况。

操作用户：采购单位经办人

菜单：【采购合同管理】→【合同录入】

操作说明（见图3-115与图3-116）：【采购合同管理】→【合同录入】→【已备案】→【更多】→【履约完成】

图3-115 履约完成流程（1）

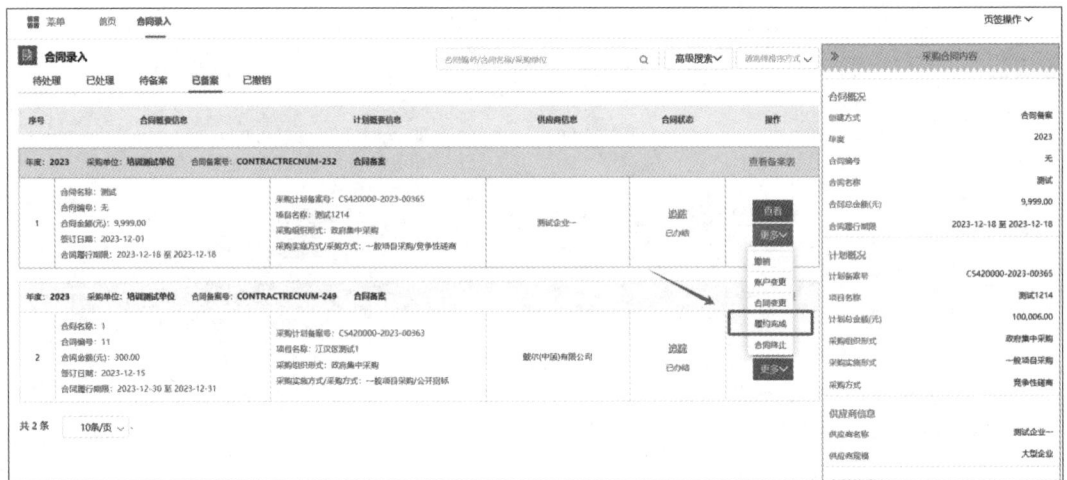

图3-116 履约完成流程（2）

点击【履约完成】后，会出现提示框，点击【确定】按钮进入履约完成填写界面，填写合同履约情况说明，点击【保存】→【提交】，如图3-117与图3-118所示。

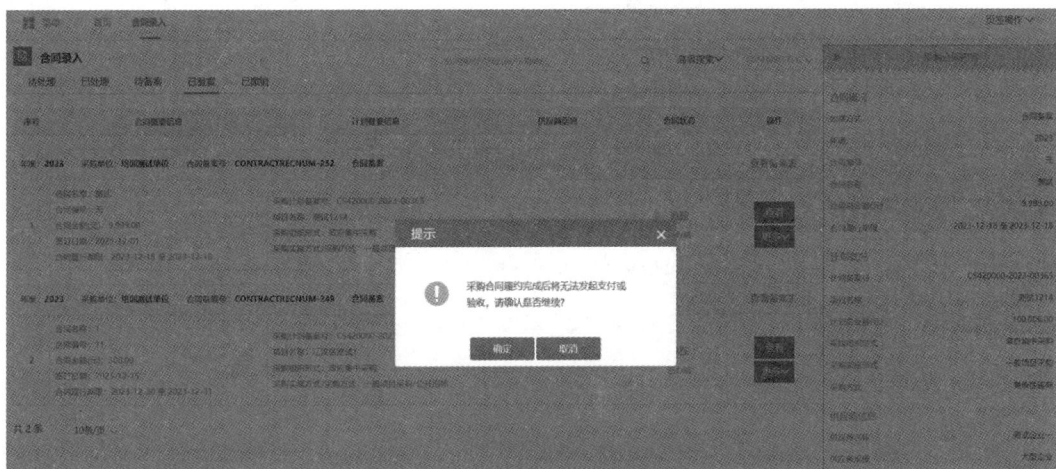

图 3-117 履约完成流程（3）

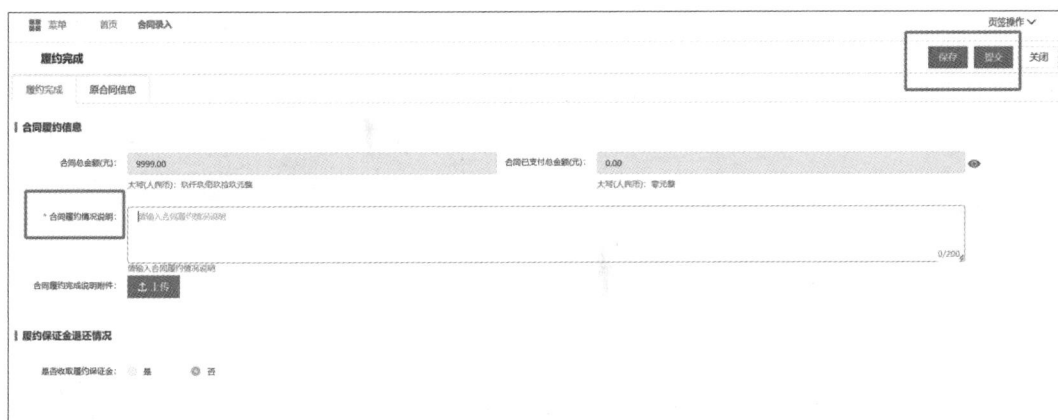

图 3-118 履约完成流程（4）

9.履约完成审核

操作用户：采购单位审核人\主管部门审核人

菜单：【采购合同管理】→【合同录入】

操作说明（见图3-119与图3-120）：【采购合同管理】→【合同录入】→【审核】

图 3-119　履约完成审核流程（1）

图 3-120　履约完成审核流程（2）

10. 合同终止

功能说明：在合同履约过程中，因乙方供应商出现严重的违约行为或违法行为需要提前终止合同的，系统支持采购人在线发起合同终止流程，合同终止后的采购合同，不允许继续发起合同支付、履约验收，原定一签多年的采购合同不允许继续续签或签订补充合同。发起终止合同时，如果合同签订收取了履约保证金，则需记录履约保证金的退还情况。

操作用户：采购单位经办人

菜单：【采购合同管理】→【合同录入】

操作说明（见图 3-121 与图 3-122）：【采购合同管理】→【合同录入】→【已备案】→【更多】→【合同终止】

图 3-121 合同终止流程（1）

图 3-122 合同终止流程（2）

在合同终止界面，填写合同终止原因，上传合同终止说明，点击【保存】→【提交】，如图 3-123 所示。

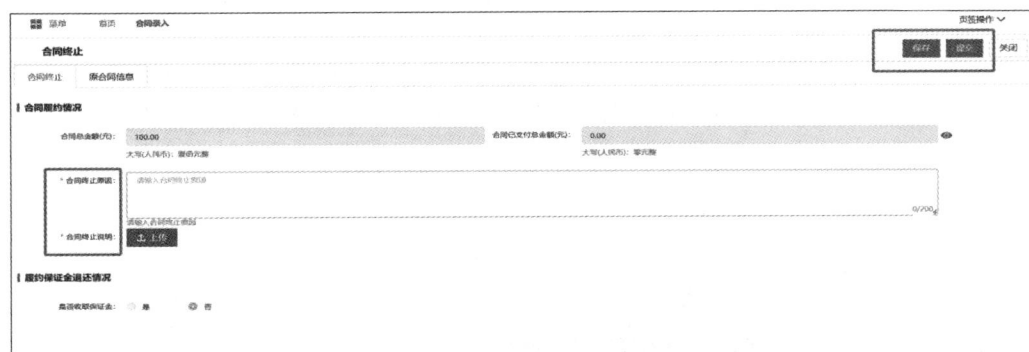

图 3-123 合同终止流程（3）

11. 合同终止审核

操作用户：采购单位审核人\主管部门审核人

菜单：【采购合同管理】→【合同录入】

操作说明（见图 3-124 与图 3-125）：【采购合同管理】→【合同录入】→【审核】

图 3-124　合同终止审核流程（1）

图 3-125　合同终止审核流程（2）

12. 补充合同录入

功能说明：采购人需追加与合同标的相同的货物、工程或者服务的，在不改变合同其他条款的前提下，可以与供应商协商签订补充合同，但所有补充合同的采购金额不得超过原合同采购金额的百分之十。当合同金额加补充合同金额超过项目预算总金额时，系统提供项目资金追加功能，采购人进行项目资金追加后签订补充合同。

操作用户：采购单位经办人

菜单：【采购合同管理】→【补充合同录入】

操作说明（见图 3-126 与图 3-127）：【采购合同管理】→【补充合同录入】→【新增】

图3-126 补充合同录入流程（1）

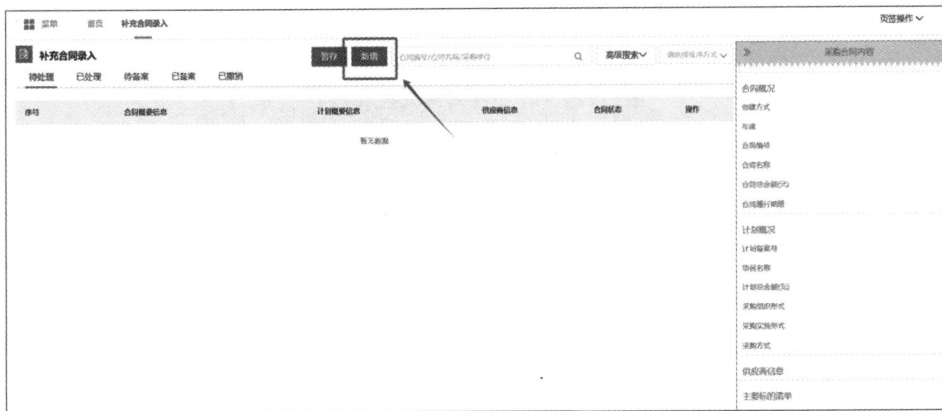

图3-127 补充合同录入流程（2）

点击【选择合同】，选择需要进行补充的合同，填写合同相关信息，上传附件，确认信息无误后，点击【保存】→【提交】，如图3-128与图3-129所示。

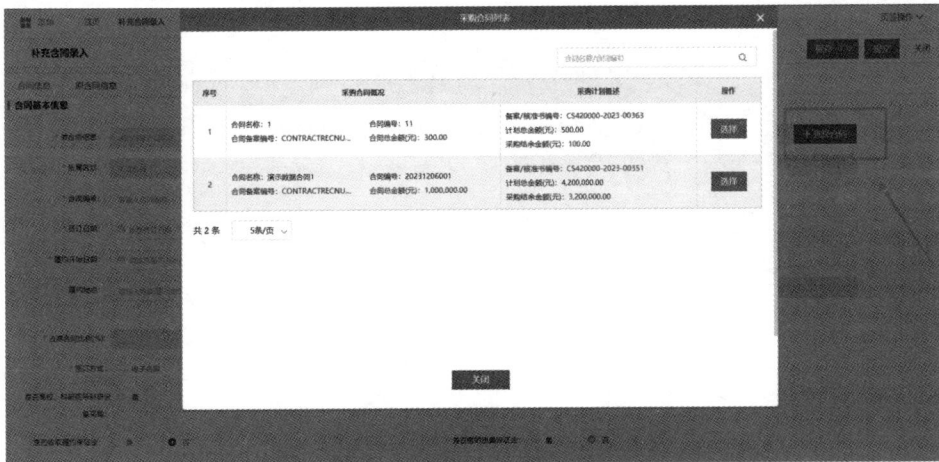

图3-128 补充合同录入流程（3）

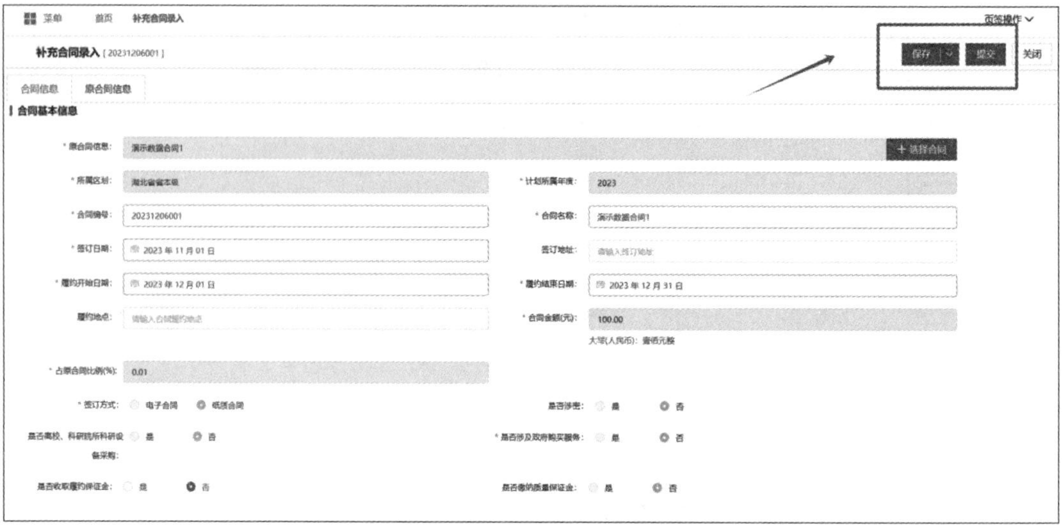

图3-129　补充合同录入流程（4）

13. 补充合同录入审核

操作用户：采购单位审核人\主管部门审核人

菜单：【采购合同管理】→【补充合同录入】

操作说明（见图3-130与图3-131）：【补充合同录入】→【审核】

图3-130　补充合同录入审核流程（1）

图 3-131 补充合同录入审核流程（2）

14. 历史合同补录

功能说明：主要针对系统新建，在原系统中已完成合同备案，但还未完成合同支付的采购合同，需在新系统中补充录入重新备案。备案时，需录入合同已支付部分金额，历史合同补录完成后，系统根据合同信息反写采购计划、采购项目、采购预算数据。如果该合同后续还需继续发起支付，则需先通过采购项目资金替换功能将返写的采购预算替换为允许支付的采购预算。

操作用户：采购单位经办人

菜单：【采购合同管理】→【历史合同补录】

操作说明（见图 3-132 与图 3-133）：【采购合同管理】→【历史合同补录】→【新增】

图 3-132 历史合同补录流程（1）

图3-133　历史合同补录流程（2）

　　填写合同基本信息、签订各方信息、收款账户信息、主要标的清单、合同支付计划、历史支付记录、项目基本信息等内容后，上传合同附件，点击【保存】→【提交】，如图3-134所示。

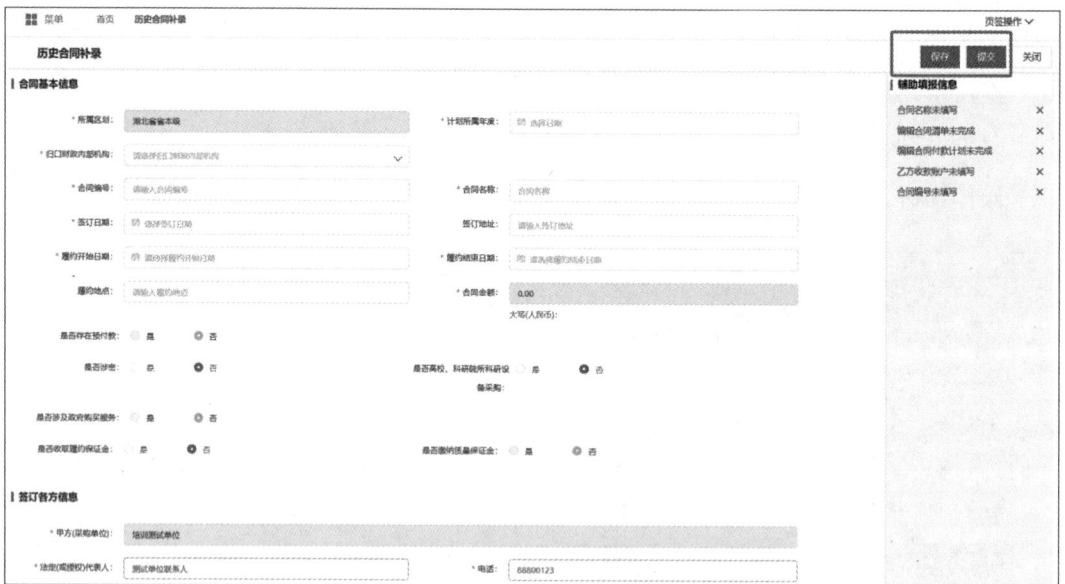

图3-134　历史合同补录流程（3）

15. 历史合同补录审核

操作用户：采购单位审核人\主管部门审核人

菜单：【采购合同管理】→【历史合同补录】

操作说明（见图3-135与图3-136）：【采购合同管理】→【历史合同补录】→【审核】

图 3-135 历史合同补录审核流程（1）

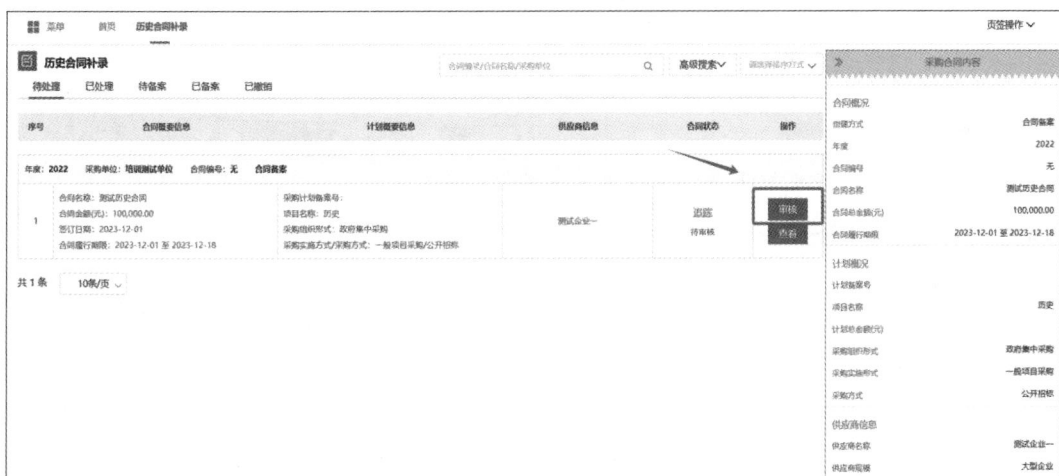

图 3-136 历史合同补录审核流程（2）

16. 合同查询

功能说明：可根据数据状态（处理中、待备案、已备案、已撤销）在不同状态里面进行查询，可进行模糊查询、高级查询或者导出为 Excel 报表。

菜单：【采购合同管理】→【采购合同查询】

操作说明（见图 3-137 与图 3-138）：【采购合同管理】→【采购合同查询】→【查看】

图 3-137 合同查询流程（1）

图 3-138 合同查询流程（2）

七、合同支付管理

1. 合同支付流程

合同支付流程如图 3-139 所示。

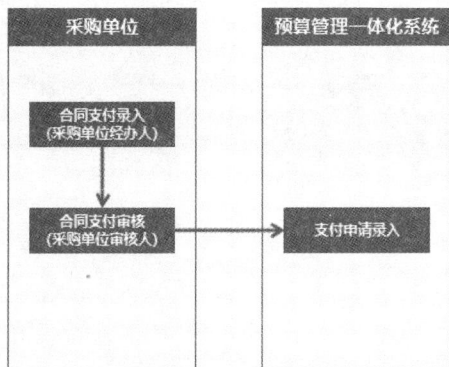

图 3-139 合同支付流程

2. 合同支付录入

功能说明：根据已备案的合同，采购人发起支付申请。系统将支付申请信息通过数据接口推送至预算执行系统进行资金支付。

操作用户：采购单位经办人

菜单：【合同支付管理】→【合同支付录入】

操作说明（见图 3-140 与图 3-141）：【合同支付管理】→【合同支付录入】→【新增】

在【合同支付录入】界面，点击【选择】→【选择需要支付合同】→【选择】，如图 3-142 所示。

在【合同支付录入】界面，选择【合同支付计划】，填写【本次支付信息】需支付的金额，上传附件，选择收到发票日期后，点击【保存】→【提交】，如图 3-143 与图 3-144 所示。

图 3-140 合同支付录入流程（1）

图 3-141　合同支付录入流程（2）

图 3-142　合同支付录入流程（3）

图 3-143　合同支付录入流程（4）

图 3-144　合同支付录入流程（5）

3. 合同支付审核

操作用户：采购单位审核人

菜单：【合同支付管理】→【合同支付录入】

操作说明（见图 3-145 与图 3-146）：【合同支付管理】→【合同支付录入】→【审核】

图 3-145　合同支付审核流程（1）

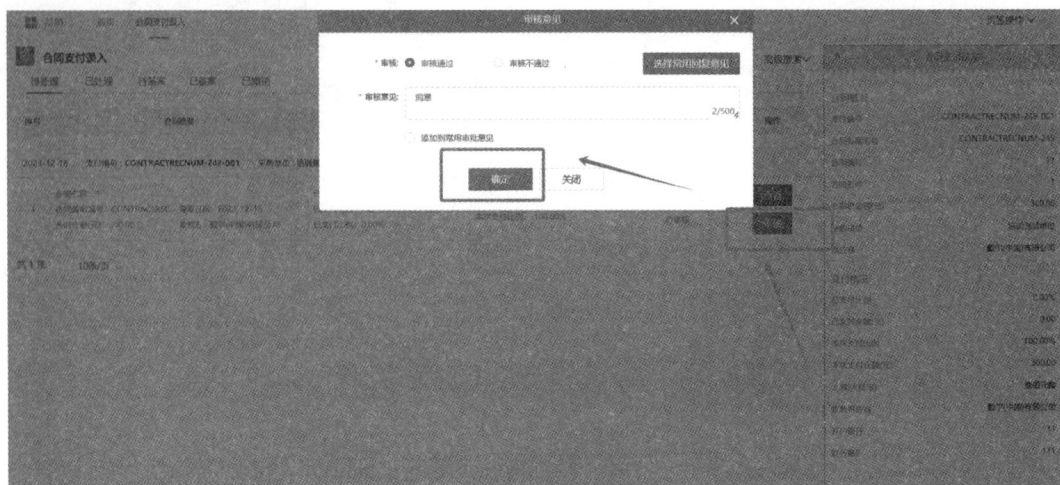

图3-146 合同支付审核流程（2）

4. 合同支付查询

菜单：【合同支付管理】→【合同支付查询】

操作说明（见图3-147）：【合同支付管理】→【合同支付查询】→【查看】

图3-147 合同支付查询页面

八、履约验收管理

1. 履约验收流程

采购单位经办人根据合同录入履约验收信息；未进行履约验收的合同，不允许支付超过合同金额的90%。

履约验收流程如图3-148所示。

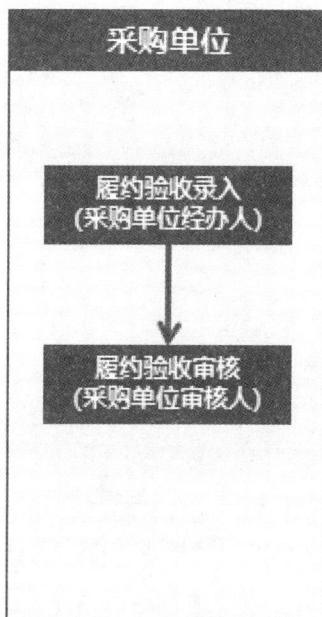

图 3-148　履约验收流程

2. 履约验收录入

操作用户：采购单位经办人

菜单：【履约验收管理】→【履约验收录入】

操作说明（见图 3-149 与图 3-150）：【履约验收管理】→【履约验收录入】→【新增】

图 3-149　履约验收录入流程（1）

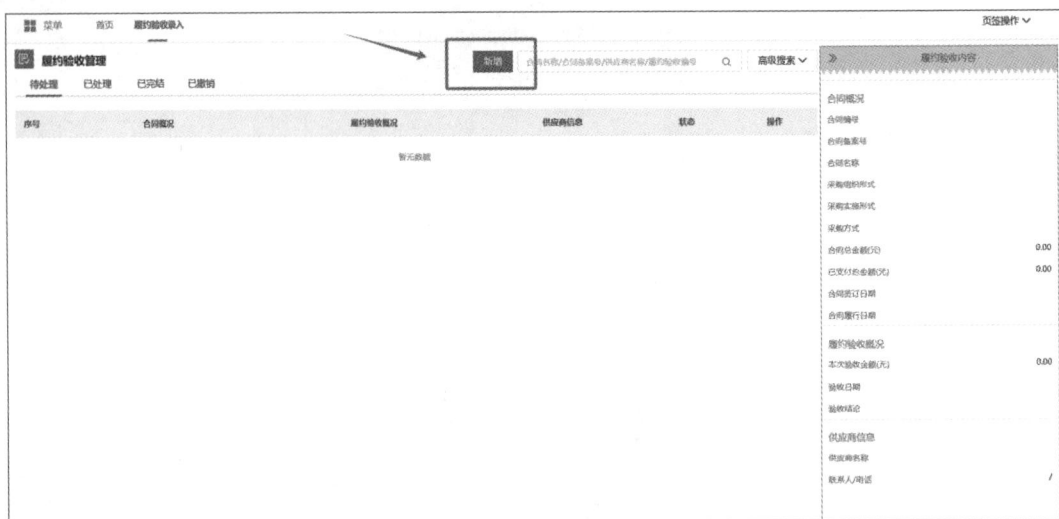

图 3-150　履约验收录入流程（2）

在采购合同列表点击【选择】，填写项目验收情况，上传验收报告，确认信息填写无误后点击【保存】→【提交】，如图 3-151 与图 3-152 所示。

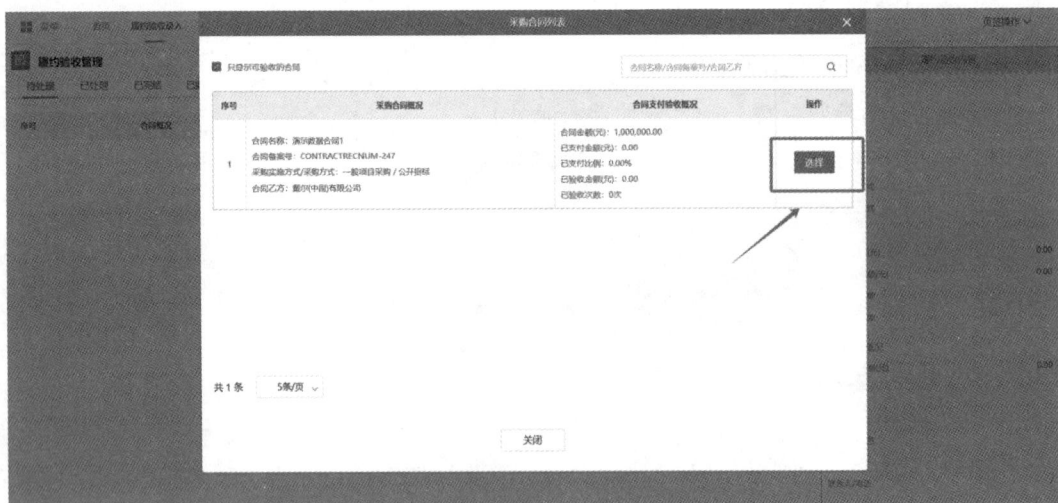

图 3-151　履约验收录入流程（3）

图 3-152 履约验收录入流程 (4)

3.履约验收审核

操作用户：采购单位审核人

菜单：【履约验收管理】→【履约验收审核】

操作说明（见图3-153与图3-154）：【履约验收管理】→【履约验收审核】→【审核】

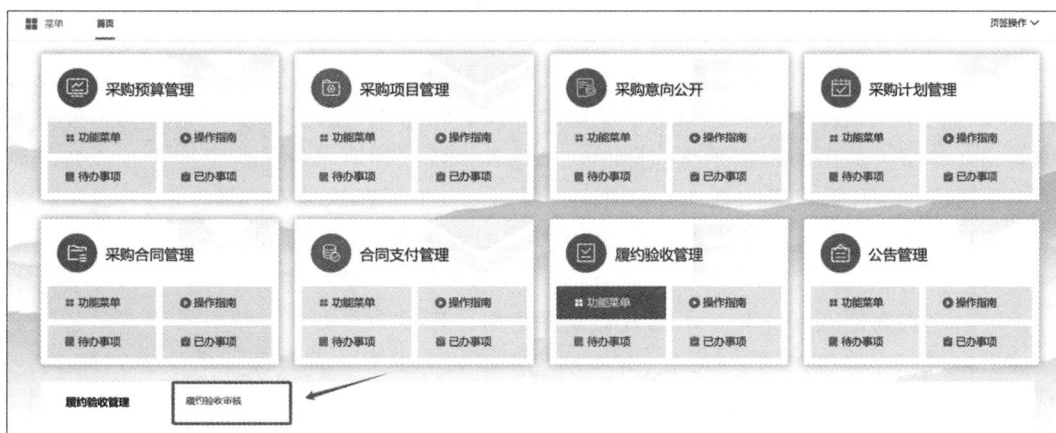

图 3-153 履约验收审核流程 (1)

图 3-154　履约验收审核流程（2）

第三节　政府采购意向公开

一、政府采购意向公开政策要求

财政部推进采购意向公开是优化政府采购营商环境的重要举措。根据《关于开展政府采购意向公开工作的通知》（财库〔2020〕10号），为提高政府采购透明度，方便供应商提前了解政府采购信息，保障各类市场主体平等参与政府采购活动，提升采购绩效，抑制腐败，应认真做好采购意向公开工作。

财政部发布的关于开展政府采购意向公开工作的通知称，对2020年7月1日起实施的采购项目，中央预算单位和北京市、上海市、深圳市市本级预算单位应当按规定公开采购意向。各试点地区应根据地方实际尽快推进其他各级预算单位采购意向公开。其他地区可根据地方实际确定采购意向公开时间，原则上省级预算单位2021年1月1日起实施的采购项目，省级以下各级预算单位2022年1月1日起实施的采购项目，应当按规定公开采购意向。

以湖北省为例，2020年4月28日，湖北省财政厅发布《湖北省政府采购意向公开工作方案》（鄂财函〔2020〕38号），方案明确提出如下要求：省级预算单位2021年1月1日起实施的采购项目按规定全面实施采购意向公开；省级以下各级预算单位2022年1月1日起实施的采购项目按规定全面实施采购意向公开。公开渠道为"中国湖北政府采购网"（www.ccgp-hubei.gov.cn）。

二、政府采购意向公开

1. 政府采购意向公开的主体

采购意向由预算单位负责公开。

2. 政府采购意向公开的渠道

中央预算单位的采购意向在中国政府采购网（www.ccgp.gov.cn）中央主网公开，地方预算单位的采购意向在中国政府采购网地方分网公开，采购意向也可在省级以上财政部门指定的其他媒体同步公开。

主管预算单位可汇总本部门、本系统所属预算单位的采购意向集中公开，有条件的部门可在其部门门户网站同步公开本部门、本系统的采购意向。

3. 政府采购意向公开的内容

1）政府采购意向公开的基本要求

（1）采购意向按采购项目公开；

（2）按项目实施的集中采购目录以内或采购限额标准以上的货物、工程、服务采购均应当公开采购意向；

（3）除以协议供货、定点采购方式实施的小额零星采购和由集中采购机构统一组织的批量集中采购外，按项目实施的集中采购目录以内或者采购限额标准以上的货物、工程、服务采购均应当公开采购意向。

2）政府采购意向公开的主要内容

采购意向公开的内容应当清晰完整，具体应包括以下几点。

（1）采购项目名称；

（2）采购需求概况。应当包括采购标的名称，采购标的需实现的主要功能或目标，采购标的数量，以及采购标的需满足的质量、服务、安全、时限等要求；

（3）预算金额；

（4）预计采购时间；

（5）其他需要说明的情况。

采购意向仅作为供应商了解各采购人初步采购安排的参考，采购项目实际采购需求、预算金额和执行时间以采购人最终发布的采购公告和采购文件为准。

4. 政府采购意向公开的依据

部门预算批复前公开的采购意向，以部门预算"二上"内容为依据；部门预算批复后公开的采购意向，以部门预算为依据。预算执行中新增采购项目应当及时公开采购意向。

5. 政府采购意向公开的时间

采购意向由预算单位定期或不定期公开。采购意向公开时间应当尽量提前，原则上不得晚于采购活动开始前30日公开采购意向。因预算单位不可预见的原因急需开展的采购项目，可不公开采购意向。

6.政府采购意向公开操作流程

以湖北某高校政府采购意向公开流程为例，具体流程如下。

（1）业务承办部门按照《政府采购意向公告》格式要求，填写所在部门需进行公开的采购意向。

（2）业务承办部门在每月规定的时间，将拟公开的采购意向报送采购管理部门审核。

（3）采购管理部门审核通过后，汇总当月需公开的采购意向，在预算一体化系统中申报。

政府采购意向公告

（单位名称）＿＿年＿＿月（至）＿＿月政府采购意向

为便于供应商及时了解政府采购信息，根据《财政部关于开展政府采购意向公开工作的通知》（财库〔2020〕10号）等有关规定，现将（单位名称）＿＿年＿＿月（至）＿＿月采购意向公开如下：

序号	采购项目名称	采购需求概况	预算金额/万元	预计采购时间（填写到月）	备注
	（填写具体采购项目的名称）	（填写采购标的名称,采购标的需实现的主要功能或者目标,采购标的数量,以及采购标的需满足的质量、服务、安全、时限等要求）	（精确到万元）	（填写到月）	（其他需要说明的情况）
	……				
	……				

本次公开的采购意向是本单位政府采购工作的初步安排，具体采购项目情况以相关采购公告和采购文件为准。

（单位名称）

年　月　日

选自财政部办公厅《关于印发〈政府采购公告和公示信息格式规范（2020年版）〉的通知》（财办库〔2020〕50号）

在线习题（第三章）

第四章

政府采购方式及流程

第一节　政府采购方式的适用

《政府采购法》第二十六条规定，政府采购采用以下方式：

（1）公开招标。

（2）邀请招标。

（3）竞争性谈判。

（4）单一来源采购。

（5）询价。

（6）国务院政府采购监督管理部门认定的其他采购方式。

目前，除了《政府采购法》明确的五种采购方式以外，"国务院政府采购监督管理部门认定的其他采购方式"包括竞争性磋商、框架协议采购、合作创新采购三种。

《政府采购法》《政府采购法实施条例》《政府采购货物和服务招标投标管理办法》《政府采购非招标采购方式管理办法》《竞争性磋商管理暂行办法》《政府采购框架协议采购方式管理暂行办法》和《政府采购合作创新采购方式管理暂行办法》对以上采购方式的适用情形进行了具体规定。

公开招标和邀请招标为招标采购方式；竞争性谈判、单一来源采购、询价、竞争性磋商为非招标采购方式。

一、公开招标的适用

（1）采购货物或者服务，达到公开招标数额标准的，应当采用公开招标方式。

（2）达到公开招标数额标准的政府采购项目，因特殊情况需要采用公开招标以外的采购方式的，应当在采购活动开始前获得设区的市、自治州以上人民政府采购监督管理部门的批准。

二、邀请招标的适用

符合下列情形之一的货物或者服务，可以采用邀请招标方式采购：

（1）具有特殊性，只能从有限范围的供应商处采购的。

（2）采用公开招标方式的费用占政府采购项目总价值的比例过大的。

三、竞争性谈判的适用

（1）符合下列情形之一的货物或者服务，可以采用竞争性谈判方式采购：

① 招标后没有供应商投标或者没有合格标的或者重新招标未能成立的。

② 技术复杂或者性质特殊，不能确定详细规格或者具体要求的。

③ 非采购人预见或拖延造成招标采购所需时间不能满足用户紧急需要的。

④ 因艺术品采购、专利、专有技术或者服务的时间、数量事先不能确定等原因而不能事先计算出价格总额的。

（2）不属于依法必须招标的工程项目以及与工程建设有关的货物、服务。

四、单一来源采购的适用

符合下列情形之一的货物、服务以及不属于依法必须招标的工程项目（包括与工程建设有关的货物、服务），可以采用单一来源采购方式采购：

（1）只能从唯一供应商处采购的。是指因货物或者服务使用不可替代的专利、专有技术，或者公共服务项目具有特殊要求，导致只能从某一特定供应商处采购。

（2）发生了不可预见的紧急情况不能从其他供应商处采购的。

（3）必须保证原有采购项目的一致性或者服务配套的要求，需要继续从原供应商处添购，添购总额不超过原合同采购金额百分之十的。

五、询价的适用

采购的货物规格、标准统一、现货货源充足且价格变化幅度小的政府采购项目。

六、竞争性磋商的适用

（1）政府购买服务项目。

（2）技术复杂或者性质特殊，不能确定详细规格或者具体要求的。

（3）因艺术品采购、专利、专有技术或者服务的时间、数量事先不能确定等原因而不能事先计算出价格总额的。

（4）市场竞争不充分的科研项目，以及需要扶持的科技成果转化项目。

（5）按照招标投标法及其实施条例必须进行招标的工程建设项目以外的工程建设项目。

七、框架协议采购的适用

（1）集中采购目录以内品目，以及与之配套的必要耗材、配件等，属于小额零星采购的。

（2）集中采购目录以外，采购限额标准以上，本部门、本系统行政管理所需的法律、评估、会计、审计等鉴证咨询服务，属于小额零星采购的。

（3）提供服务的政府购买服务项目，需要确定2家以上供应商由服务对象自主选择的。

（4）国务院财政部门规定的其他情形。

前款所称采购限额标准以上，是指同一品目或者同一类别的货物、服务年度采购预算达到采购限额标准以上。

属于以上第二项情形，主管预算单位能够归集需求形成单一项目进行采购，通过签订时间、地点、数量不确定的采购合同满足需求的，不得采用框架协议采购方式。

八、合作创新采购的适用

采购项目符合国家科技和相关产业发展规划，有利于落实国家重大战略目标任务，并且具有下列情形之一的，可以采用合作创新采购方式采购：

（1）市场现有产品或者技术不能满足要求，需要进行技术突破的。

（2）以研发创新产品为基础，形成新范式或者新的解决方案，能够显著改善功能性能，明显提高绩效的。

（3）国务院财政部门规定的其他情形。

第二节　政府采购方式的确定

采购人选择合适的采购方式应从以下两个方面考虑。

一、依据政府采购公开招标数额标准

（1）政府采购货物或服务项目，采购金额达到公开招标数额标准的应当实行公开招标，没有达到公开招标数额标准或因特殊情况需要的，可以依法采用非招标采购方式。

非招标采购方式包括竞争性谈判采购、询价采购、单一来源采购和竞争性磋商采购。

（2）属于依法必须招标的工程项目以及与工程建设有关的货物、服务，适用招标投标法及其实施条例。

例如：《关于印发〈湖北省政府集中采购目录及标准（2021年版）〉的通知》（鄂政办发〔2020〕56号）规定，政府采购货物或服务项目，省级单项或批量采购达到400万元以上、市县级200万元以上的应当采用公开招标方式，其中武汉市市本级执行省级公开招标数额标准。政府采购工程项目以及与工程建设有关的货物、服务公开招标数额标准按照国家有关规定执行。

二、依据政府采购方式的适用条件

采购人应按照法律法规规定，根据项目特点和采购需求准确选择采购方式，这是《政府采购法》赋予采购人的权利和责任。

在确定采购方式时，采购人需注意以下几点。

（1）采购人不得将应当以公开招标方式采购的货物或者服务化整为零或者以其他任何方式规避公开招标。

（2）采购人必须按照《政府采购法》规定的采购方式和采购程序进行采购，任何单位和个人不得违反《政府采购法》规定，要求采购人或者采购工作人员向其指定的供应商进行采购

（3）在一个财政年度内，采购人将一个预算项目下的同一品目或者类别的货物、服务采用公开招标以外的方式多次采购，累计资金数额超过公开招标数额标准的，属于以化整为零方式规避公开招标，但项目预算调整或者经批准采用公开招标以外方式采购除外。

（4）因特殊情况需要采用公开招标以外的采购方式的，应当在采购活动开始前获得设区的市、自治州以上人民政府采购监督管理部门的批准。

采购人采购货物或者服务应当采用公开招标方式的，其具体数额标准，属于中央预算的政府采购项目，由国务院规定；属于地方预算的政府采购项目，由省、自治区、直辖市人民政府规定；因特殊情况需要采用公开招标以外的采购方式的，应当在采购活动开始前获得设区的市、自治州以上人民政府采购监督管理部门的批准。采购人不得将应当以公开招标方式采购的货物或者服务化整为零或者以其他任何方式规避公开招标采购。

【小贴士】

【问】根据《政府采购法》第三十二条规定："采购的货物规格、标准统一、现货货源充足且价格变化幅度较小的政府采购项目，可以依照本法采用询价方

式采购",是否可以理解为询价采购方式只适用于采购货物?

【答】根据现行政府采购法律制度规定,询价采购方式只适用于货物采购。（信息来源中国政府采购网）

请看以下案例。

某高校在一个财政年度内,采购人将一个预算项目下同一品目的学生宿舍家具分别采用询价采购方式和竞争性谈判采购方式分三次进行了采购,预算金额分别为180万元、150万元和80万元,总计410万元。监管部门认为,该校办公家具采购预算总额超过了该地区公开招标数额400万元的标准,没有按照公开招标的方式进行采购,所以将该采购人的行为定性为《政府采购法实施条例》第六十七条第二款所规定的情形,即"将应当进行公开招标的项目化整为零或者以其他方式规避公开招标",给予通报处理。

什么是化整为零规避公开招标采购行为呢?《政府采购法实施条例》第二十八条规定,在一个财政年度内,采购人将一个预算项目下的同一品目或者类别的货物、服务采用公开招标以外的方式多次采购,累计资金数额超过公开招标数额标准的,属于化整为零方式规避公开招标。也就是采购人把达到公开招标数额标准的政府采购项目分割为数个小项目,使得每个项目的预算金额都未达到法定公开招标数额标准,以此规避公开招标。

《政府采购法》第七十一条规定,采购人将应当采用公开招标方式而擅自采用其他方式采购的,监管部门将责令其限期改正、给予警告,可以并处罚款,对直接负责的主管人员和其他直接责任人员由其行政主管部门或者有关机关给予处分,并予通报。

第三节 政府采购流程

一、公开招标

公开招标,是指采购人依法以招标公告的方式邀请非特定的供应商参加投标的采购方式。

公开招标的具体流程如下。

1.编制招标文件

采购人、采购代理机构应当根据采购项目的特点和采购需求编制招标文件。招标文件应当包括以下主要内容：

（1）投标邀请。

（2）供应商须知（包括投标文件的密封、签署、盖章要求等）。

（3）供应商应当提交的资格、资信证明文件。

（4）为落实政府采购政策，采购标的需满足的要求，以及供应商需提供的证明材料。

（5）投标文件编制要求、投标报价要求和投标保证金交纳、退还方式以及不予退还投标保证金的情形。

（6）采购项目预算金额，设定最高限价的，还应当公开最高限价。

（7）采购项目的技术规格、数量、服务标准、验收等要求，包括附件、图纸等。

（8）拟签订的合同文本。

（9）货物、服务提供的时间、地点、方式。

（10）采购资金的支付方式、时间、条件。

（11）评标方法、评标标准和投标无效情形。

（12）投标有效期。

（13）投标截止时间、开标时间及地点。

（14）采购代理机构代理费用的收取标准和方式。

（15）供应商信用信息查询渠道及截止时点、信用信息查询记录和证据留存的具体方式、信用信息的使用规则等。

（16）省级以上财政部门规定的其他事项。

对于不允许偏离的实质性要求和条件，采购人或者采购代理机构应当在招标文件中规定，并以醒目的方式标明。

2. 发布招标公告

1）公告发布媒体

中央预算单位的政府采购信息应当在财政部指定的媒体上公开，地方预算单位的政府采购信息应当在省级(含计划单列市)财政部门指定的媒体上公开。财政部指定的政府采购信息发布媒体主要为中国政府采购网(www.ccgp.gov.cn)。中国政府采购网地方分网为本地区指定的政府采购信息发布媒体。

为加强全国政府采购数据共享共用，进一步提高政府采购信息查询使用便利度，财政部办公厅于2024年2月4日发布了《关于进一步提高政府采购信息查询使用便利度的通知》（财办库〔2024〕30号）。该通知规定：（1）自2024年4月1日起，中国政府采购网地方分网（以下简称地方分网）应当将本地区全部政府采购项目（含低于500万元的项目）的各类公告和公示信息推送至中国政府采购网中央主网（以下简称中央主网）发布。中央主网提供全国政府采购项目信息的"一站式"查询服务。（2）中央主网开通政府采购代理机构登记信息共享接口。自2024年4月1日起，地方分网可通过接口获取在中央主网登记的政府采购代理机构登记信息。（3）中央主网开设"数据标准及规范"专栏，发布相关数据接口规范。请各地方分网根据数据接口规范组织完成相关信息系统的接口调试工作，确保政府采购数据共享渠道畅通。

政府采购其他采购方式的公告发布媒体同公开招标。

2）招标公告的内容

政府采购相关规定中，按日计算期间的，开始当天不计入，从次日开始计算。期限的最后一日是国家法定节假日的，顺延到节假日后的次日为期限的最后一日。此项规定适用于所有采购方式。

招标公告期限为5个工作日。公告内容应当以省级以上财政部门指定媒体发布的公告为准。公告期限自省级以上财政部门指定媒体最先发布公告之日起算。

招标公告应当包括以下主要内容：

（1）采购人及其委托的采购代理机构的名称、地址和联系方式。

（2）采购项目的名称、预算金额，设定最高限价的，还应当公开最高限价。

（3）采购人的采购需求。

（4）供应商的资格要求。

（5）获取招标文件的时间期限、地点、方式及采购文件售价。

（6）公告期限。

（7）投标截止时间、开标时间及地点。

（8）采购项目联系人姓名和电话。

采购人或者采购代理机构应当根据采购项目的实施要求，在招标公告中载明是否接受联合体投标。如未载明，不得拒绝联合体投标。

招标公告

项目概况

（采购标的）招标项目的潜在供应商应在（地址）获取招标文件，并于__年__月__日__点__分（北京时间）前递交投标文件。

一、项目基本情况

项目编号（或招标编号、政府采购计划编号、采购计划备案文号等，如有）：

项目名称：

预算金额：

最高限价（如有）：

采购需求（包括但不限于标的的名称、数量、简要技术需求或服务要求等）：

合同履行期限：

本项目（是/否）接受联合体投标。

二、申请人的资格要求

（1）满足《中华人民共和国政府采购法》第二十二条规定。

（2）落实政府采购政策需满足的资格要求（如属于专门面向中小企业采购的项目,供应商应为中小微企业、监狱企业、残疾人福利性单位)。

（3）本项目的特定资格要求（如项目接受联合体投标，对联合体应提出相关资格要求；如属于特定行业项目,供应商应当具备特定行业法定准入要求)。

三、获取招标文件

时间：__年__月__日至__年__月__日（提供期限自本公告发布之日起不得少于5个工作日），每天上午__至__，下午__至__（北京时间，法定节假日除外）

地点：

方式：

售价：

四、提交投标文件截止时间、开标时间和地点

__年__月__日__点__分（北京时间）（自招标文件开始发出之日起至供应商提交投标文件截止之日止，不得少于20日）

地点：

五、公告期限

自本公告发布之日起5个工作日。

六、其他补充事宜

七、凡对本次招标提出询问，请按以下方式联系。

1.采购人信息

名称：

地址：

联系方式：

2.采购代理机构信息（如有）

名称：

地址：

联系方式：

3.项目联系方式

项目联系人：（组织本项目采购活动的具体工作人员姓名）：

电话：

选自财政部办公厅《关于印发〈政府采购公告和公示信息格式规范（2020年版）〉的通知》（财办库〔2020〕50号）

3. 发出招标文件

采购人或者采购代理机构应当按照招标公告或者投标邀请书规定的时间、地点提供招标文件或者资格预审文件,提供期限自招标公告、资格预审公告发布之日起计算不得少于五个工作日。提供期限届满后,获取招标文件或者资格预审文件的潜在供应商不足三家的,可以顺延提供期限,并予公告。

招标文件开始发出之日起至供应商提交投标文件截止之日止,不得少于二十日。

公开招标进行资格预审的,招标公告和资格预审公告可以合并发布,招标文件应当向所有通过资格预审的供应商提供。

【小贴士】

【问】《政府采购法》第三十五条,货物和服务项目实行招标方式采购的,自招标文件开始发出之日起至投标人提交投标文件截止之日止,不得少于二十日。具体如何计算？

【答】根据《政府采购货物和服务招标投标管理办法》（财政部令第87号）第八十五条规定,按日计算期间的,开始当天不计入,从次日开始计算。不得少于二十日的期间应当不少于二十个完整自然日。

（信息来源中国政府采购网）

4. 答疑、招标文件澄清及修改

采购人或采购代理机构根据招标项目的具体情况,在招标文件提供期限截止后,组织现场考察或召开答疑会的,应当在招标文件中载明,或者在招标文件提供期限截止后以书面形式通知所有获取招标文件的潜在投标人,组织已获取招标文件的潜在投标人现场考察或者召开开标前答疑会。

采购人或采购代理机构对已发出的招标文件进行必要澄清或者修改的,澄清或者修改的内容可能影响投标文件编制的,采购人或者采购代理机构应当在投标截止时间至少十五日前,以书面形式通知所有获取招标文件的潜在供应商;不足十五日的,采购人或者采购代理机构应当顺延提交投标文件的截止时间。

5. 投标

供应商应当在招标文件要求提交投标文件的截止时间前,将投标文件密封送达投标地点。采购人或者采购代理机构收到投标文件后,应当如实记载投标文件的送达时间和密封情况,签收保存,并向供应商出具签收回执。任何单位和个人不得在开标前开启投标文件。

供应商在投标截止时间前,可以对所递交的投标文件进行补充、修改或者撤回,并书面通知采购人或者采购代理机构。补充、修改的内容应当按照招标文件要求签署、盖章、密封后,作为投标文件的组成部分。

【小贴士】

【问】评审结束后,中标结果公告前,投标人撤销投标文件,若剩下不足3家供应商,是否废标?

【答】为维护国家利益和社会公共利益,应确保政府采购市场公平竞争的良好秩序。供应商一旦决定参与政府采购活动,应当按照审慎的原则,规范自己的投标行为。供应商在投标时已经确定了投标有效期,且项目已经进入了开标、评标程序。因此,供应商不得撤销投标,其撤销投标的行为不影响评审活动和后续采购活动的进行。

(信息来源中国政府采购网)

6. 开标

开标应当在招标文件确定的提交投标文件截止时间的同一时间进行。开标地点应当为招标文件中预先确定的地点。开标时,应当由供应商或者其推选的代表检查投标文件的密封情况;经确认无误后,由采购人或者采购代理机构工作人员当众拆封,宣布供应商名称、投标价格和采购文件规定的需要宣布的其他内容。

供应商不足3家的,不得开标。开标过程应当由采购人或者采购代理机构负责记录,由参加开标的各供应商代表和相关工作人员签字确认后随采购文件一并存档。供应商代表对开标过程和开标记录有疑义,以及认为采购人、采购代理机构相关工作人员有需要回避的情形的,应当场提出询问或者回避申请。采购人、采购代理机构对供应商代表提出的询问或者回避申请应当及时处理。供应商未派代表参加开标的,视同认可开标结果。

随着信息化的不断发展,电子交易系统的普遍使用,在开标程序上与传统模式有所不同,电子标开标程序一般如下:

(1)提交投标截止时间前,投标人应当使用加密其投标文件的CA数字证书登录电子采购平台,进入"开标大厅"选择所投项目(或采购包)完成项目签到工作。

(2)在"投标邀请"约定的投标截止时间、开标时间及地点,采购代理机构通过互联网在电子采购平台"开标大厅"公开组织开标工作。

（3）投标人应当在能够保证设施设备可靠、互联网畅通的任意地点，使用加密其投标文件的CA数字证书登录电子采购平台，进入项目"开标大厅"，按时参加项目开标工作，并实时关注开标直播情况，按照工作人员提示进行相关操作。

（4）提交投标文件截止时间到后，工作人员启动开始解密指令，投标人应当按照"投标人须知"前附表规定及时进行投标文件解密。

在"投标人须知"规定的时间内，投标人非因电子采购平台原因造成投标文件未解密的，视为撤回投标文件。停止解密后，在部分投标文件未解密的情况下，已解密的投标文件不足3家的，不得开标，项目应当按照规定作废标处理。工作人员在电子采购平台上组织开标、唱标，形成开标一览表。投标人应当及时关注开标过程，认真核实开标结果并在开标一览表上进行签署确认（用CA数字证书中的电子印章进行签署）。未在规定时间内对开标一览表签署确认的，将视同其认可开标结果。投标人或其授权代表对开标过程和开标记录有疑义，以及认为采购人、采购代理机构相关工作人员有需要回避的情形的，应当在开标过程中提出；工作人员当场对疑义作出答复。疑义与答复可以通过电子采购平台"开标大厅"互动窗口在线进行。

【小贴士】

【问】政府采购项目开评标过程中可以请公证机构参加吗？

【答】根据《政府采购货物和服务招标投标管理办法》（财政部令第87号）第六十六条规定，除采购人代表、评标现场组织人员外，采购人的其他工作人员以及与评标工作无关的人员不得进入评标现场。公证人员也不得进入评标现场。

（信息来源中国政府采购网）

7.组建评标委员会

评标委员会由采购人代表和评审专家组成，成员人数应当为5人以上单数，其中评审专家不得少于成员总数的2/3。对于预算金额1000万元以上、技术复杂、社会影响较大的项目，评标委员会成员人数应当为7人以上单数。采购人或采购代理机构应当从省级以上财政部门设立的政府采购评审专家库中通过随机抽取方式抽取评审专家。对于技术复杂、专业性强的采购项目，通过随机抽取方式难以确定合适评审专家的，经主管预算单位同意，采购人可以自行选定相应专业领域的评审专家。依法组建评标委员会，评审专家抽取的开始时间原则上不得早于评审活动开始前2个工作日。

评标委员会成员名单在评标结果公告前应当保密。

【小贴士】

【问】根据87号令第四十七条的规定，采购项目符合下列情形之一的，评标委员会成员人数应当为7人以上单数：（1）采购预算金额在1000万元以上；（2）技术复杂；（3）社会影响较大。某项目预算金额为3000万元，分5个标包，每个标包600万元，请问评委的数量应该为7人还是5人？

【答】根据《政府采购货物和服务招标投标管理办法》（财政部令第87号）规定，项目采购预算金额在1000万元以上的项目，评标委员会应当为7人以上单数。此为财政部令第87号关于评标委员会的原则性规定。实践中，留言所述5个标包若使用同一组专家，则需由7人以上单数组成评标委员会；若每个标包使用不同的专家，则可由5人以上单数组成评标委员会。

（信息来源中国政府采购网）

8. 资格审查

公开招标项目开标结束后，采购人或者采购代理机构应当依法对供应商的资格进行审查。合格供应商不足3家的，不得评标。

9. 评标

采购人或者采购代理机构负责组织评标工作。在评审前，先核对评审专家身份和采购人代表授权函；宣布评标纪律，公布供应商名单，告知评审专家应当回避的情形；组织评标委员会推选评标组长（采购人代表不得担任组长）；在评标期间采取必要的通信管理措施，保证评标活动不受外界干扰。

评标委员会应当对符合资格的供应商的投标文件进行符合性检查，以确定其是否满足招标文件的实质性要求，对招标文件作实质性响应的供应商不足3家的，应予废标。废标后，采购人应当将废标理由通知所有供应商，除采购任务取消情形外，应当重新组织招标；需要采取其他方式采购的，应当在采购活动开始前获得设区的市、自治州以上人民政府采购监督管理部门或者政府有关部门批准。

对于投标文件中含义不明确、同类问题表述不一致或者有明显文字和计算错误的内容，评标委员会应当以书面形式要求供应商作出必要的澄清、说明或者补正。

供应商的澄清、说明或者补正应当采用书面形式，并加盖公章，或者由法定代表人或其授权的代表签字。供应商的澄清、说明或者补正不得超出投标文件的范围或者改变投标文件的实质性内容。

评标委员会应当按照招标文件中规定的评标方法和标准，对符合性检查合格的投标文件进行商务和技术评估，综合比较与评价。

评标方法分为最低评标价法和综合评分法。

采用最低评标价法的,评标结果按投标报价由低到高的顺序排列。投标报价相同的并列。投标文件满足招标文件全部实质性要求且投标报价最低的供应商为排名第一的中标候选人。

采用综合评分法的,评标结果按评审后得分由高到低的顺序排列。得分相同的,按投标报价由低到高的顺序排列。得分且投标报价相同的并列。投标文件满足采购文件全部实质性要求,且按照评审因素的量化指标评审得分最高的供应商为排名第一的中标候选人。

10. 定标

采购代理机构应当在评标结束后2个工作日内将评标报告送达采购人。

采购人应当自收到评标报告之日起5个工作日内,在评标报告确定的中标候选人名单中按顺序确定中标人。中标候选人并列的,由采购人或者采购人委托评标委员会按照招标文件规定的方式确定中标人;招标文件未规定的,采取随机抽取的方式确定。

采购人自行组织招标的,应当在评标结束后5个工作日内确定中标人。

采购人在收到评标报告5个工作日内未按评标报告推荐的中标候选人顺序确定中标人,又不能说明合法理由的,视同按评标报告推荐的顺序确定排名第一的中标候选人为中标人。

11. 发布中标公告、发出中标通知书

采购人或者采购代理机构应当自中标人确定之日起2个工作日内,在省级以上财政部门指定的媒体上公告中标结果,招标文件应当随中标结果同时公告。中标公告期限为1个工作日。

《关于进一步提高政府采购透明度和采购效率相关事项的通知》(财办库〔2023〕243号)规定,项目采购采用最低评标(审)价法的,公告中标、成交结果时应当同时公告因落实政府采购政策等原因进行价格扣除后中标、成交供应商的评审报价;项目采购采用综合评分法的,公告中标、成交结果时应当同时公告中标、成交供应商的评审总得分。

在公告中标结果的同时,采购人或者采购代理机构应当向中标人发出中标通知书;对未通过资格审查的供应商,应当告知其未通过的原因;采用综合评分法评审的,还应当告知未中标人本人的评审得分与排序。

中标通知书发出后,采购人不得违法改变中标结果,中标人无正当理由不得放弃中标。

12. 合同签订

采购人应当自中标通知书发出之日起30日内,按照招标文件和中标人投标文件的规定,与中标人签订书面合同。所签订的合同不得对招标文件确定的事项和中标人投标文件作实质性修改。

13. 合同履约及验收

采购人与中标人应当根据合同的约定依法履行合同义务。采购人应当及时对采购项目进行验收。采购人可以邀请参加本项目的其他供应商或者第三方机构参与验收。参与验收的供应商或者第三方机构的意见作为验收书的参考资料一并存档。

14. 采购资金支付

采购人应当加强对中标人的履约管理，并按照采购合同约定，及时向中标人支付采购资金。对于中标人违反采购合同约定的行为，采购人应当及时处理，依法追究其违约责任。

公开招标流程如图4-1所示。

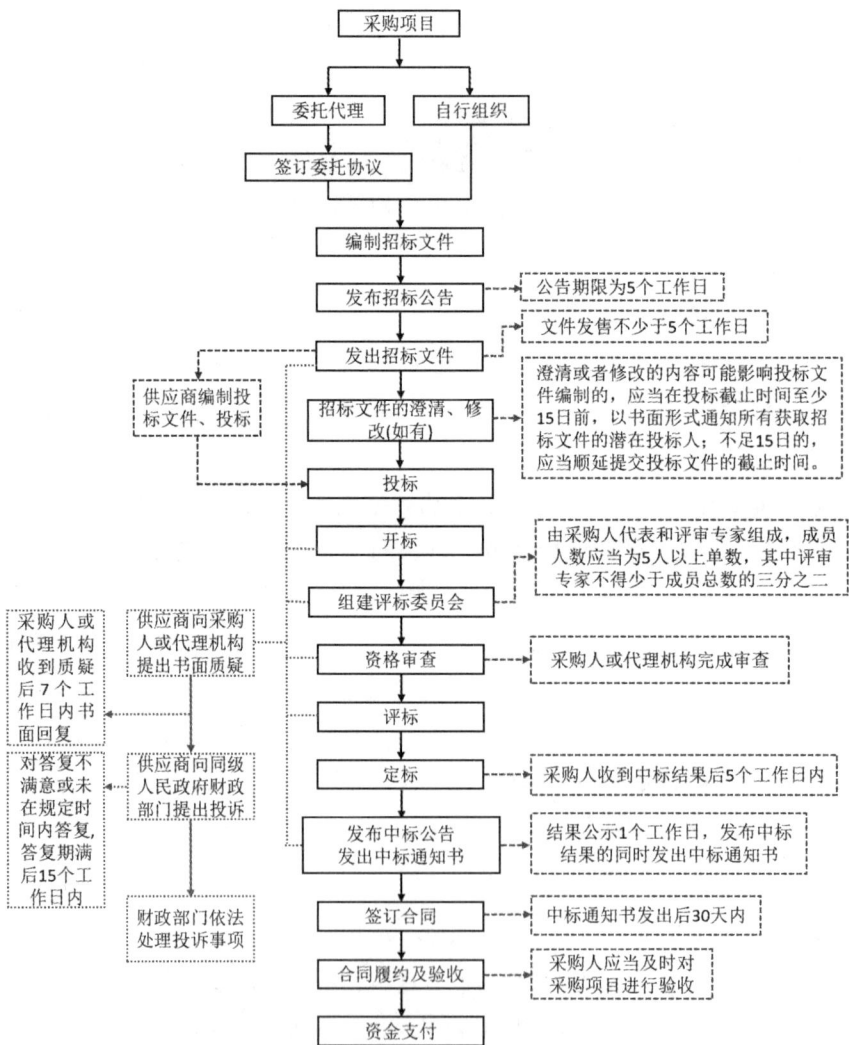

图4-1　公开招标流程图

二、邀请招标

邀请招标，是指采购人依法从符合相应资格条件的供应商中随机抽取3家以上供应商，并以投标邀请书的方式邀请其参加投标的采购方式。

1.供应商的产生

采用邀请招标方式的，采购人或者采购代理机构应当通过以下方式产生符合资格条件的供应商名单，并从中随机抽取3家以上供应商向其发出投标邀请书：

（1）发布资格预审公告征集。

（2）从省级以上人民政府财政部门建立的供应商库中选取。

（3）采购人书面推荐。

采用第一种方式产生符合资格条件供应商名单的，采购人或者采购代理机构应当按照资格预审文件载明的标准和方法，对潜在供应商进行资格预审。

采用第二种或第三种方式产生符合资格条件供应商名单的，备选的符合资格条件供应商总数不得少于拟随机抽取供应商总数的两倍。

随机抽取是指通过抽签等能够保证所有符合资格条件供应商机会均等的方式选定供应商。随机抽取供应商时，应当有不少于2名采购人工作人员在场监督，并形成书面记录，随采购文件一并存档。

投标邀请书应当同时向所有受邀请的供应商发出。

2.发布资格预审公告

采购人或采购代理机构在财政部门指定的政府采购信息发布媒体上发布资格预审公告，公告期限为5个工作日。公告内容应当以省级以上财政部门指定媒体发布的公告为准。公告期限自省级以上财政部门指定媒体最先发布公告之日起算。

资格预审公告应当包括以下主要内容：

（1）采购人及其委托的采购代理机构的名称、地址和联系方式。

（2）采购项目的名称、预算金额，设定最高限价的，还应当公开最高限价。

（3）采购人的采购需求。

（4）供应商的资格要求。

（5）获取资格预审文件的时间期限、地点、方式。

（6）公告期限。

（7）提交资格预审申请文件的截止时间、地点及资格预审日期。

（8）采购项目联系人姓名和电话。

采购人或者采购代理机构应当根据采购项目的实施要求，在资格预审公告或者投标邀请书中载明是否接受联合体投标。如未载明，不得拒绝联合体投标。

资格预审公告

项目概况

(采购标的) 招标项目的潜在资格预审申请人应在 (地址) 领取资格预审文件, 并于___年___月___日___点___分 (北京时间) 前提交申请文件。

一、项目基本情况

项目编号 (或招标编号、政府采购计划编号、采购计划备案文号等, 如有):

项目名称:

采购方式: □公开招标　　　□邀请招标

预算金额:

最高限价 (如有):

采购需求 (包括但不限于标的的名称、数量、简要技术需求或服务要求等):

合同履行期限:

本项目 (是/否) 接受联合体投标。

二、申请人的资格要求

(1) 满足《中华人民共和国政府采购法》第二十二条规定。

(2) 落实政府采购政策需满足的资格要求 (如属于专门面向中小企业采购的项目, 供应商应为中小微企业、监狱企业、残疾人福利性单位)。

(3) 本项目的特定资格要求 (如项目接受联合体投标, 对联合体应提出相关资格要求; 如属于特定行业项目, 供应商应当具备特定行业法定准入要求)。

三、领取资格预审文件

时间: ___年___月___日至___年___月___日 (提供期限自本公告发布之日起不得少于5个工作日), 每天上午___至___, 下午___至___ (北京时间, 法定节假日除外)

地点:

方式:

四、资格预审申请文件的组成及格式

(可详见附件)

五、资格预审的审查标准及方法

六、拟邀请参加投标的供应商数量

□采用随机抽取的方式邀请__家供应商参加投标。如通过资格预审的供应

商数量少于拟邀请的供应商数量，采用下列方式（□1或□2）。（适用于邀请招标）

（1）如果通过资格预审的供应商数量少于拟邀请的供应商数量，但不少于3家，则邀请全部通过资格预审的供应商参加投标。

（2）如果通过资格预审的供应商数量少于拟邀请的供应商数量，则重新组织招标活动。

□邀请全部通过资格预审的供应商参加投标。（适用于公开招标）

七、申请文件提交

应在___年___月___日___点___分（北京时间）前，将申请文件提交至__。

八、资格预审日期

资格预审日期为申请文件提交截止时间至___年___月___日前。

九、公告期限

自本公告发布之日起5个工作日。

十、其他补充事宜

十一、凡对本次资格预审提出询问，请按以下方式联系

1.采购人信息

名称：

地址：

联系方式：

2.采购代理机构信息（如有）

名称：

地址：

联系方式：

3.项目联系方式

项目联系人（组织本项目采购活动的具体工作人员姓名）：

电 话：

（说明：（1）采用竞争性谈判、竞争性磋商、询价等非招标方式采购过程中，如需要使用资格预审的，可参照上述格式发布公告。（2）格式规范文本中标注斜体的部分是对文件相关内容提示或说明，下同。）

选自财政部办公厅《关于印发〈政府采购公告和公示信息格式规范（2020年版）〉的通知》（财办库〔2020〕50号）

3.发出资格预审文件

采购人或者采购代理机构应当根据采购项目的特点和采购需求编制资格预审文件。资格预审文件应当包括以下主要内容：

（1）资格预审邀请。

（2）申请人须知。

（3）申请人的资格要求。

（4）资格审核标准和方法。

（5）申请人应当提供的资格预审申请文件的内容和格式。

（6）提交资格预审申请文件的方式、截止时间、地点及资格审核日期。

（7）申请人信用信息查询渠道及截止时点、信用信息查询记录和证据留存的具体方式、信用信息的使用规则等内容。

（8）省级以上财政部门规定的其他事项。

采购人或者采购代理机构应当按照资格预审公告或者投标邀请书规定的时间、地点提供资格预审文件，提供期限自资格预审公告发布之日起计算不得少于5个工作日。提供期限届满后，获取资格预审文件的潜在供应商不足3家的，可以顺延提供期限，并予公告。

4.资格预审、邀请合格供应商

获取资格预审文件的供应商应当按照资格预审公告规定的时间、地点提交资格预审申请文件。按照资格预审公告和采购文件规定的程序、方法和标准进行资格预审，向通过资格预审的合格供应商发出投标邀请。

5.编制和发出招标文件

采购人或者采购代理机构应当根据采购项目的特点和采购需求编制招标文件。招标文件开始发出之日起至供应商提交投标文件截止之日止，不得少于20日。

6.答疑、招标文件澄清及修改

采购人或采购代理机构根据招标项目的具体情况，在招标文件提供期限截止后，组织现场考察或召开答疑会的，应当在招标文件中载明，或者在招标文件提供期限截止后以书面形式通知所有获取招标文件的潜在投标人，组织已获取招标文件的潜在投标人现场考察或者召开开标前答疑会。

采购人或采购代理机构对已发出的招标文件进行必要澄清或者修改的,澄清或者修改的内容可能影响投标文件编制的,采购人或者采购代理机构应当在投标截止时间至少15日前,以书面形式通知所有获取招标文件的潜在供应商;不足15日的,采购人或者采购代理机构应当顺延提交投标文件的截止时间。

7. 投标

供应商应当在招标文件要求提交投标文件的截止时间前,将投标文件密封送达投标地点。采购人或者采购代理机构收到投标文件后,应当如实记载投标文件的送达时间和密封情况,签收保存,并向供应商出具签收回执。任何单位和个人不得在开标前开启投标文件。

供应商在投标截止时间前,可以对所递交的投标文件进行补充、修改或者撤回,并书面通知采购人或者采购代理机构。补充、修改的内容应当按照招标文件要求签署、盖章、密封后,作为投标文件的组成部分。

8. 开标

开标应当在招标文件确定的提交投标文件截止时间的同一时间进行。开标地点应当为招标文件中预先确定的地点。开标时,应当由供应商或者其推选的代表检查投标文件的密封情况;经确认无误后,由采购人或者采购代理机构工作人员当众拆封,宣布供应商名称、投标价格和采购文件规定的需要宣布的其他内容。

供应商不足3家的,不得开标。开标过程应当由采购人或者采购代理机构负责记录,由参加开标的各供应商代表和相关工作人员签字确认后随采购文件一并存档。供应商代表对开标过程和开标记录有疑义,以及认为采购人、采购代理机构相关工作人员有需要回避的情形的,应当场提出询问或者回避申请。采购人、采购代理机构对供应商代表提出的询问或者回避申请应当及时处理。供应商未派代表参加开标的,视同认可开标结果。

随着信息化的不断发展,电子交易系统的普遍使用,在开标程序上与传统模式有所不同,电子标开标程序一般为:

(1)提交投标截止时间前,投标人应当使用加密其投标文件的CA数字证书登录电子采购平台,进入"开标大厅"选择所投项目(或采购包)完成项目签到工作。

(2)在"投标邀请"约定的投标截止时间、开标时间及地点,采购代理机构通过互联网在电子采购平台"开标大厅"公开组织开标工作。

(3)投标人应当在能够保证设施设备可靠、互联网畅通的任意地点,使用加密其投标文件的CA数字证书登录电子采购平台,进入项目"开标大厅",按时参加项目开标工作,并实时关注开标直播情况,按照工作人员提示进行相关操作。

(4)提交投标文件截止时间到后,工作人员启动开始解密指令,投标人应当按照"投标人须知前附表"规定及时进行投标文件解密。

在"投标人须知"规定的时间内,投标人非因电子采购平台原因造成投标文件未解密的,视为撤回投标文件。停止解密后,在部分投标文件未解密的情况下,已解密的投标文件不足3家的,不得开标,项目应当按照规定作废标处理。工作人员在电子采购平台上组织开标、唱标,形成开标一览表。投标人应当及时关注开标过程,认真核实开标结果并在开标一览表上进行签署确认（用CA数字证书中的电子印章进行签署）。未在规定时间内对开标一览表签署确认的，将视同其认可开标结果。投标人或其授权代表对开标过程和开标记录有疑义，以及认为采购人、采购代理机构相关工作人员有需要回避的情形的，应当在开标过程中提出；工作人员当场对疑义作出答复。疑义与答复可以通过电子采购平台"开标大厅"互动窗口中在线进行。

9. 组建评标委员会

评标委员会由采购人代表和评审专家组成，成员人数应当为5人以上单数，其中评审专家不得少于成员总数的三分之二。对于预算金额1000万元以上、技术复杂、社会影响大的项目，评标委员会成员人数应当为7人以上单数。采购人或代理机构应当从省级以上财政部门设立的政府采购评审专家库中通过随机抽取方式抽取评审专家。对技术复杂、专业性强的采购项目，通过随机方式难以确定合适评审专家的，经主管预算单位同意，采购人可以自行选定相应专业领域的评审专家。依法组建评标委员会，评审专家抽取的开始时间原则上不得早于评审活动开始前2个工作日。

评标委员会成员名单在评标结果公告前应当保密。

10. 评标

采购人或者采购代理机构负责组织评标工作。在评审前，先核对评审专家身份和采购人代表授权函；宣布评标纪律，公布供应商名单，告知评审专家应当回避的情形；组织评标委员会推选评标组长（采购人代表不得担任组长）；在评标期间采取必要的通讯管理措施，保证评标活动不受外界干扰。

评标委员会应当对符合资格的供应商的投标文件进行符合性检查，以确定其是否满足招标文件的实质性要求，对招标文件作实质响应的供应商不足三家的，应予废标。废标后，采购人应当将废标理由通知所有供应商，除采购任务取消情形外，应当重新组织招标；需要采取其他方式采购的，应当在采购活动开始前获得设区的市、自治州以上人民政府采购监督管理部门或者政府有关部门批准。

对于投标文件中含义不明确、同类问题表述不一致或者有明显文字和计算错误的内容，评标委员会应当以书面形式要求供应商作出必要的澄清、说明或者补正。

供应商的澄清、说明或者补正应当采用书面形式，并加盖公章，或者由法定代表人或其授权的代表签字。供应商的澄清、说明或者补正不得超出投标文件的范围或者改变投标文件的实质性内容。

评标委员会应当按照招标文件中规定的评标方法和标准，对符合性检查合格的投标文件进行商务和技术评估，综合比较与评价。

评标方法分为最低评标价法和综合评分法。

采用最低评标价法的，评标结果按投标报价由低到高顺序排列。投标报价相同的并列。投标文件满足招标文件全部实质性要求且投标报价最低的供应商为排名第一的中标候选人。

采用综合评分法的，评标结果按评审后得分由高到低顺序排列。得分相同的，按投标报价由低到高顺序排列。得分且投标报价相同的并列。投标文件满足采购文件全部实质性要求，且按照评审因素的量化指标评审得分最高的供应商为排名第一的中标候选人。

11. 定标

采购代理机构应当在评标结束后2个工作日内将评标报告送采购人。

采购人应当自收到评标报告之日起5个工作日内，在评标报告确定的中标候选人名单中按顺序确定中标人。中标候选人并列的，由采购人或者采购人委托评标委员会按照招标文件规定的方式确定中标人；招标文件未规定的，采取随机抽取的方式确定。

采购人自行组织招标的，应当在评标结束后5个工作日内确定中标人。

采购人在收到评标报告5个工作日内未按评标报告推荐的中标候选人顺序确定中标人，又不能说明合法理由的，视同按评标报告推荐的顺序确定排名第一的中标候选人为中标人。

12. 发布中标公告，发出中标通知书

采购人或者采购代理机构应当自中标人确定之日起2个工作日内，在省级以上财政部门指定的媒体上公告中标结果，招标文件应当随中标结果同时公告。中标公告期限为1个工作日。

项目采购采用最低评标（审）价法的，公告中标、成交结果时应当同时公告因落实政府采购政策等原因进行价格扣除后中标、成交供应商的评审报价；项目采购采用综合评分法的，公告中标、成交结果时应当同时公告中标、成交供应商的评审总得分。

在公告中标结果的同时，采购人或者采购代理机构应当向中标人发出中标通知书；对未通过资格审查的供应商，应当告知其未通过的原因；采用综合评分法评审的，还应当告知未中标人本人的评审得分与排序。

中标通知书发出后，采购人不得违法改变中标结果，中标人无正当理由不得放弃中标。

13. 合同签订

采购人应当自中标通知书发出之日起30日内，按照招标文件和中标人投标文件的规定，与中标人签订书面合同。所签订的合同不得对招标文件确定的事项和中标人投标文件作实质性修改。

14. 合同履约及验收

采购人与中标人应当根据合同的约定依法履行合同义务。采购人应当及时对采购项

目进行验收。采购人可以邀请参加本项目的其他供应商或者第三方机构参与验收。参与验收的供应商或者第三方机构的意见作为验收书的参考资料一并存档。

15. 采购资金支付

采购人应当加强对中标人的履约管理，并按照采购合同约定，及时向中标人支付采购资金。对于中标人违反采购合同约定的行为，采购人应当及时处理，依法追究其违约责任。

邀请招标流程如图4-2所示。

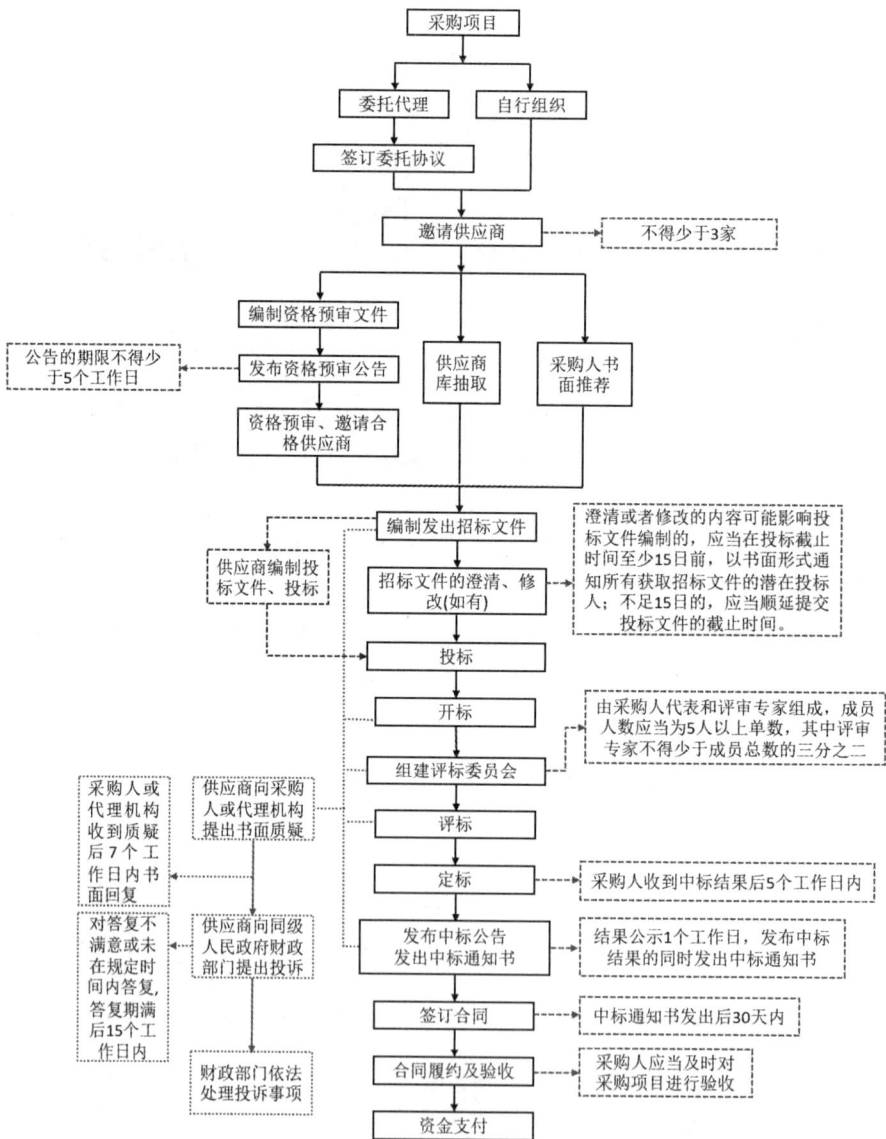

图4-2 邀请招标流程图

三、竞争性谈判

竞争性谈判是指谈判小组与符合资格条件的供应商就采购货物、工程和服务 事宜进行谈判,供应商按照谈判文件的要求提交响应文件和最后报价,采购人从 谈判小组提出的成交候选人中确定成交供应商的采购方式。

采用竞争性谈判方式采购的,应当遵循下列程序。

1. 成立谈判小组

谈判小组由采购人的代表和有关专家共三人以上的单数组成,其中专家的人 数不得少于成员总数的三分之二。

竞争性谈判小组由采购人代表和评审专家共3人以上单数组成,其中评审专 家人数不得少于竞争性谈判小组成员总数的三分之二。采购人不得以评审专家身 份参加本部门或本单位采购项目的评审。采购代理机构人员不得参加本机构代理 的采购项目的评审。达到公开招标数额标准的货物或者服务采购项目,或者达到 招标规模标准的政府采购工程,竞争性谈判小组应当由5人以上单数组成。

采用竞争性谈判采购的政府采购项目,评审专家应当从政府采购评审专家库 内相关专业的专家名单中随机抽取。技术复杂、专业性强的竞争性谈判采购项目,通过随机方式难以确定合适的评审专家的,经主管预算单位同意,可以自行选定 评审专家。技术复杂、专业性强的竞争性谈判采购项目,评审专家中应当包含1名法律专家。

2. 制定谈判文件

谈判文件应当包括供应商资格条件、采购邀请、采购方式、采购预算、采购 需求、采购程序、价格构成或者报价要求、响应文件编制要求、提交响应文件截 止时间及地点、保证金交纳数额和形式、评定成交的标准等。

谈判文件还应当明确谈判小组根据与供应商谈判情况可能实质性变动的内容,包括采购需求中的技术、服务要求以及合同草案条款。

谈判文件不得要求或者标明供应商名称或者特定货物的品牌,不得含有指向 特定供应商的技术、服务等条件。

3. 确定邀请参加谈判的供应商名单

采购人、采购代理机构应当通过发布公告、从省级以上财政部门建立的供应商库中 随机抽取或者采购人和评审专家分别书面推荐的方式邀请不少于3家符合相应资格条件的供应商参与竞争性谈判采购活动。

符合《政府采购法》第二十二条第一款规定条件的供应商可以在采购活动开始前加入供应商库。财政部门不得对供应商申请入库收取任何费用，不得利用供应商库进行地区和行业封锁。

采取采购人和评审专家书面推荐方式选择供应商的，采购人和评审专家应当各自出具书面推荐意见。采购人推荐供应商的比例不得高于推荐供应商总数的50％。

谈判小组从符合相应资格条件的供应商名单中确定不少于三家的供应商参加谈判，并向其提供谈判文件。

竞争性谈判采购公告

项目概况

（采购标的）采购项目的潜在供应商应在（地址）获取采购文件，并于＿＿＿年＿＿＿月＿＿＿日＿＿＿点＿＿＿分（北京时间）前提交响应文件。

一、项目基本情况

项目编号（或招标编号、政府采购计划编号、采购计划备案文号等，如有）：

项目名称：

采购方式：竞争性谈判

预算金额：

最高限价（如有）：

采购需求：（包括但不限于标的的名称、数量、简要技术需求或服务要求等）

合同履行期限：

本项目（是/否）接受联合体。

二、申请人的资格要求

（1）满足《中华人民共和国政府采购法》第二十二条规定；

（2）落实政府采购政策需满足的资格要求（如属于专门面向中小企业采购的项目，供应商应为中小微企业、监狱企业、残疾人福利性单位）：

（3）本项目的特定资格要求（如项目接受联合体投标，对联合体应提出相关资格要求；如属于特定行业项目，供应商应当具备特定行业法定准入要求）：

三、获取采购文件

时间：___年___月___日至___年___月___日，每天上午___至___，下午___至___（北京时间，法定节假日除外）

地点：

方式：

售价：

四、响应文件提交

截止时间：___年___月___日___点___分（北京时间）（从谈判文件开始发出之日起至供应商提交首次响应文件截止之日止不得少于3个工作日）

地点：

五、开启

时间：___年___月___日___点___分（北京时间）

地点：

六、公告期限

自本公告发布之日起3个工作日。

七、其他补充事宜

八、凡对本次采购提出询问，请按以下方式联系。

1.采购人信息

名称：

地址：

联系方式：

2.采购代理机构信息（如有）

名称：

地址：

联系方式：

3.项目联系方式

项目联系人：（组织本项目采购活动的具体工作人员姓名）

电话：

选自财政部办公厅《关于印发〈政府采购公告和公示信息格式规范（2020年版）〉的通知》（财办库〔2020〕50号）

4. 发出谈判文件

从谈判文件发出之日起至供应商提交首次响应文件截止之日止不得少于3个工作日。提交首次响应文件截止之日前，采购人、采购代理机构或者谈判小组可以对已发出的谈判文件进行必要的澄清或者修改，澄清或者修改的内容作为谈判文件的组成部分。澄清或者修改的内容可能影响响应文件编制的，采购人、采购代理机构或者谈判小组应当在提交首次响应文件截止之日3个工作日前，以书面形式通知所有接收谈判文件的供应商，不足3个工作日的，应当顺延提交首次响应文件截止之日。

5. 递交响应文件

供应商应当在谈判文件要求的截止时间前，将响应文件密封送达指定地点。在截止时间后送达的响应文件为无效文件，采购人、采购代理机构或者谈判小组应当拒收。

供应商在提交响应文件截止时间前，可以对所提交的响应文件进行补充、修改或者撤回，并书面通知采购人、采购代理机构。补充、修改的内容作为响应文件的组成部分。补充、修改的内容与响应文件不一致的，以补充、修改的内容为准。

6. 谈判、评审及推荐成交候选人

供应商应当按照谈判文件的要求编制响应文件，并对其提交的响应文件的真实性、合法性承担法律责任。

谈判小组在对响应文件的有效性、完整性和响应程度进行审查时,可以要求供应商对响应文件中含义不明确、同类问题表述不一致或者有明显文字和计算错误的内容等作出必要的澄清、说明或者更正。供应商的澄清、说明或者更正不得超出响应文件的范围或者改变响应文件的实质性内容。

谈判小组要求供应商应当以书面形式作出澄清、说明或者更正响应文件。供应商的澄清、说明或者更正应当由法定代表人或其授权代表签字或者加盖公章。由授权代表签字的,应当附法定代表人授权书。供应商为自然人的,应当由本人签字并附身份证明。

谈判小组所有成员应当集中与单一供应商分别进行谈判,并给予所有参加谈判的供应商平等的谈判机会。在谈判中,谈判的任何一方不得透露与谈判有关的其他供应商的技术资料、价格和其他信息。谈判文件有实质性变动的,谈判小组应当以书面形式通知所有参加谈判的供应商。

谈判小组应当对响应文件进行评审,并根据谈判文件规定的程序、评定成交的标准等事项与实质性响应谈判文件要求的供应商进行谈判。未实质性响应谈判文件的响应文件

按无效处理,谈判小组应当告知有关供应商。

在谈判过程中,谈判小组可以根据谈判文件和谈判情况实质性变动采购需求 中的技术、服务要求以及合同草案条款,但不得变动谈判文件中的其他内容。实 质性变动的内容,须经采购人代表确认。

对谈判文件作出的实质性变动是谈判文件的有效组成部分,谈判小组应当及 时以书面形式同时通知所有参加谈判的供应商。

供应商应当按照谈判文件的变动情况和谈判小组的要求重新提交响应文件,并由其法定代表人或授权代表签字或者加盖公章。由授权代表签字的,应当附法 定代表人授权书。供应商为自然人的,应当由本人签字并附身份证明。

谈判文件能够详细列明采购标的的技术、服务要求的,谈判结束后,谈判小 组应当要求所有继续参加谈判的供应商在规定时间内提交最后报价,提交最后报 价的供应商不得少于3家。

谈判文件不能详细列明采购标的的技术、服务要求,需经谈判由供应商提供 最终设计方案或解决方案的,谈判结束后,谈判小组应当按照少数服从多数的原 则投票推荐3家以上供应商的设计方案或者解决方案,并要求其在规定时间内提 交最后报价。

最后报价是供应商响应文件的有效组成部分。

公开招标的货物、服务采购项目,招标过程中提交投标(响应)文件或者经 评审实质性响应采购文件要求的供应商只有两家时,采购人、采购代理机构经本 级财政部门批准后可以与该两家供应商进行竞争性谈判采购。

谈判小组应当从质量和服务均能满足采购文件实质性响应要求的供应商中, 按照最后报价由低到高的顺序提出3名以上成交候选人,并编写评审报告。

7. 确定成交供应商

采购代理机构应当在评审结束后2个工作日内将评审报告送采购人确认。采 购人应当在收到评审报告后5个工作日内,从评审报告提出的成交候选人中,根 据质量和服务均能满足采购文件实质性响应要求且最后报价最低的原则确定成交供应商,也可以书面授权谈判小组直接确定成交供应商。采购人逾期未确定成交供应商且不提出异议的,视为确定评审报告提出的最后报价最低的供应商为成交供应商。

8. 发布成交结果公告、发出成交通知书

采购人或者采购代理机构应当在成交供应商确定后2个工作日内,在省级以上财政部门指定的媒体上公告成交结果,同时向成交供应商发出成交通知书,并 将竞争性谈判文件

随成交结果同时公告。

采用书面推荐供应商参加采购活动的,还应当公告采购人和评审专家的推荐意见。

公告成交结果时应当同时公告因落实政府采购政策等原因进行价格扣除后成交供应商的评审报价。

除不可抗力等因素外,成交通知书发出后,采购人改变成交结果,或者成交供应商拒绝签订政府采购合同的,应当承担相应的法律责任。

9. 合同签订

采购人与成交供应商应当在成交通知书发出之日起30日内,按照采购文件确定的合同文本以及采购标的、规格型号、采购金额、采购数量、技术和服务要求等事项签订政府采购合同。采购人不得向成交供应商提出超出采购文件以外的任何要求作为签订合同的条件,不得与成交供应商订立背离采购文件确定的合同文本以及采购标的、规格型号、采购金额、采购数量、技术和服务要求等实质性内容的协议。

成交供应商拒绝签订政府采购合同的,采购人可以按照从评审报告提出的成交候选供应商中,按照排序由高到低的原则确定其他供应商作为成交供应商并签订政府采购合同,也可以重新开展采购活动。拒绝签订政府采购合同的成交供应商不得参加对该项目重新开展的采购活动。

10. 合同履约及验收

采购人与成交供应商应当根据合同的约定依法履行合同义务。采购人应当及时对采购项目进行验收。采购人可以邀请参加本项目的其他供应商或者第三方机构参与验收。参与验收的供应商或者第三方机构的意见作为验收书的参考资料一并存档。

11. 采购资金支付

采购人应当加强对成交供应商的履约管理,并按照采购合同约定,及时向成交供应商支付采购资金。对于成交供应商违反采购合同约定的行为,采购人应当及时处理,依法追究其违约责任。

竞争性谈判采购流程如图4-3所示。

```
                        采购项目

              委托代理        自行组织

              签订委托协议

              成立谈判小组 ----→  由采购人代表和评审专家共3人以上
                                单数组成，其中评审专家人数不得
              制定谈判文件          少于竞争性谈判小组成员总数的2/3

              邀请谈判供应商 ----→  不得少于3家

          书面推荐   供应商库抽取   公告邀请 ----→ 公告期限不少于3
                                              个工作日

                     发出谈判文件 ----→ 澄清或者修改的内容可能影响响应
  供应商编制                           文件编制的，应当在提交首次响应
  响应文件        文件澄清、修改（如有） --→ 文件截止之日3个工作日前，以书面
                                        形式通知所有接收谈判文件的供应
                     递交响应文件          商，不足3个工作日的，应当顺延提
                                        交首次响应文件截止之日。

                  谈判、评审及推荐  ----→ 谈判小组与单一供应商分别谈
                   成交候选人            判，按照最后报价由低到高的
                                       顺序提出3名以上成交候选人。
  采购人或   供应商向采购
  代理机构   人或代理机构    确定成交供应商 --→ 采购人根据谈判报告推荐的成交
  收到质疑   提出书面质疑                     候选人按符合采购需求、质量和
  后7个工                                   服务相等且报价最低的原则确定
  作日内书                                  成交供应商，也可以事先授权谈
  面回复    供应商向同级     发布成交公告        判小组直接确定成交供应商。
          人民政府财政    发出成交通知书 --→ 结果公示1个工作日，发布成交
  对答复不   部门提出投诉                     结果的同时发出成交通知书
  满意或未
  在规定时   财政部门依法      签订合同 ----→ 成交通知书发出后30天内
  间内答复，  处理投诉事项
  答复期满
  后15个工               合同履约及验收 --→ 采购人应当及时对采购项目
  作日内                                   进行验收

                      资金支付
```

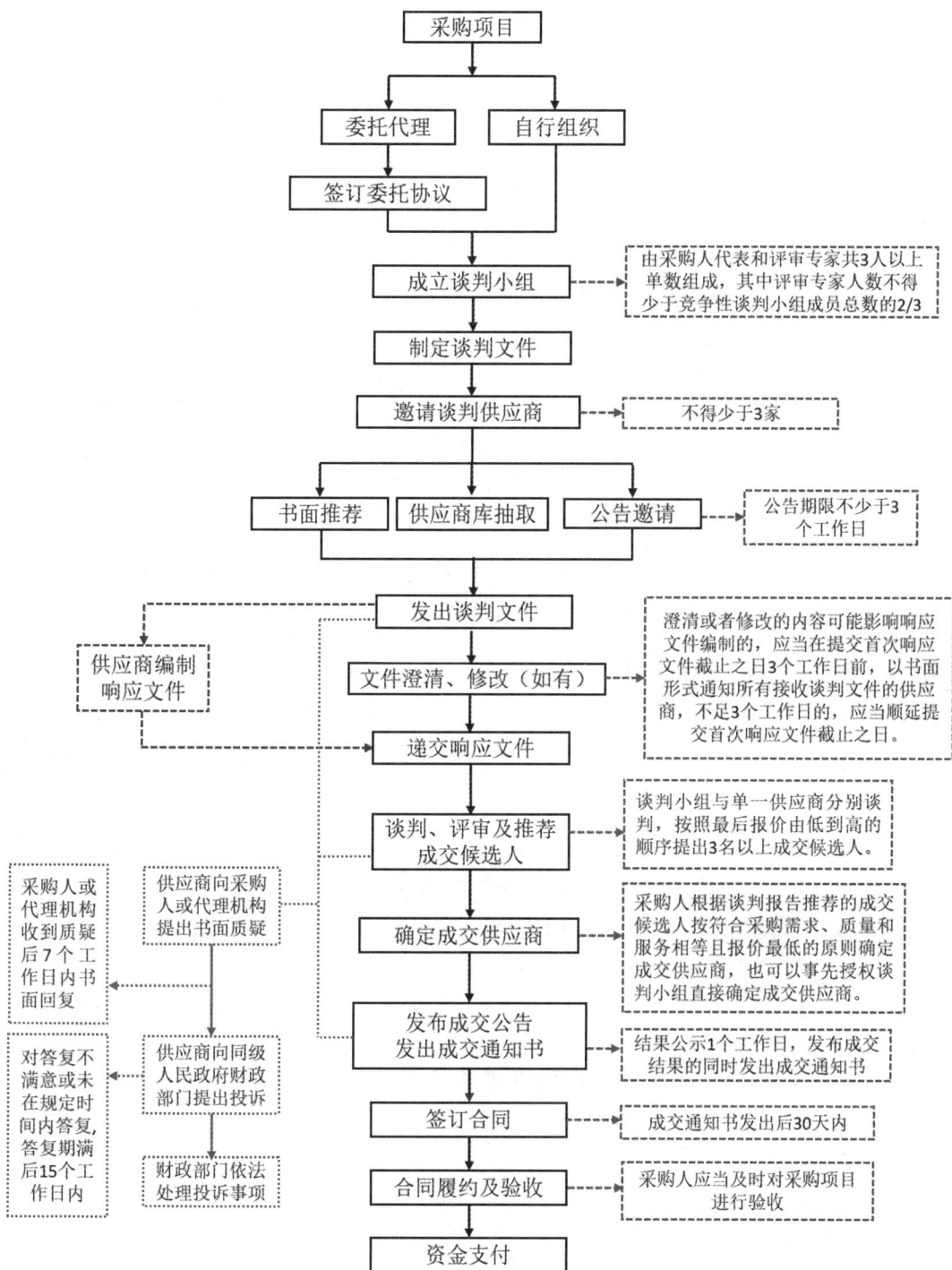

图 4-3 竞争性谈判采购流程图

四、询价

1. 成立询价小组

询价小组由采购人代表和评审专家共3人以上单数组成，其中评审专家人数不得少于询价小组成员总数的2/3。采购人不得以评审专家身份参加本部门或本单位采购项目的评审。采购代理机构人员不得参加本机构代理的采购项目的评审。

达到公开招标数额标准的货物采购项目，询价小组应当由5人以上单数组成。

2. 编制询价通知书

询价通知书应当根据采购项目的特点和采购人的实际需求制定，并经采购人书面同意。采购人应当以满足实际需求为原则，不得擅自提高经费预算和资产配置等采购标准。

询价通知书不得要求或者标明供应商名称或者特定货物的品牌，不得含有指向特定供应商的技术、服务等条件。询价通知书应当包括供应商资格条件、采购邀请、采购方式、采购预算、采购需求、采购程序、价格构成或者报价要求、响应文件编制要求、提交响应文件截止时间及地点、保证金交纳数额和形式、评定成交的标准等。

3. 确定被询价的供应商名单

采购人、采购代理机构应当通过发布公告、从省级以上财政部门建立的供应商库中随机抽取或者采购人和评审专家分别书面推荐的方式邀请不少于3家符合相应资格条件的供应商参与询价采购活动。

采取采购人和评审专家书面推荐方式选择供应商的，采购人和评审专家应当各自出具书面推荐意见。采购人推荐供应商的比例不得高于推荐供应商总数的50%。

询价小组根据采购需求，从符合相应资格条件的供应商名单中确定不少于三家的供应商，并向其发出询价通知书。

询价采购公告

项目概况

(采购标的) 采购项目的潜在供应商应在（地址）获取采购文件，并于____年____月____日____点____分（北京时间）前提交响应文件。

一、项目基本情况

项目编号（或招标编号、政府采购计划编号、采购计划备案文号等，如有）：

项目名称：

采购方式：询价

预算金额：

最高限价（如有）：

采购需求（包括但不限于标的的名称、数量、简要技术需求或服务要求等）：

合同履行期限：

本项目（是/否）接受联合体。

二、申请人的资格要求

（1）满足《中华人民共和国政府采购法》第二十二条规定。

（2）落实政府采购政策需满足的资格要求（如属于专门面向中小企业采购的项目，供应商应为中小微企业、监狱企业、残疾人福利性单位）。

（3）本项目的特定资格要求（如项目接受联合体投标，对联合体应提出相关资格要求；如属于特定行业项目，供应商应当具备特定行业法定准入要求）。

三、获取采购文件

时间：___年___月___日至___年___月___日，每天上午___至___，下午__至___（北京时间，法定节假日除外）

地点：

方式：

售价：

四、响应文件提交

截止时间：___年___月___日___点___分（北京时间）（从询价通知书开始发出之日起至供应商提交响应文件截止之日止不得少于3个工作日）

地点：

五、开启

时间：___年___月___日___点___分（北京时间）

地点：

六、公告期限

自本公告发布之日起3个工作日。

七、其他补充事宜

八、凡对本次采购提出询问，请按以下方式联系。

1.采购人信息

名称：

地址：

联系方式：

2.采购代理机构信息（如有）

名称：

地址：

联系方式：

3.项目联系方式

项目联系人：（组织本项目采购活动的具体工作人员姓名）

电话：

选自财政部办公厅《关于印发〈政府采购公告和公示信息格式规范（2020年版）〉的通知》（财办库〔2020〕50号）

4.发出询价通知书

从询价通知书发出之日起至供应商提交响应文件截止之日止不得少于3个工作日。

提交响应文件截止之日前，采购人、采购代理机构或者询价小组可以对已发出的询价通知书进行必要的澄清或者修改，澄清或者修改的内容作为询价通知书的组成部分。澄清或者修改的内容可能影响响应文件编制的，采购人、采购代理机构或者询价小组应当在提交响应文件截止之日3个工作日前，以书面形式通知所有接收询价通知书的供应商，不足3个工作日的，应当顺延提交响应文件截止之日。

5.询价、推荐成交候选人

供应商应当按照询价通知书的要求编制响应文件，并对其提交的响应文件的真实性、合法性承担法律责任。

参加询价采购活动的供应商，应当按照询价通知书的规定一次报出不得更改的价格。

询价小组应当从质量和服务均能满足采购文件实质性响应要求的供应商中，按照报价由低到高的顺序提出3名以上成交候选人，并编写评审报告。

6.确定成交供应商

采购代理机构应当在评审结束后2个工作日内将评审报告送采购人确认。采购人应当在收到评审报告后5个工作日内，从评审报告提出的成交候选人中，根据质量和服务均能满足采购文件实质性响应要求且报价最低的原则确定成交供应商，也可以书面授权询价小组直接确定成交供应商。采购人逾期未确定成交供应商且不提出异议的，视为确定评审报告提出的最后报价最低的供应商为成交供应商。

7. 发布成交结果公告，发出成交通知书

采购人或者采购代理机构应当在成交供应商确定后2个工作日内，在省级以上财政部门指定的媒体上公告成交结果，同时向成交供应商发出成交通知书，并将询价通知书随成交结果同时公告。

采用书面推荐供应商参加采购活动的，还应当公告采购人和评审专家的推荐意见。

公告成交结果时应当同时公告因落实政府采购政策等原因进行价格扣除后成交供应商的评审报价。

除不可抗力等因素外，成交通知书发出后，采购人改变成交结果，或者成交供应商拒绝签订政府采购合同的，应当承担相应的法律责任。

8. 合同签订

采购人应当自成交通知书发出之日起30日内，按照询价文件和成交供应商相应文件的规定，与成交供应商签订书面合同。所签订的合同不得对询价文件确定的事项和成交供应商响应文件作实质性修改。

采购人不得向成交供应商提出任何不合理的要求作为签订合同的条件。

政府采购合同应当包括采购人与成交供应商的名称和住所、标的、数量、质量、价款或者报酬、履行期限及地点和方式、验收要求、违约责任、解决争议的方法等内容。

9. 合同履约及验收

采购人与成交供应商应当根据合同的约定依法履行合同义务。采购人应当及时对采购项目进行验收。采购人可以邀请参加本项目的其他供应商或者第三方机构参与验收。参与验收的供应商或者第三方机构的意见作为验收书的参考资料一并存档。

10. 采购资金支付

采购人应当加强对成交供应商的履约管理，并按照采购合同约定，及时向成交供应商支付采购资金。对于成交供应商违反采购合同约定的行为，采购人应当及时处理，依法追究其违约责任。

询价采购流程如图4-4所示。

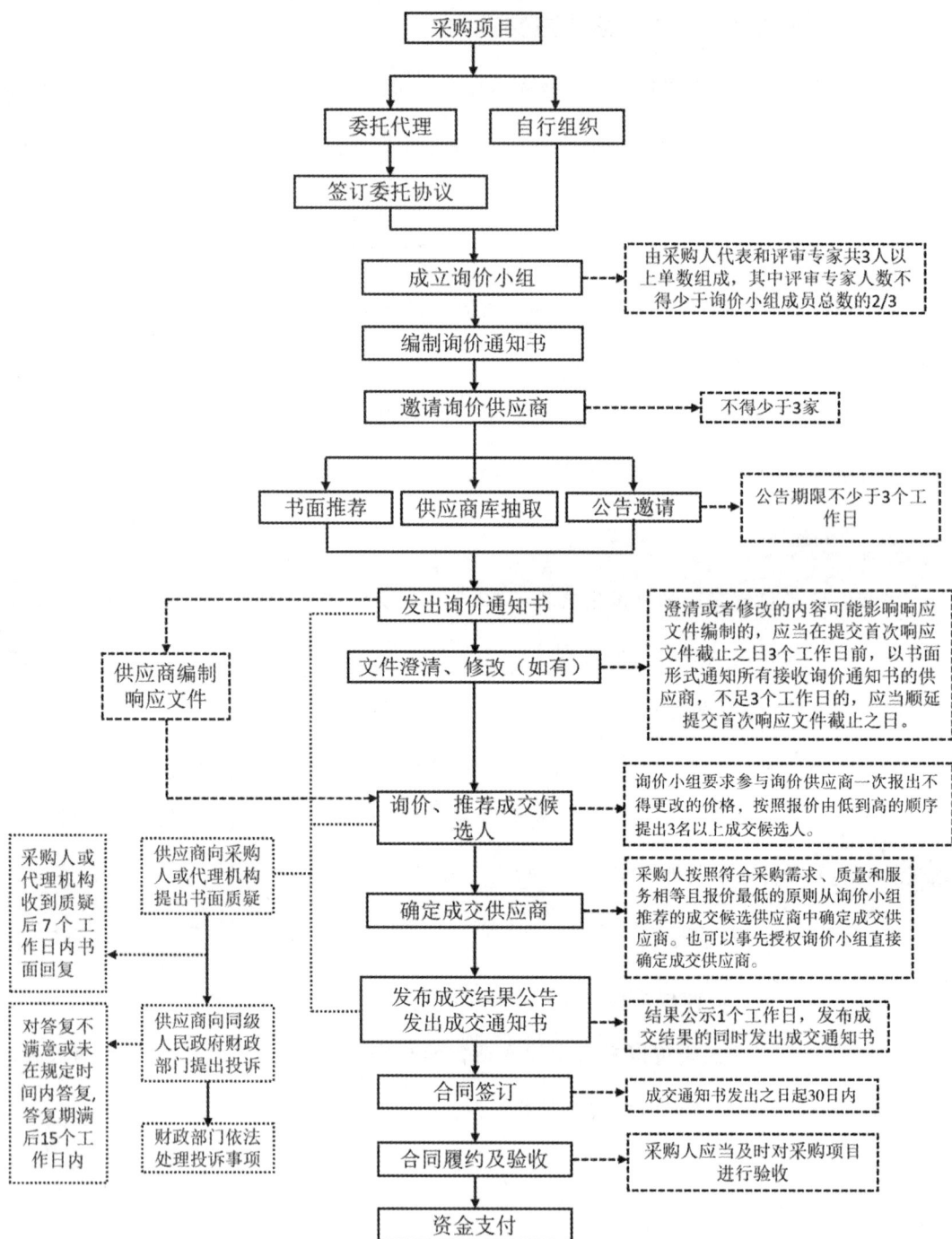

图 4-4　询价采购流程图

五、单一来源

单一来源采购是指采购人从某一特定供应商处采购货物、工程和服务的采购方式。

1. 单一来源采购方式的确定

属于《政府采购法》第三十一条第一项情形，且达到公开招标数额的货物、服务项目，拟采用单一来源采购方式的，采购人、采购代理机构在报财政部门批准之前，应当在省级以上财政部门指定媒体上公示，并将公示情况一并报财政部门。公示期不得少于5个工作日，公示内容应当包括以下几点：

（1）采购人、采购项目名称和内容。

（2）拟采购的货物或者服务的说明。

（3）采用单一来源采购方式的原因及相关说明。

（4）拟定的唯一供应商名称、地址。

（5）专业人员对相关供应商因专利、专有技术等原因具有唯一性的具体论证意见，以及专业人员的姓名、工作单位和职称。

（6）公示的期限。

（7）采购人、采购代理机构、财政部门的联系地址、联系人和联系电话。

任何供应商、单位或者个人对采用单一来源采购方式公示有异议的，可以在公示期内将书面意见反馈给采购人、采购代理机构，并同时抄送相关财政部门。

采购人、采购代理机构收到对采用单一来源采购方式公示的异议后，应当在公示期满后5个工作日内，组织补充论证，论证后认为异议成立的，应当依法采取其他采购方式；论证后认为异议不成立的，应当将异议意见、论证意见与公示情况一并报相关财政部门。

采购人、采购代理机构应当将补充论证的结论告知提出异议的供应商、单位或个人。未达到公开招标数额标准符合《政府采购法》第三十一条第一项规定情形只能从唯一供应商处采购的政府采购项目，可以依法采用单一来源采购方式。此类项目在采购活动开始前，无需获得设区的市、自治州以上人民政府采购监督管理部门的批准，也不用按照《政府采购法实施条例》第三十八条的规定在省级以上财政部门指定媒体上公示。

单一来源采购公示

一、项目信息

采购人：

项目名称：

拟采购的货物或服务的说明：

拟采购的货物或服务的预算金额：

采用单一来源采购方式的原因及说明：

二、拟定供应商信息

名称：

地址：

三、公示期限

___年___月___日至___年___月___日（公示期限不得少于5个工作日）

四、其他补充事宜

五、联系方式

1.采购人

联系人：

联系地址：

联系电话：

2.财政部门

联系人：

联系地址：

联系电话：

3.采购代理机构（如有）

联系人：

联系地址：

联系电话：

六、附件

专业人员论证意见（格式见附件）

附件

单一来源采购方式专业人员论证意见

专业人员信息	姓名：	
	职称：	
	工作单位：	
项目信息	项目名称：	
	供应商名称：	
专业人员论证意见	（专业人员论证意见应当完整、清晰和明确的表达从唯一供应商处采购的理由）	
专业人员签字		日期　年　月　日

注：本表格中专业人员论证意见由专业人员手工填写。

选自财政部办公厅《关于印发〈政府采购公告和公示信息格式规范（2020年版）〉的通知》（财办库〔2020〕50号）

【小贴士】

【问】单一来源采购是否需要在政府采购网公示公告？需要公示公告几次？每次必须公示的具体内容是什么？单一来源公示的内容不全，该依据什么法规向什么部门提出异议？采购人申请单一来源的理由不符合法定理由，但财政部门审批通过了单一来源的申请，该依据什么法规向什么部门提出异议？

【答】（1）根据《政府采购非招标采购方式管理办法》（财政部令第74号）第三十八条规定，属于政府采购法第三十一条第一项情形，且达到公开招标数额的货物、服务项目，拟采用单一来源采购方式的，采购人、采购代理机构在按照本办法第四条报财政部门批准之前，应当在省级以上财政部门指定的媒体上公示，并将公示情况一并报财政部门；（2）公示的具体内容按照第74号第三十八条规定处理；（3）在合法合规的情况下，公示一次即可；（4）根据财政部令第74号第三十九条规定，任何供应商、单位或者个人对采用单一来源采购方式公示有异议的，可以在公示期内将书面意见反馈给采购人、采购代理机构，并同时抄送相关财政部门；（5）如公示期间未提出异议，经财政部门审批通过的单一来源属于不可投诉内容。

【问】供应商不对单一来源公示提出异议，而用质疑投诉方式维权是否合法？请问单一来源公示内容是否可以质疑投诉？

【答】《政府采购非招标采购方式管理办法》（财政部令第74号）规定，供应商、单位或者个人对采用单一来源采购方式公示有异议的，可以在公示期内将书面意见反馈给代购人、采购代理机构，同时抄送相关财政部门。因此，供应商、单位或者个人可以通过上述途径保障自己的权益，单一来源采购方式公示不属于供应商质疑投诉的事项范围。

（信息来源中国政府采购网）

2. 单一来源协商

采用单一来源采购方式采购的，采购人、采购代理机构应当组织具有相关经验的专业人员与供应商商定合理的成交价格并保证采购项目质量。

单一来源采购人员应当编写协商情况记录，主要内容包括以下几方面：

（1）依法进行公示的，公示情况说明。

（2）协商日期和地点，采购人员名单。

（3）供应商提供的采购标的成本、同类项目合同价格以及相关专利、专有技术等情况说明。

（4）合同主要条款及价格商定情况。

协商情况记录应当由采购全体人员签字认可。对记录有异议的采购人员，应当签署不同意见并说明理由。采购人员拒绝在记录上签字又不书面说明其不同意见和理由的，视为同意。

3.发布成交结果公告，发出成交通知书

采购人或者采购代理机构应当在省级以上财政部门指定的媒体上公告成交结果，同时向成交供应商发出成交通知书，并将采购文件随成交结果同时公告。

除不可抗力等因素外，成交通知书发出后，采购人改变成交结果，或者成交供应商拒绝签订政府采购合同的，应当承担相应的法律责任。

4.合同签订

采购人应当自成交通知书发出之日起30日内，按照单一来源文件和成交供应商相应文件的规定，与成交供应商签订书面合同。所签订的合同不得对单一来源文件确定的事项和成交供应商响应文件作实质性修改。

采购人不得向成交供应商提出任何不合理的要求作为签订合同的条件。

政府采购合同应当包括采购人与成交供应商的名称和住所、标的、数量、质量、价款或者报酬、履行期限及地点和方式、验收要求、违约责任、解决争议的方法等内容。

5.合同履约及验收

采购人与成交供应商应当根据合同的约定依法履行合同义务。采购人应当及时对采购项目进行验收。采购人可以邀请第三方机构参与验收，参与验收的第三方机构的意见作为验收书的参考资料一并存档。

6.采购资金支付

采购人应当加强对成交供应商的履约管理，并按照采购合同约定，及时向成交供应商支付采购资金。对于成交供应商违反采购合同约定的行为，采购人应当及时处理，依法追究其违约责任。

单一来源采购流程如图4-5所示。

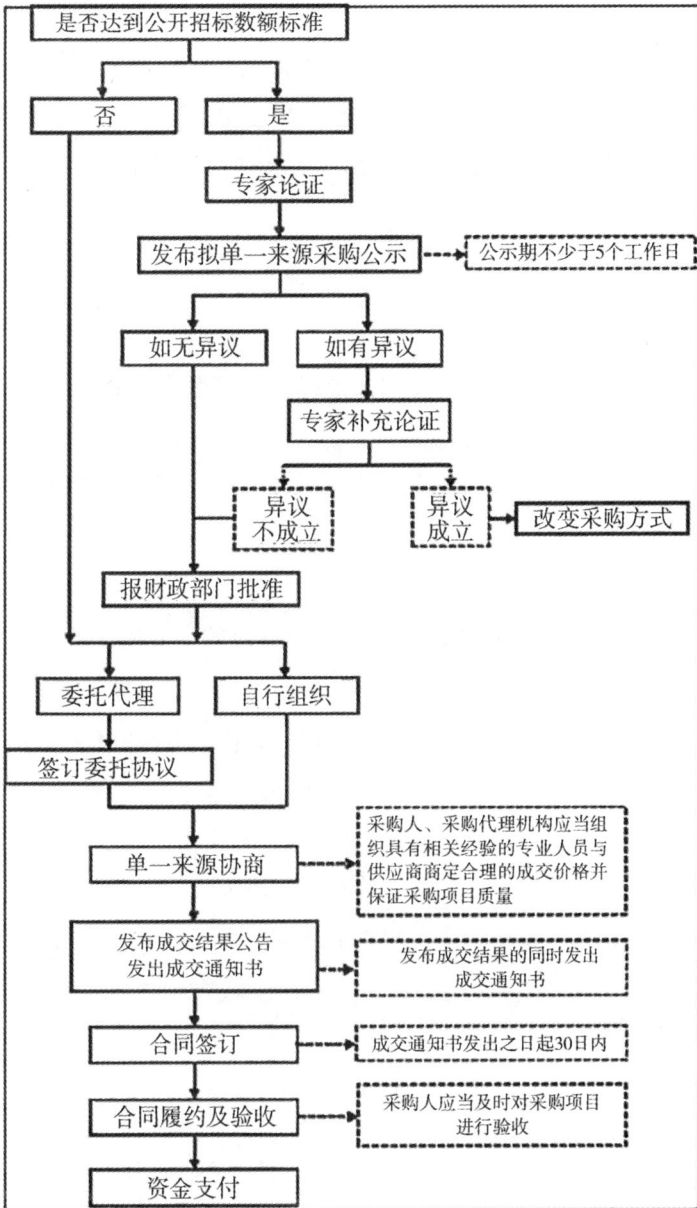

图4-5 单一来源采购流程图

六、竞争性磋商

竞争性磋商采购方式,是指采购人、采购代理机构通过组建竞争性磋商小组与符合条件的供应商就采购货物、工程和服务事宜进行磋商,供应商按照磋商文件的要求提交响应文件和报价,采购人从磋商小组评审后提出的候选供应商名单中确定成交供应商的采购方式。

1. 编制磋商文件

磋商文件应当根据采购项目的特点和采购人的实际需求制定，并经采购人书面同意。采购人应当以满足实际需求为原则，不得擅自提高经费预算和资产配置等采购标准。

磋商文件不得要求或者标明供应商名称或者特定货物的品牌，不得含有指向特定供应商的技术、服务等条件。

2. 邀请参加磋商的供应商

采购人、采购代理机构应当通过发布公告、从省级以上财政部门建立的供应商库中随机抽取或者采购人和评审专家分别以书面推荐的方式邀请不少于3家符合相应资格条件的供应商参与竞争性磋商采购活动。

符合《政府采购法》第二十二条第一款规定条件的供应商可以在采购活动开始前加入供应商库。财政部门不得对供应商申请入库收取任何费用，不得利用供应商库进行地区和行业封锁。

采取采购人和评审专家书面推荐方式选择供应商的，采购人和评审专家应当各自出具书面推荐意见。采购人推荐供应商的比例不得高于推荐供应商总数的50%。

采用公告方式邀请供应商的，采购人、采购代理机构应当在省级以上人民政府财政部门指定的政府采购信息发布媒体发布竞争性磋商公告。竞争性磋商公告应当包括以下主要内容：

（1）采购人、采购代理机构的名称、地点和联系方法。

（2）采购项目的名称、数量、简要规格描述或项目基本概况介绍。

（3）采购项目的预算。

（4）供应商资格条件。

（5）获取磋商文件的时间、地点、方式及磋商文件售价。

（6）响应文件提交的截止时间、开启时间及地点。

（7）采购项目联系人姓名和电话。

从磋商文件发出之日起至供应商提交首次响应文件截止之日止不得少于10日。磋商文件的发售期限自开始之日起不得少于5个工作日。

提交首次响应文件截止之日前，采购人、采购代理机构或者磋商小组可以对已发出的磋商文件进行必要的澄清或者修改，澄清或者修改的内容作为磋商文件的组成部分。澄清或者修改的内容可能影响响应文件编制的，采购人、采购代理机构应当在提交首次响应文件截止时间至少5日前，以书面形式通知所有获取磋商文件的供应商；不足5日的，采购人、采购代理机构应当顺延提交首次响应文件截止时间。

竞争性磋商采购公告

项目概况

(采购标的)采购项目的潜在供应商应在（地址）获取采购文件，并于___年___月___日___点___分（北京时间）前提交响应文件。

一、项目基本情况

项目编号（或招标编号、政府采购计划编号、采购计划备案文号等，如有）：

项目名称：

采购方式：竞争性磋商

预算金额：

最高限价（如有）：

采购需求（包括但不限于标的的名称、数量、简要技术需求或服务要求等）：

合同履行期限：

本项目（是/否）接受联合体。

二、申请人的资格要求

（1）满足《中华人民共和国政府采购法》第二十二条规定。

（2）落实政府采购政策需满足的资格要求（如属于专门面向中小企业采购的项目，供应商应为中小微企业、监狱企业、残疾人福利性单位）。

（3）本项目的特定资格要求（如项目接受联合体投标，对联合体应提出相关资格要求；如属于特定行业项目,供应商应当具备特定行业法定准入要求）。

三、获取采购文件

时间：___年___月___日至___年___月___日（磋商文件的发售期限自开始之日起不得少于5个工作日），每天上午___至___，下午___至___（北京时间,法定节假日除外）

地点：

方式：

售价：

四、响应文件提交

截止时间：___年___月___日___点___分（北京时间）（从磋商文件开始发

出之日起至供应商提交首次响应文件截止之日止不得少于10日）

地点：

五、开启（竞争性磋商方式必须填写）

时间：＿＿年＿＿月＿＿日＿＿点＿＿分（北京时间）

地点：

六、公告期限

自本公告发布之日起3个工作日。

七、其他补充事宜

八、凡对本次采购提出询问，请按以下方式联系。

1.采购人信息

名称：

地址：

联系方式：

2.采购代理机构信息（如有）

名称：

地址：

联系方式：

3.项目联系方式

项目联系人（组织本项目采购活动的具体工作人员姓名）：

电话：

选自财政部办公厅《关于印发〈政府采购公告和公示信息格式规范（2020年版）〉的通知》（财办库〔2020〕50号）

3.发出磋商文件

磋商文件的发售期限自开始之日起不得少于5个工作日。提交首次响应文件截止之日前，采购人、采购代理机构或者磋商小组可以对已发出的磋商文件进行必要的澄清或者修改，澄清或者修改的内容作为磋商文件的组成部分。澄清或者修改的内容可能影响响应文件编制的，采购人、采购代理机构应当在提交首次响应文件截止时间至少5日前，以书面形式通知所有获取磋商文件的供应商；不足5日的，采购人、采购代理机构应当顺延提交首次响应文件截止时间。

4.递交响应文件

供应商应当在磋商文件要求的截止时间前,将响应文件密封送达指定地点。在截止时间后送达的响应文件为无效文件,采购人、采购代理机构或者磋商小组应当拒收。

供应商在提交响应文件截止时间前,可以对所提交的响应文件进行补充、修改或者撤回,并书面通知采购人、采购代理机构。补充、修改的内容作为响应文件的组成部分。补充、修改的内容与响应文件不一致的,以补充、修改的内容为准。

【小贴士】

【问】采用竞争性磋商方式组织的政府购买服务项目,开标时递交响应文件的供应商只有2家,此情形下,能否开标,竞争性磋商活动能否继续进行?根据《财政部关于政府采购竞争性磋商采购方式管理暂行办法有关问题的补充通知》(财库〔2015〕124号),在采购过程中符合要求的供应商社会资本只有2家的,竞争性磋商采购活动可以继续进行。采购过程具体指哪个阶段?

【答】按照《财政部关于政府采购竞争性磋商采购方式管理暂行办法有关问题的补充通知》(财库〔2015〕124号)规定,采用竞争性磋商方式采购的政府购买服务项目(含政府和社会资本合作项目),在采购过程中符合要求的供应商(社会资本)只有2家的,竞争性磋商活动可以继续进行。这条规定的适用情形为竞争性磋商符合资格条件的供应商不少于3家,进入磋商过程中,符合采购人技术等方面要求的供应商为2家,磋商活动可以继续进行,由2家供应商提出最后报价。

(信息来源中国政府采购网)

5.成立磋商小组

磋商小组由采购人代表和评审专家共3人以上单数组成,其中评审专家人数不得少于磋商小组成员总数的2/3。采购人代表不得以评审专家身份参加本部门或本单位采购项目的评审。采购代理机构人员不得参加本机构代理的采购项目的评审。

采用竞争性磋商方式的政府采购项目,评审专家应当从政府采购评审专家库内相关专业的专家名单中随机抽取。市场竞争不充分的科研项目,以及需要扶持的科技成果转化项目,以及情况特殊、通过随机方式难以确定合适的评审专家的项目,经主管预算单位同意,可以自行选定评审专家。技术复杂、专业性强的采购项目,评审专家中应当包含1名法律专家。

6. 磋商、评审及推荐成交候选人

磋商小组成员应当按照客观、公正、审慎的原则，根据磋商文件规定的评审程序、评审方法和评审标准进行独立评审。未实质性响应磋商文件的响应文件按无效响应处理，磋商小组应当告知提交响应文件的供应商。

磋商小组在对响应文件的有效性、完整性和响应程度进行审查时，可以要求供应商对响应文件中含义不明确、同类问题表述不一致或者有明显文字和计算错误的内容等作出必要的澄清、说明或者更正。供应商的澄清、说明或者更正不得超出响应文件的范围或者改变响应文件的实质性内容。

磋商小组要求供应商应当以书面形式作出澄清、说明或者更正响应文件。供应商的澄清、说明或者更正应当由法定代表人或其授权代表签字或者加盖公章。由授权代表签字的，应当附法定代表人授权书。供应商为自然人的，应当由本人签字并附身份证明。

磋商小组所有成员应当集中与单一供应商分别进行磋商，并给予所有参加磋商的供应商平等的磋商机会。

在磋商过程中，磋商小组可以根据磋商文件和磋商情况实质性变动采购需求中的技术、服务要求以及合同草案条款，但不得变动磋商文件中的其他内容。实质性变动的内容，须经采购人代表确认。

对磋商文件作出的实质性变动是磋商文件的有效组成部分，磋商小组应当及时以书面形式同时通知所有参加磋商的供应商。

供应商应当按照磋商文件的变动情况和磋商小组的要求重新提交响应文件，并由其法定代表人或授权代表签字或者加盖公章。由授权代表签字的，应当附法定代表人授权书。供应商为自然人的，应当由本人签字并附身份证明。

磋商文件能够详细列明采购标的的技术、服务要求的，磋商结束后，磋商小组应当要求所有实质性响应的供应商在规定时间内提交最后报价，提交最后报价的供应商不得少于3家。

磋商文件不能详细列明采购标的的技术、服务要求，需经磋商由供应商提供最终设计方案或解决方案的，磋商结束后，磋商小组应当按照少数服从多数的原则投票推荐3家以上供应商的设计方案或者解决方案，并要求其在规定时间内提交最后报价。

最后报价是供应商响应文件的有效组成部分。市场竞争不充分的科研项目，以及需要扶持的科技成果转化项目，提交最后报价的供应商可以为2家。

采用竞争性磋商采购方式采购的政府购买服务项目（含政府和社会资本合作项目），

在采购过程中符合要求的供应商（社会资本）只有2家的，竞争性磋商采购活动可以继续进行。采购过程中符合要求的供应商（社会资本）只有1家的，采购人（项目实施机构）或者采购代理机构应当终止竞争性磋商采购活动，发布项目终止公告并说明原因，重新开展采购活动。

经磋商确定最终采购需求和提交最后报价的供应商后，由磋商小组采用综合评分法对提交最后报价的供应商的响应文件和最后报价进行综合评分。

综合评分法，是指响应文件满足磋商文件全部实质性要求且按评审因素的量化指标评审得分最高的供应商为成交候选供应商的评审方法。

综合评分法评审标准中的分值设置应当与评审因素的量化指标相对应。磋商文件中没有规定的评审标准不得作为评审依据。

磋商小组应当根据综合评分情况，按照评审得分由高到低顺序推荐3家以上成交候选供应商，并编写评审报告。市场竞争不充分的科研项目，以及需要扶持的科技成果转化项目，提交最后报价的供应商为2家的，可以推荐2家成交候选供应商。评审得分相同的，按照最后报价由低到高的顺序推荐。评审得分且最后报价相同的，按照技术指标优劣顺序推荐。

7. 确定成交供应商

采购代理机构应当在评审结束后2个工作日内将评审报告送采购人确认。

采购人应当在收到评审报告后5个工作日内，从评审报告提出的成交候选供应商中，按照排序由高到低的原则确定成交供应商，也可以书面授权磋商小组直接确定成交供应商。采购人逾期未确定成交供应商且不提出异议的，视为确定评审报告提出的排序第一的供应商为成交供应商。

8. 发布成交结果公告，发出成交通知书

采购人或者采购代理机构应当在成交供应商确定后2个工作日内，在省级以上财政部门指定的政府采购信息发布媒体上公告成交结果，同时向成交供应商发出成交通知书，并将磋商文件随成交结果同时公告，公告期为1个工作日。

采用书面推荐供应商参加采购活动的，还应当公告采购人和评审专家的推荐意见。公告成交结果时应当同时公告成交供应商的评审总得分。

【小贴士】

【问】在竞争性磋商文件中，能不能明确磋商小组只推荐1家成交候选供应商？

【答】按照《政府采购竞争性磋商采购方式管理暂行办法》（财库〔2014〕214号）第二十五条要求，磋商小组应根据综合评分情况，按照评审得分由高到低顺序推荐3家以上成交候选供应商。符合214号文第二十一条第三款情形的，可以推荐2家成交候选供应商。

（信息来源中国政府采购网）

9. 合同签订

采购人与成交供应商应当在成交通知书发出之日起30日内，按照磋商文件确定的合同文本以及采购标的、规格型号、采购金额、采购数量、技术和服务要求等事项签订政府采购合同。

采购人不得向成交供应商提出超出磋商文件以外的任何要求作为签订合同的条件，不得与成交供应商订立背离磋商文件确定的合同文本以及采购标的、规格型号、采购金额、采购数量、技术和服务要求等实质性内容的协议。

成交供应商拒绝签订政府采购合同的，采购人可以从评审报告提出的成交候选供应商中，按照排序由高到低的原则确定其他供应商作为成交供应商并签订政府采购合同，也可以重新开展采购活动。拒绝签订政府采购合同的成交供应商不得参加对该项目重新开展的采购活动。

10. 合同履约及验收

采购人与成交供应商应当根据合同的约定依法履行合同义务。采购人应当及时对采购项目进行验收。采购人可以邀请参加本项目的其他供应商或者第三方机构参与验收。参与验收的供应商或者第三方机构的意见作为验收书的参考资料一并存档。

11. 采购资金支付

采购人应当加强对成交供应商的履约管理，并按照采购合同约定，及时向成交供应商支付采购资金。对于成交供应商违反采购合同约定的行为，采购人应当及时处理，依法追究其违约责任。

竞争性磋商采购流程如图4-6所示。

```
                        ┌──────────┐
                        │ 采购项目  │
                        └────┬─────┘
                  ┌──────────┴──────────┐
            ┌─────┴─────┐         ┌─────┴─────┐
            │  委托代理  │         │  自行组织  │
            └─────┬─────┘         └─────┬─────┘
            ┌─────┴─────┐               │
            │ 签订委托协议│               │
            └─────┬─────┘               │
                  └──────────┬──────────┘
                     ┌───────┴───────┐
                     │  编制磋商文件  │
                     └───────┬───────┘
                     ┌───────┴───────┐         ┌ ─ ─ ─ ─ ─ ─ ┐
                     │ 邀请磋商供应商 │- - - - -  不得少于3家
                     └───────┬───────┘         └ ─ ─ ─ ─ ─ ─ ┘
      ┌───────────────┬──────┴────────┐              ┌ ─ ─ ─ ─ ─ ─ ─ ─ ─ ─ ─ ─ ┐
┌─────┴─────┐  ┌──────┴──────┐  ┌─────┴─────┐         公告期限不少于3个工作日
│  书面推荐  │  │  供应商库抽取 │  │  公告邀请  │- - - -  发布公告到递交响应文件不
└─────┬─────┘  └──────┬──────┘  └─────┬─────┘         少于10日
      └───────────────┴──────┬────────┘              └ ─ ─ ─ ─ ─ ─ ─ ─ ─ ─ ─ ─ ┘
                     ┌────────┴───────┐        ┌ ─ ─ ─ ─ ─ ─ ─ ─ ─ ─ ─ ─ ┐
                     │  发出磋商文件   │- - - -  文件发售不少于5个工作日
                     └────────┬───────┘        └ ─ ─ ─ ─ ─ ─ ─ ─ ─ ─ ─ ─ ┘
```

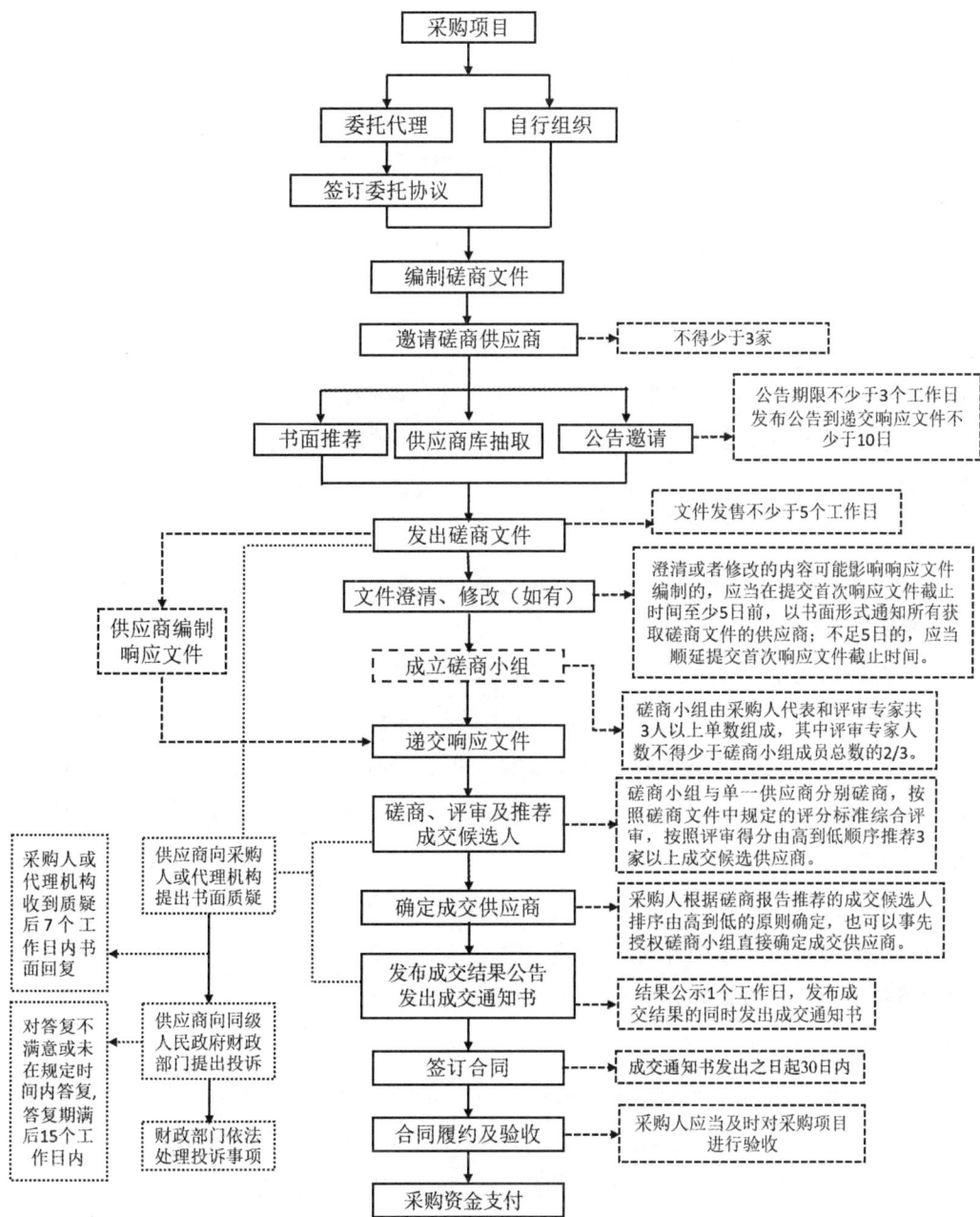

图 4-6 竞争性磋商采购流程图

七、框架协议

1. 框架协议采购方式的确定

2022年3月1日，财政部《政府采购框架协议采购方式管理暂行办法》（财政部令第110号）正式开始执行。所谓框架协议采购，是指集中采购代理机构或主管预算单位对技术、服务等标准明确、统一，需要多次重复采购的货物和服务，通过公开征集程序，确定第一阶段入围供应商并订立框架协议，采购人或服务对象按照框架协议约定规则，在入围供应商范围内确定第二阶段成交供应商并订立采购合同的采购方式。

根据财政部《政府采购框架协议采购方式管理暂行办法》（财政部令第110号），符合下列情形之一的，可以采用框架协议采购方式采购：

（1）集中采购目录以内品目，以及与之配套的必要耗材、配件等，属于小额零星采购的。

（2）集中采购目录以外，采购限额标准以上，本部门、本系统行政管理所需的法律、评估、会计、审计等鉴证咨询服务，属于小额零星采购的。

（3）集中采购目录以外，采购限额标准以上，为本部门、本系统以外的服务对象提供服务的政府购买服务项目，需要确定2家以上供应商由服务对象自主选择的。

（4）国务院财政部门规定的其他情形。

前款所称采购限额标准以上，是指同一品目或者同一类别的货物、服务年度采购预算达到采购限额标准以上。

属于本条上述第二项情形，主管预算单位能够归集需求形成单一项目进行采购，通过签订时间、地点、数量不确定的采购合同满足需求的，不得采用框架协议采购方式。

框架协议采购包括封闭式框架协议采购和开放式框架协议采购。封闭式框架协议采购是框架协议采购的主要形式。除法律、行政法规或者本办法另有规定外，框架协议采购应当采用封闭式框架协议采购。

符合下列情形之一的，可以采用开放式框架协议采购：

（1）集中采购目录以内品目，以及与之配套的必要耗材、配件等，属于小额零星采购的，因执行政府采购政策不宜淘汰供应商的，或者受基础设施、行政许可、知识产权等限制，供应商数量在3家以下且不宜淘汰供应商的。

（2）集中采购目录以外，采购限额标准以上，为本部门、本系统以外的服务对象提供服务的政府购买服务项目，需要确定2家以上供应商由服务对象自主选择的，能够确定统一付费标准，因地域等服务便利性要求，需要接纳所有愿意接受协议条件的供应商加入框架协议，以供服务对象自主选择的。

2. 框架协议采购项目委托

集中采购目录以内品目以及与之配套的必要耗材、配件等，采用框架协议采购的，由集中采购机构负责征集程序和订立框架协议。

集中采购目录以外品目采用框架协议采购的，由主管预算单位负责征集程序和订立框架协议。其他预算单位确有需要的，经其主管预算单位批准，可以采用框架协议采购方式采购。其他预算单位采用框架协议采购方式采购的，应当遵守本办法关于主管预算单位的规定。

主管预算单位可以委托采购代理机构代理框架协议采购，采购代理机构应当在委托的范围内依法开展采购活动。

框架协议采购应当实行电子化采购。

3. 框架协议采购项目备案

集中采购机构采用框架协议采购的，应当拟定采购方案，报本级财政部门审核后实施。主管预算单位采用框架协议采购的，应当在采购活动开始前将采购方案报本级财政部门备案。

4. 框架协议采购项目需求调查

确定框架协议采购需求应当开展需求调查，听取采购人、供应商和专家等意见。面向采购人和供应商开展需求调查时，应当选择具有代表性的调查对象，调查对象一般各不少于3个。

5. 框架协议采购项目需求编制

框架协议采购需求应当符合以下规定：

（1）满足采购人和服务对象实际需要，符合市场供应状况和市场公允标准，在确保功能、性能和必要采购要求的情况下促进竞争。

（2）符合预算标准、资产配置标准等有关规定，厉行节约，不得超标准采购。

（3）按照《政府采购品目分类目录》，将采购标的细化到底级品目，并细分不同等次、规格或者标准的采购需求，合理设置采购包。

（4）货物项目应当明确货物的技术和商务要求，包括功能、性能、材料、结构、外观、安全、包装、交货期限、交货的地域范围、售后服务等。

（5）服务项目应当明确服务内容、服务标准、技术保障、服务人员组成、服务交付或者实施的地域范围，以及所涉及的货物的质量标准、服务工作量的计量方式等。

6. 框架协议采购项目最高限价确定

集中采购机构或者主管预算单位应当在征集公告和征集文件中确定框架协议采购的最高限制单价。征集文件中可以明确量价关系折扣，即达到一定采购数量，价格应当按照征集文件中明确的折扣降低。在开放式框架协议中，付费标准即为最高限制单价。

最高限制单价是供应商第一阶段响应报价的最高限价。入围供应商第一阶段响应报价（有量价关系折扣的，包括量价关系折扣，以下统称协议价格）是采购人或者服务对象确定第二阶段成交供应商的最高限价。

确定最高限制单价时，有政府定价的，执行政府定价；没有政府定价的，应当通过需求调查，并根据需求标准科学确定，属于本办法第十条第二款第一项规定情形的采购项目，需要订立开放式框架协议的，与供应商协商确定。

货物项目单价按照台（套）等计量单位确定，其中包含售后服务等相关服务费用。服务项目单价按照单位采购标的价格或者人工单价等确定。服务项目所涉及的货物的费用，能够折算入服务项目单价的应当折入，需要按实结算的应当明确结算规则。

7. 封闭式框架协议采购

1）发布征集公告

征集公告应当包括以下主要内容：

（1）征集人的名称、地址、联系人和联系方式。

（2）采购项目名称、编号，采购需求以及最高限制单价，适用框架协议的采购人或者服务对象范围，能预估采购数量的，还应当明确预估采购数量。

（3）供应商的资格条件。

（4）框架协议的期限。

（5）获取征集文件的时间、地点和方式。

（6）响应文件的提交方式、提交截止时间和地点，开启方式、时间和地点。

（7）公告期限。

（8）省级以上财政部门规定的其他事项。

2）编制征集文件

征集文件应当包括以下主要内容：

（1）参加征集活动的邀请。

（2）供应商应当提交的资格材料。

（3）资格审查方法和标准。

（4）采购需求以及最高限制单价。

（5）政府采购政策要求以及政策执行措施。

（6）框架协议的期限。

（7）报价要求。

（8）确定第一阶段入围供应商的评审方法、评审标准、确定入围供应商的淘汰率或者入围供应商数量上限和响应文件无效情形。

（9）响应文件的编制要求，提交方式、提交截止时间和地点，开启方式、时间和地点，以及响应文件有效期。

（10）拟签订的框架协议文本和采购合同文本。

（11）确定第二阶段成交供应商的方式。

（12）采购资金的支付方式、时间和条件。

（13）入围产品升级换代规则。

（14）用户反馈和评价机制。

（15）入围供应商的清退和补充规则。

（16）供应商信用信息查询渠道及截止时点、信用信息查询记录和证据留存的具体方式、信用信息的使用规则等。

（17）采购代理机构代理费用的收取标准和方式。

（18）省级以上财政部门规定的其他事项。

3）确定第一阶段入围供应商

确定第一阶段入围供应商的评审方法包括价格优先法和质量优先法。

价格优先法是指对满足采购需求且响应报价不超过最高限制单价的货物、服务，按照响应报价从低到高排序，根据征集文件规定的淘汰率或者入围供应商数量上限，确定入围供应商的评审方法。

质量优先法是指对满足采购需求且响应报价不超过最高限制单价的货物、服务进行质量综合评分，按照质量评分从高到低排序，根据征集文件规定的淘汰率或者入围供应商数量上限，确定入围供应商的评审方法。货物项目质量因素包括采购标的的技术水平、产品配置、售后服务等，服务项目质量因素包括服务内容、服务水平、供应商的履约能力、服务经验等。质量因素中的可量化指标应当划分等次，作为评分项；质量因素中的其他指标可以作为实质性要求，不得作为评分项。

有政府定价、政府指导价的项目，以及对质量有特别要求的检测、实验等仪器设备，可以采用质量优先法，其他项目应当采用价格优先法。

对耗材使用量大的复印、打印、实验、医疗等仪器设备进行框架协议采购的，应当要求供应商同时对3年以上约定期限内的专用耗材进行报价。评审时应当考虑约定期限的专用耗材使用成本，修正仪器设备的响应报价或者质量评分。

征集人应当在征集文件、框架协议和采购合同中规定，入围供应商在约定期限内，应当以不高于其报价的价格向适用框架协议的采购人供应专用耗材。

确定第一阶段入围供应商时，提交响应文件和符合资格条件、实质性要求的供应商应当均不少于2家，淘汰比例一般不得低于20％，且至少淘汰一家供应商。

采用质量优先法的检测、实验等仪器设备采购，淘汰比例不得低于40％，且至少淘汰一家供应商。

4）发布入围结果公告

入围结果公告应当包括以下主要内容：

（1）采购项目名称、编号。

（2）征集人的名称、地址、联系人和联系方式。

（3）入围供应商名称、地址及排序。

（4）最高入围价格或者最低入围分值。

（5）入围产品名称、规格型号或者主要服务内容及服务标准，入围单价。

（6）评审小组成员名单。

（7）采购代理服务收费标准及金额。

（8）公告期限。

（9）省级以上财政部门规定的其他事项。

5）签订框架协议

集中采购机构或者主管预算单位应当在入围通知书发出之日起30日内和入围供应商签订框架协议，并在框架协议签订后7个工作日内，将框架协议副本报本级财政部门备案。

框架协议不得对征集文件确定的事项以及入围供应商的响应文件作实质性修改。

框架协议应当包括以下内容：

（1）集中采购机构或者主管预算单位以及入围供应商的名称、地址和联系方式。

（2）采购项目名称、编号。

（3）采购需求以及最高限制单价。

（4）封闭式框架协议第一阶段的入围产品详细技术规格或者服务内容、服务标准，协议价格。

（5）入围产品升级换代规则。

（6）确定第二阶段成交供应商的方式。

（7）适用框架协议的采购人或者服务对象范围，以及履行合同的地域范围。

（8）资金支付方式、时间和条件。

（9）采购合同文本，包括根据需要约定适用的简式合同或者具有合同性质的凭单、订单。

（10）框架协议期限。

（11）入围供应商清退和补充规则。

（12）协议方的权利和义务。

（13）需要约定的其他事项。

集中采购机构或者主管预算单位应当根据工作需要和采购标的市场供应及价格变化情况，科学合理确定框架协议期限。货物项目框架协议有效期一般不超过1年，服务项目框架协议有效期一般不超过2年。

6）确定第二阶段成交供应商

确定第二阶段成交供应商的方式包括直接选定、二次竞价和顺序轮候。

（1）直接选定。

直接选定方式是确定第二阶段成交供应商的主要方式。除征集人根据采购项目特点和提高绩效等要求，在征集文件中载明采用二次竞价或者顺序轮候方式外，确定第二阶段成交供应商应当由采购人或者服务对象依据入围产品价格、质量以及服务便利性、用户评价等因素，从第一阶段入围供应商中直接选定。

（2）二次竞价。

二次竞价方式是指以框架协议约定的入围产品、采购合同文本等为依据，以协议价格为最高限价，采购人明确第二阶段竞价需求，从入围供应商中选择所有符合竞价需求的供应商参与二次竞价，确定报价最低的为成交供应商的方式。

进行二次竞价应当给予供应商必要的响应时间。

二次竞价一般适用于采用价格优先法的采购项目。

以二次竞价或者顺序轮候方式确定成交供应商的，征集人应当在确定成交供应商后2个工作日内逐笔发布成交结果公告。

成交结果单笔公告可以在省级以上财政部门指定的媒体上发布，也可以在开展框架协议采购的电子化采购系统发布，发布成交结果公告的渠道应当在征集文件或者框架协议中告知供应商。单笔公告应当包括以下主要内容：

① 采购人的名称、地址和联系方式。

② 框架协议采购项目名称、编号。

③ 成交供应商名称、地址和成交金额。

④ 成交标的名称、规格型号或者主要服务内容及服务标准、数量、单价。

⑤ 公告期限。

（3）顺序轮候。

顺序轮候方式是指根据征集文件中确定的轮候顺序规则，对所有入围供应商依次授予采购合同的方式。

每个入围供应商在一个顺序轮候期内，只有一次获得合同授予的机会。合同授予顺序确定后，应当书面告知所有入围供应商。除清退入围供应商和补充征集外，框架协议有效期内不得调整合同授予顺序。

7）发布成交结果汇总公告

征集人应当在框架协议有效期满后10个工作日内发布成交结果汇总公告。汇总公告应当包括前款采购人的名称、地址和联系方式以及框架协议采购项目名称、编号和所有成交供应商的名称、地址及其成交合同总数和总金额。

8.开放式框架协议采购

1）发布征集公告

征集公告应当包括以下主要内容：

（1）《政府采购框架协议采购方式管理暂行办法》第二十二条第一项至四项和第二十三条第二项至三项、第十三项至十六项内容。

（2）订立开放式框架协议的邀请。

（3）供应商提交加入框架协议申请的方式、地点，以及对申请文件的要求。

（4）履行合同的地域范围、协议方的权利和义务、入围供应商的清退机制等框架协议内容。

（5）采购合同文本。

（6）付费标准，费用结算及支付方式。

（7）省级以上财政部门规定的其他事项。

2）提交加入框架协议的申请

征集公告发布后至框架协议期满前，供应商可以按照征集公告要求，随时提交加入框架协议的申请。征集人应当在收到供应商申请后7个工作日内完成审核，并将审核结果书面通知申请供应商。

3）发布入围结果公告

征集人应当在审核通过后2个工作日内，发布入围结果公告，公告入围供应商名称、地址、联系方式及付费标准，并动态更新入围供应商信息。

征集人应当确保征集公告和入围结果公告在整个框架协议有效期内随时可供公众查阅。

征集人可以根据采购项目特点，在征集公告中申明是否与供应商另行签订书面框架协议。申明不再签订书面框架协议的，发布入围结果公告，视为签订框架协议。

4）第二阶段成交供应商

第二阶段成交供应商由采购人或者服务对象从第一阶段入围供应商中直接选定。

供应商履行合同后，依据框架协议约定的凭单、订单以及结算方式，与采购人进行费用结算。

常用政府采购方式的对比

比较因素	采购方式					
	公开招标	邀请招标	竞争性磋商	竞争性谈判	询价采购	单一来源
是否需要批准	不需批准	需经政府采购监督管理部门批准	未达到公开招标数额标准的,不需要批准,直接申报;达到公开招标数额标准的,需经政府采购监督管理部门批准			

续表

比较因素	采购方式					
	公开招标	邀请招标	竞争性磋商	竞争性谈判	询价采购	单一来源
供应商产生的方式	以招标公告的方式邀请不特定的供应商	采购人、采购代理机构通过发布资格预审公告征集、从省级以上人民政府财政部门建立的供应商库中选取或者采购人书面推荐的方式,随机抽取3家以上供应商向其发出投标邀请书	采购人、采购代理机构应当通过发布公告、从省级以上财政部门建立的供应商库中随机抽取或者采购人和评审专家分别书面推荐的方式邀请不少于3家符合相应资格条件的供应商参与竞争性磋商/竞争性谈判/询价采购活动			特定供应商
公告期限	招标公告期限为5个工作日	资格预审公告期限为5个工作日	竞争性谈判公告、竞争性磋商公告和询价公告的公告期限为3个工作日			公示期限不得少于5个工作日
发出采购文件至投标(响应)文件的提交截止时间	自招标文件开始发出之日起至供应商提交投标文件截止之日止,不得少于20日。招标文件的提供期限自开始发出之日起不得少于5个工作日		从磋商文件发出之日起至供应商提交首次响应文件截止之日止不得少于10日。磋商文件的提供期限自开始发出之日起不得少于5个工作日	从谈判文件/询价通知书发出之日起至供应商提交首次响应文件截止之日止不得少于3个工作日		—
采购文件修改的时间及要求	对已发出的招标文件、资格预审文件、投标邀请书进行必要澄清或者修改的,应当以书面形式通知所有获取招标文件的潜在供应商,澄清或修改应当在原公告发布媒体上发布澄清公告,澄清或修改的内容可能影响投标文件编制的,应当在投标截止时间至少15日前,以书面形式通知所有获取招标文件的潜在供应商,不足15日的,应当顺延提交投标文件的截止时间。澄清或者修改的内容可能影响资格预审申请文件编制的,应当在提交资格预审申请文件截止时间至少3日前,以书面形式通知所有获取资格预审文件的潜在供应商;不足3日的,应当顺延提交资格预审申请文件的截止时间		澄清或者修改的内容可能影响响应文件编制的,采购人、采购代理机构应当在提交首次响应文件截止时间至少5日前,以书面形式通知所有获取磋商文件的供应商;不足5日的,采购人、采购代理机构应当顺延提交首次响应文件截止时间	澄清或者修改的内容可能影响响应文件编制的,采购人、采购代理机构或者谈判/询价小组应当在提交首次响应文件截止之日3个工作日前,以书面形式通知所有接收谈判/询价文件的供应商,不足3个工作日的,应当顺延提交首次响应文件截止之日		—

比较因素	采购方式					
	公开招标	邀请招标	竞争性磋商	竞争性谈判	询价采购	单一来源
评标委员会或评审小组组成	评标委员会由采购人代表和评审专家组成,成员人数应当为5人以上单数,其中评标专家不得少于成员总数的2/3。 采购项目符合下列情形之一的,评标委员会成员人数应当为7人以上单数: (1)采购预算金额在1000万元以上; (2)技术复杂; (3)社会影响较大		评审小组由采购人代表和评审专家共3人以上单数组成,其中评审专家人数不得少于评审小组成员总数的2/3。达到公开招标数额标准的货物或者服务采购项目,或者达到招标规模标准的政府采购工程,评审小组应当由5人以上单数组成			组织具有相关经验的专业人员与供应商商定合理的成交价格并保证采购项目质量
供应商的报价	供应商一次报出不得更改的价格,必须公开唱标		供应商在规定时间内提交最后报价。在提交最后报价之前可根据磋商/谈判情况退出磋商/谈判		供应商一次报出不得更改的价格	商定合理的成交价格
评审办法	综合评分法、最低评标价法		综合评分法	根据符合采购需求、质量和服务相等且报价最低的原则确定成交供应商		保证采购质量,商定合理价格
确定中标(成交)供应商并发布结果公告	采购代理机构应当在评审结束后2个工作日内将评审报告送采购人。 采购人应当自收到评审报告之日起5个工作日内,在评审报告确定的中标(成交)候选人名单中按顺序确定中标(成交)供应商。 采购人或者采购代理机构应当自中标(成交)供应商确定之日起2个工作日内,在省级以上财政部门指定的媒体上公告中标(成交)结果					—
中标(成交)公告期限	1个工作日					

第四节 政府采购方式的变更

一、政府采购方式变更的情形

本节所称的政府采购方式变更,均是指达到公开招标数额标准的货物、服务采购项目,采购方式由公开招标变更为其他非招标方式的情形,分为以下两种:

(1)应当采用公开招标的项目,由于项目特点,需要变更为其他采购方式的。

(2)公开招标失败,需要变更为其他采购方式的。

我们称第一种情形为"采购活动开始前"的变更,称第二种情形为"公开招标失败后"的变更。

二、"采购活动开始前"的变更

《政府采购非招标采购方式管理办法》第四条规定，达到公开招标数额标准的货物、服务采购项目，拟采用非招标采购方式的，采购人应当在采购活动开始前，报经主管预算单位同意后，向设区的市、自治州以上人民政府财政部门申请批准。

《政府采购竞争性磋商采购方式管理暂行办法》规定，达到公开招标数额标准的货物、服务采购项目，拟采用竞争性磋商采购方式的，采购人应当在采购活动开始前，报经主管预算单位同意后，依法向设区的市、自治州以上人民政府财政部门申请批准。

综上所述，达到公开招标数额标准的货物、服务采购项目，拟采用竞争性谈判、单一来源采购、询价、竞争性磋商的，采购人在采购活动开始前，应依法报经主管预算单位同意后，向设区的市、自治州以上人民政府财政部门申请批准。

《政府采购非招标采购方式管理办法》第五条规定，在报财政部门申请时，采购人应当向财政部门提交以下材料并对材料的真实性负责：

（1）采购人名称、采购项目名称、项目概况等项目基本情况说明。

（2）项目预算金额、预算批复文件或者资金来源证明。

（3）拟申请采用的采购方式和理由。

三、"公开招标失败后"的变更

《政府采购货物和服务招标投标管理办法》第四十三条规定，公开招标数额标准以上的采购项目，投标截止后投标人不足3家或者通过资格审查或符合性审查的投标人不足3家的，除采购任务取消情形外，按照以下方式处理：

（1）招标文件存在不合理条款或者招标程序不符合规定的，采购人、采购代理机构改正后依法重新招标。

（2）招标文件没有不合理条款、招标程序符合规定，需要采用其他采购方式采购的，采购人应当依法报财政部门批准。

根据以上要求，公开招标失败后的采购方式变更需满足以下条件：

（1）投标截止后，投标人不足3家或者通过资格审查或符合性审查的投标人不足3家的客观事实存在。

（2）采购任务未取消。

（3）采购文件无不合理条款。

（4）招标程序符合规定。

（5）采购方式变更必须获得财政部门批准。

招标失败意味着投标截止后投标人不足3家或者通过资格审查或符合性审查的投标人

不足3家，那么就存在投标人或合格标的为"2家投标人""1家投标人""没有投标人或没有合格标的"这三种情形，下面我们逐一分析。

1. "2家投标人""没有投标人或没有合格标的"的情形

对此，《政府采购非招标采购方式管理办法》在竞争性谈判方式中进行了规定。

第二十七条第一款第一项情形：招标后没有供应商投标或者没有合格标的，或者重新招标未能成立的。

第二十七条第二款情形：公开招标的货物、服务采购项目，招标过程中提交投标文件或者经评审实质性响应招标文件要求的供应商只有2家时，采购人、采购代理机构按照本办法第四条经本级财政部门批准后可以与该2家供应商进行竞争性谈判采购，采购人、采购代理机构应当根据招标文件中的采购需求编制谈判文件，成立谈判小组，由谈判小组对谈判文件进行确认。

根据以上规定，公开招标的货物、服务采购项目，没有供应商投标或者没有合格标的，或者重新招标未能成立的，或者招标过程中提交投标文件或者经评审实质性响应招标文件要求的供应商只有2家的，都可以申请变更为竞争性谈判采购方式。

申请采用竞争性谈判采购方式时，除提交《政府采购非招标采购方式管理办法》第五条规定的材料外，还应当提交下列申请材料：

（1）在省级以上财政部门指定的媒体上发布招标公告的证明材料。

（2）采购人、采购代理机构出具的对招标文件和招标过程是否有供应商质疑及质疑处理情况的说明。

（3）评标委员会或者3名以上评审专家出具的招标文件没有不合理条款的论证意见。

2. "1家投标人"的情形

上文"2家投标人"的情形可申请变更为竞争性谈判采购方式，而"1家投标人"的情形，不能直接申请变更为单一来源采购方式，而是要判断项目是否属于《政府采购法》第三十一条第一项情形"只能从唯一供应商处采购的"情形。如果属于，采购人、采购代理机构在报财政部门批准之前，还应当在省级以上财政部门指定媒体上公示，并将公示情况一并报财政部门。公示期不得少于5个工作日，公示内容应当包括：

（1）采购人、采购项目名称和内容。

（2）拟采购的货物或者服务的说明。

（3）采用单一来源采购方式的原因及相关说明。

（4）拟定的唯一供应商名称、地址。

（5）专业人员对相关供应商因专利、专有技术等原因具有唯一性的具体论证意见，以及专业人员的姓名、工作单位和职称。

（6）公示的期限。

（7）采购人、采购代理机构、财政部门的联系地址、联系人和联系电话。

综上所述，达到公开招标数额标准的货物、服务采购项目，"公开招标失败后"，采购人可以根据实际情况，按照《政府采购非招标采购方式管理办法》的相关规定，依法申请由公开招标变更为竞争性谈判或单一来源采购。

下面以湖北省相关规定为例进行介绍。

湖北省财政厅于2017年6月30日发布《关于进一步加强政府采购方式变更管理有关事项的通知》（鄂财函〔2017〕215号）。该通知就进一步加强政府采购的方式变更管理有关事项做出了以下规定。

一是依法明确采购方式变更情形及申请变更主体。达到公开招标数额标准的货物、服务项目，因特殊情况需要采用公开招标以外的采购方式的，且符合法定的变更采购方式情形的，采购人报经主管预算单位（主管预算单位是指负有编制部门预算职责，向同级财政部门申报预算的国家机关、事业单位和团体组织）同意后，依照《政府采购法》的规定向财政部门提出变更申请。采购方式变更分为两种情形，即采购活动开始前和公开招标失败后。公开招标以外的采购方式包括：邀请招标、竞争性谈判、竞争性磋商、单一来源采购、询价以及财政部认定的其他采购方式。未达到公开招标数额的货物、服务项目，由采购人依法自行确定采购方式，无需报财政部门批准。

二是依法规范采购方式变更申请。采购活动开始前和公开招标失败后，采购人申请采购方式变更的，报经主管预算单位同意后，依法向财政部门提出申请，并提交申请报告和相关附件资料。

三是依法公示采购方式变更前的相关信息。这包括公示的情形、公示的内容及期限和对公示异议的处理。

四是明确相关责任及工作要求。采购人是政府采购方式变更申请的主体，依法承担主体责任。采购人申请方式变更应当向财政部门提交合规、明确、完整的申请材料，并对其合规性、真实性负责。达到公开招标数额标准，采购人未经批准，擅自采用公开招标以外采购方式的，属违法行为；主管预算单位应当按照政府采购内部控制制度建设的要求，对所属单位实行内部归口管理，加强对所属单位的采购执行管理，强化政府采购政策落实的指导；采购代理机构应当依法按照采购人的委托，代理采购项目的具体实施活动，配合采购人提供变更采购方式所需的相关材料，并依法按照批准的采购方式开展采购活动；财政部门按照政府采购法律法规及相关制度的规定，对采购人提交的变更采购方式申请材料进行符合性审核，审核符合法定情形规定的，依法批准采购人的政府采购方式申请，并负责对政府采购方式的执行进行监督检查。

在线习题（第四章）

第一节　邀　请　函

政府采购项目，采购文件第一章节一般为邀请函，其内容基本等同于采购公告的内容。邀请函一般包括：项目基本情况，执行的政府采购政策，供应商资格要求，获取采购文件的时间、地点和方式，递交投标（响应）文件的时间和地点，公告期限，其他补充事项和联系方式等。

一、项目基本情况

在项目基本情况中，采购人或采购代理机构应向潜在供应商告知项目的基本信息，包含项目编号、项目名称、项目预算金额、最高限价（如有）、项目采购需求（包含但不限于标的名称、数量、简要技术需求或服务要求）、合同履行期限等要素。下面举例对货物类、服务类和工程类项目进行说明。

1. 货物类采购项目

对单项货物采购而言，一般包含采购货物名称、数量、基本参数要求、合同期限要求、是否接受进口产品、采购预算等内容；对多项货物采购而言，则还应该考虑分包以及核心产品的设置等问题。

1）单项货物采购

例如，单台CT设备，采购需求描述如表5-1所示。

表5-1　单台CT设备的采购需求

货物名称	数量	基本参数要求	交货期要求	质保期要求	是否接受进口产品	预算金额	最高限价
CT机	1套	××	××	××	是/否	××万元	××万元

2）未分包的非单一产品采购

招标项目中，非单一产品采购项目，采购人应当根据采购项目的技术构成、产品价格比重等合理确定核心产品，并在招标文件中载明。核心产品一般仅设置一项产品。

例如，办公设备一批，采购需求描述如表5-2所示。

表5-2 办公设备的采购需求

序号	货物名称	基本参数要求	数量	是否接受进口产品	是否为核心产品	交货期要求	质保期要求	预算金额
1	笔记本电脑	××	×台	否	是			
2	LED屏	××	×台	否	否			
3	液晶显示器	××	×台	否	否	××	××	××万元
4	打印机	××	×台	否	否			
5	台式计算机	××	×台	否	否			

【小贴士】

【问】《政府采购货物和服务招标投标管理办法》（财政部令第87号）中单一货物采购，是否默认该产品为核心产品呢？多家投标人提供的核心产品品牌相同，是否按一家计算？

【答】单一货物采购无需确定核心产品。根据《政府采购货物和服务招标投标管理办法》（财政部令第87号）第三十一条的规定，使用综合评分法的采购项目，提供相同品牌产品且通过资格审查、符合性审查的不同投标人参加同一合同项下投标的，按一家投标人计算。

（信息来源中国政府采购网）

【问】某单位食堂需要采购410万元的食材，包括鸡鸭鱼肉，瓜果蔬菜，面粉调料等（也不局限于以上品种）。请问这属于政府采购中的货物类还是服务类？如果属于货物类，采用公开招标方式采购，如何确定核心产品？

【答】食材具有特殊性，可不确定核心产品，也可根据需要分包采购。

（信息来源中国政府采购网）

【问】某政府采购货物类项目采用竞争性谈判采购方式是否必须明确核心产品？

【答】采用非招标方式采购的非单一产品采购项目，采购人可以参照87号令在采购文件中约定核心产品。

（信息来源中国政府采购网）

【问】一个合同项下确定多个核心产品时，只有部分核心产品品牌相同的如何计算？

【答】政府采购货物招标项目涉及多个产品的集成项目采购的，应该明确核心产品，以核心产品的品牌是否相同作为判别是否为一家投标人的依据。如果确定了多个核心产品，只要任意一个核心产品的品牌相同，有关投标人就应认定为一个投标人。为便于采购活动开展，如果确有必要设置多个核心产品的，建议设置不同的采购包。

（信息来源中国政府采购网）

【问】货物类磋商项目采购中，是否必须确定核心产品或确定不少于3个品牌货物参与的相关规定？

【答】货物类竞争性磋商采购项目中，采购人可以根据项目需要确定核心产品，但不是强制性要求。

（信息来源中国政府采购网）

【问】货物类采购，招标文件明确规定了核心产品，业绩评审因素的评分标准将供应商具备核心产品的销售业绩作为加分项，是否属于以不合理的条件对供应商实行差别待遇或者歧视待遇？

【答】如非限定特定区域、特定行业的业绩，仅将核心产品的销售业绩作为评审因素，不属于《政府采购法实施条例》第二十条规定的以不合理条件对供应商实行差别待遇或者歧视待遇的情形。

（信息来源中国政府采购网）

【问】公开招标的项目，采购多项不同功能的网络安全产品，采购文件未确定核心产品是否构成违法或者违规？

【答】采购人应按照《政府采购货物和服务招标投标管理办法》（财政部令第87号）要求，根据采购项目技术构成、产品价格比重等合理确定核心产品，并在采购文件中明确标注。

（信息来源中国政府采购网）

【问】采用最低评标价法的非单一产品采购项目，多家投标人核心产品品牌相同且都通过了资格性审查，请问是核心产品报价最低的投标有效，还是核心产品和其他产品总价最低的投标有效？

【答】在政府采购货物和服务招标采购项目中，采用最低评标价法的非单一产品采购项目，应当选择通过资格审查的核心产品和其他产品总价最低的投标供应商作为中标供应商。

（信息来源中国政府采购网）

【问】公开招标的项目，采购标的为多款产品，不标注核心产品是否构成违法或者违规？

【答】根据《政府采购货物和服务招标投标管理办法》（财政部令第87号）第三十一条规定，非单一产品采购项目，采购人应当根据采购项目技术构成、产品价格比重等合理确定核心产品，并在招标文件中载明。因此，应当标记核心产品，对于无法确定核心产品的，原则上应当根据实际情况合理设置不同的采购包。

（信息来源中国政府采购网）

3）分包但单包内单一产品采购

单包内单一产品采购，不涉及核心产品的指定问题。对于多包采购，还必须约定参与多包投标的规则。

例如，某单位动物疫苗采购项目，采购需求描述如表5-3所示。

表5-3 某单位动物疫苗采购项目的采购需求

包号	货物名称	基本参数要求	采购数量	是否允许进口	交货期	质保期	预算/最高限价	参与多包投标的规定
1	禽流感疫苗	××	××万毫升	否	××	××	××万元	供应商可参与一包或者多包的投标，但不得对同一包内货物进行拆分投标。本项目将以"包"为单位进行评审并确定中标人
2	猪流感疫苗	××	××万毫升	否	××	××	××万元	
3	牛口蹄疫疫苗	××	××万毫升	否	××	××	××万元	

4）分包且单包内非单一产品采购

此类采购既要考虑多包投标的规定，又要兼顾考虑核心产品的设置，若每一包均为非单一产品采购，那么必须以包为单位设置核心产品。

例如，Z环境总站设备采购项目，采购需求描述如表5-4所示。

表5-4　Z环境总站设备采购项目的采购需求

包号	序号	采购内容	基本参数要求	数量	是否接受进口产品	是否为核心产品	交货期	预算金额
一	1	图形工作站	××	×台	否	是		××万元
	2	移动工作站	××	×台	否	否		
	3	胶装机	××	×台	否	否		
	4	数据采集器	××	×台	否	否		
二	1	发电机组	××	×台	否	是	××	××万元
	2	井用潜水电泵	××	×台	否	否		
	3	地下水荧光示踪仪	××	×台	否	否		
	4	手持式激光测距仪		×个	否	否		
	5	水位计		×个	否	否		
	6	地下水采样器		×台	否	否		

Z环境总站委托代理机构H公司，对一批设备进行公开招标，该项目采购的设备属于非单一产品，包含的内容比较繁杂，采购人委托时作为一个包采购。

与采购人沟通时，H公司依据《政府采购货物和服务招标投标管理办法》（财政部令第87号）的规定，对非单一产品，要求采购人必须明确核心产品，并在招标文件中载明。考虑到图形工作站和发电机组预算相当，而且都非常重要，采购人是将图形工作站设为核心产品还是将发电机组设为核心产品很难抉择。如果一个包设两个核心产品，则操作起来会相当麻烦。H公司建议采购人根据产品类别将项目分为两个包招标，第一个包包括图形工作站、移动工作站、胶装机和数据采集器，核心产品是图形工作站。第二个包包括发电机组、井用潜水电泵、地下水荧光示踪仪、手持式激光测距仪、水位计和地下水采样器等，核心产品是发电机组，这样就解决了采购人的问题，采购人采纳了该建议。

本案涉及以下几个要点。

一、对于非单一产品采购，必须设置核心产品

《政府采购货物和服务招标投标管理办法》（财政部令第87号）第三十一条规定，非单一产品采购项目，采购人应当根据采购项目技术构成、产品价格比重等合理确定核心产品，并在招标文件中载明。

对于非单一产品采购项目，在编制采购文件时务必载明核心产品。如果没有载明核心产品，在评审中则无法处理同品牌投标的问题。

依据《政府采购货物和服务招标投标管理办法》（财政部令第87号）第三十一条规定，使用综合评分法的采购项目，提供相同品牌产品且通过资格审查、符合性检查的不同供应商参加同一合同项下投标的，按一家供应商计算，评审后得分最高的同品牌供应商获得中标人推荐资格；评审得分相同的，由采购人或者采购人委托评标委员会按照招标文件规定的方式确定一个供应商获得中标人推荐资格，招标文件未规定的采取随机抽取方式确定，其他同品牌供应商不作为中标候选人。在采用综合评分法进行评审的项目中，所有通过资格审查和符合性检查的供应商均有资格参与评标，同品牌不同的供应商评审得分最高者获得中标候选人资格，其他同品牌供应商不能参与最后排序和不能作为中标候选人。因此，对非单一产品采购项目，只有明确核心产品，才能处理同品牌投标的问题。

二、单包采购能否设定多个核心产品

如果该项目合并一个包进行采购，并将图形工作站和发电机组都设为核心产品，那么在评审过程中将会遇到难题。

按照规定，提供相同品牌产品且通过资格审查、符合性检查的不同供应商参加同一合同项下投标的，按一家供应商计算，多家供应商提供的核心产品品牌相同的，也按照此种方式处理。也就是说，参与有效投标的核心产品必须有至少3个品牌，如果核心产品设置两个及以上，既不科学也不具备可操作性。

有一种情况例外，在招标文件中设定多项产品必须为同一品牌，并将同一品牌的产品一并设置为核心产品，则是可行的。例如，单包设备中同时采购计算机和打印机，招标文件可要求供应商提供的计算机和打印机必须为同一品牌，那么这两项产品可以同时被设置为核心产品。

三、多包采购必须分别设定核心产品

对于本案例而言，采用分包的方式便可解决采购人的问题。既然是分包采购，投标、评标和定标均以包为单位进行，想要满足采购人设置多个核心产品的要求，那么每个包确定一个核心产品是必须的。

2. 服务类采购项目

服务类在采购需求中必须描述清楚服务内容、服务期、采购预算或最高限价等内容。

3. 工程类采购项目

政府采购工程项目，在项目基本情况中应介绍工程建设的地址、规模、工期、预算金额等内容。

【小贴士】

【问】一个政府采购公开招标采购文件规定："为保证项目质量与工期进度，'房地一体'宅基地使用权、集体建设用地使用权及房屋所有权不动产登记项目的投标单位如果同时递交多个包的投标文件，按包号顺序只能中取第一个包，下一个包自动放弃。"这样的规定，换言之，就是投标单位（供应商）在一个招标项目多包中只能中一个包。这明显限制了投标单位（供应商）可多中标。投标单位（供应商）有足够的设备技术能力和人员配置，完全可以多中几个包，这样就被限制了。这是否违反了《政府采购法实施条例》？

【答】现行政府采购法律制度未对多标包兼投不兼中问题作规定，采购人及其委托的代理机构应在不违反法律规定的前提下，根据实际情况在采购文件中作出约定。

（信息来源中国政府采购网）

【小贴士】

【问】政府采购的项目分为三个标包进行采购，因为具体工作界面需分开，招标要求供应商兼投不兼中。截至开标前，只有三家供应商报名参与。这种情况下，开标结果将会是三家供应商各中标一个标包。请问这种情况下是否只应该就项目的一个标包进行开标和评标？另外，这种情况下，为保证项目具有竞争性，必须至少满足几家供应商参与，才能够实现三个标包兼投不兼中？

【答】为保证项目具有竞争性，政府采购招标项目每一个分包通过资格审查或符合性审查的投标人应为三家或三家以上。一个招标项目三个分包，至少需要五家符合条件的供应商参与采购活动，才能保证兼投不兼中。

（信息来源中国政府采购网）

【小贴士】

【问】项目共分两个包，三家单位同时参与两个包的投标，资格审查三家单位全部通过，并没有出现实质性不满足问题。现有单位认为三家单位投标不兼得的话势必会有一包投标人形成不足三家竞争问题。这种情形是否可界定为有一个包不足三家单位的投标？还有评分办法可以规定当两包投标人同时排名第一时，按包号确定中标单位，确定为本包中标单位后，下一包则确定排名第二的为中标人？

【答】从项目实施质量考虑，采购人可以在多标段采购项目的采购文件中约定投标人只能中一个标段。上述情形，第一个包的投标人数量满足三家，可以确定一个中标人。第二个包的投标人不足三家，应该废标。对此，采购人及其委托的代理机构应在不违反法律规定的前提下，根据实际情况在采购文件中作出约定。上述的评分及中标方法不违反政府采购规定。

(信息来源中国政府采购网)

【小贴士】

【问】某公开招标的项目，分为2个标段招标。招标文件规定，投标人兼投不兼中，但就单一标段中标人放弃资格后的处理问题未作任何规定。中标结果公布后，标段1中标人宣布放弃中标资格，采购人决定仅就标段1重新采购。请问在这种采购文件未明确单个标段中标人放弃中标资格是否影响其他标段的情况下，采购人能否仅就标段1决定重新采购？

【答】按照财政部令第87号规定，中标后中标人无正当理由不得放弃中标。上述采购项目中部分采购包中标人放弃中标后续处理问题，采购人可以仅就该包重新开展采购活动。

(信息来源中国政府采购网)

二、供应商资格要求

1. 法定资格条件

根据《政府采购法》第二十二条规定，供应商参加政府采购活动应当具备下列条件。

(1) 具有独立承担民事责任的能力。

参加政府采购活动的供应商应当提交法人或者其他组织的营业执照等证明文件、自然人的身份证明。

【小贴士】

【问】分公司能以自己的名义参加投标活动吗？

【答】《政府采购法》第二十一条规定，供应商是指向采购人提供货物、工程或者服务的法人、其他组织或者自然人。第二十二条第一款第（一）项规定，供应商参加政府采购活动应当具有独立承担民事责任的能力。

有观点认为，分公司属于《政府采购法》第二十一条里的其他组织，可以作为政府采购供应商。此观点不成立，理由是，其他组织主要包括合伙企业、非企业专业服务机构、个体工商户、农村承包经营户、法人的分支机构等，个体工商户、农村承包经营户都可以独立承担民事责任，但分公司作为法人的分支机构不能独立承担民事责任，不符合《政府采购法》第二十二条第一款第（一）项的强制性规定。

也有观点认为，法人依法设立的分支机构以自己的名义参加政府采购活动，但必须经法人授权。此观点依据《民法典》第七十四条第二款规定，分支机构以自己的名义从事民事活动，产生的民事责任由法人承担；也可以先以该分支机构管理的财产承担，不足以承担的，由法人承担。

另有观点认为，分公司不可以作为政府采购供应商。理由是，《民法典》第七十四条并没有赋予法人分支机构"独立承担民事责任"的法律人格，只是规定其"以自己的名义从事民事活动，产生的民事责任由法人承担；也可以先以该分支机构管理的财产承担，不足以承担的，由法人承担。"

目前，在政府采购法规框架下，有两种情形分公司可以作为政府采购活动合法供应商：（1）银行、保险、石油石化、电力、电信等有行业特殊情况的，采购人、采购代理机构按照其特点在采购文件里作出专门规定的（《〈中华人民共和国政府采购法实施条例〉释义》（以下简称《释义》）第67~68页有明确解释）；（2）分公司实施独立财务核算，总公司章程里对分公司参加政府采购活动没有限制，分公司管理的财产足以承担发生违约行为之后对政府采购项目的赔偿责任，采购文件里对此作出专门规定的（结合《民法典》第七十四条、《释义》第67页关于《政府采购法》第二十二条第一款第（一）项为什么设定供应商应当具有独立承担民事责任资格条件的解释，可以归纳出这一情形）。除此之外，政府采购项目，分公司不能以自己的名义参加政府采购活动。

（2）具有良好的商业信誉和健全的财务会计制度。

参加政府采购活动的供应商应当提交财务状况报告等相关材料。

（3）具有履行合同所必需的设备和专业技术能力。

参加政府采购活动的供应商应当提交具备履行合同所必需的设备和专业技术能力的证明材料。

（4）有依法缴纳税收和社会保障资金的良好记录。

参加政府采购活动的供应商应当提交依法缴纳税收和社会保障资金的相关材料。

（5）参加政府采购活动前三年内，在经营活动中没有重大违法记录。

参加政府采购活动的供应商应当提交参加政府采购活动前三年内在经营活动中没有重大违法记录的书面声明。

《政府采购法实施条例》第十九条规定，政府采购法第二十二条第一款第五项所称重大违法记录，是指供应商因违法经营受到刑事处罚或者责令停产停业、吊销许可证或者执照、较大数额罚款等行政处罚。

财政部《关于〈中华人民共和国政府采购法实施条例〉第十九条第一款"较大数额罚款"具体适用问题的意见》（财库〔2022〕3号）提出，《中华人民共和国政府采购法实施条例》第十九条第一款规定的"较大数额罚款"认定为200万元以上的罚款，法律、行政法规以及国务院有关部门明确规定相关领域"较大数额罚款"标准高于200万元的，从其规定。该意见自2022年2月8日起施行。

（6）法律、行政法规规定的其他条件。

采购项目有特殊要求的，供应商还应当提供其符合特殊要求的证明材料或者情况说明。

2. 信用记录查询及使用要求

供应商应未被列入失信被执行人、重大税收违法失信主体，未被列入政府采购严重违法失信行为记录名单。

财政部《关于在政府采购活动中查询及使用信用记录有关问题的通知》（财库〔2016〕125号）规定，各级财政部门、采购人、采购代理机构应当通过"信用中国"网站（www.creditchina.gov.cn）、中国政府采购网（www.ccgp.gov.cn）等渠道查询相关主体信用记录，并采取必要方式做好信用信息查询记录和证据留存，信用信息查询记录及相关证据应当与其他采购文件一并保存。

3. 落实政府采购政策需满足的资格要求

如属于专门面向中小企业采购的项目，供应商应为中小微企业；如属于专门面向监狱企业采购的项目，供应商应为监狱企业。

4. 对供应商的限制

（1）限制存在关联关系的供应商参加政府采购活动。

《政府采购法实施条例》第十八条第一款规定，单位负责人为同一人或者存在直接控股、管理关系的不同供应商，不得参加同一合同项下的政府采购活动。

单位负责人为同一人或者存在控股或者管理关系的两个单位参与同一合同项下的采购活动，不利于采购活动的公平竞争，损害国家利益、社会公共利益以及其他供应商的合法权益。

单位负责人，是指单位法定代表人或者法律、行政法规规定代表单位行使职权的主要负责人。所谓法定代表人，是指由法律或者法人组织章程规定，代表法人对外行使民事权利、履行民事义务的负责人。所谓法律、行政法规规定代表单位行使职权的主要负责人，是指除法定代表人以外，法律、行政法规规定代表单位行使职权的主要负责人。

根据《民法典》第八十四条，控股股东，是指其出资额占有限责任公司资本总额50％以上或者其持有的股份占股份有限公司股本总额50％以上的股东，或者出资额或者持有股份的比例虽然不足50％，但依其出资额或者持有的股份所享有的表决权已足以对股东会、股东大会的决议产生重大影响的股东。

管理关系，是指不具有出资持股关系的其他单位之间存在管理与被管理关系。如一些上下级关系的事业单位和团体组织。

政府采购行政法规规定的控股、管理关系仅限于直接控股、直接管理关系，而不包括间接的控股或管理关系。例如，不是公司的股东，但通过投资关系、协议或者其他安排，能够实际支配公司行为的公司实际控制人。公司实际控制人与公司之间的关系不属于政府采购行政法规规定的直接控股关系。

（2）为采购项目提供过有关服务的供应商不得再参加该采购项目的其他采购活动。

《政府采购法实施条例》第十八条第二款规定，除单一来源采购项目外，为采购项目提供整体设计、规范编制或者项目管理、监理、检测等服务的供应商，不得再参加该采购项目的其他采购活动。

为采购项目提供过整体设计、规范编制服务的供应商，不仅在理解及把握采购内容方面具有一定优势，而且如果允许其参加该项目的其他采购活动，则其在进行整体设计、规范编制时可能暗含有利于自身参加竞争的内容。因此，为采购项目提供整体设计、规范编制服务的供应商与其他供应商不是处于同等条件下的竞争，违反了公平竞争的原则。

为采购项目提供了项目管理、监理、检测等服务的供应商，如果参加该采购项目的其他采购活动，并成为该项目的中标或成交供应商，那么该项目的管理、监理、检测和项目的提供者都为同一供应商，使得为保证项目质量而引入的管理、监理、检测等项目实施的制约和监督措施无法发挥其应有作用。

对采用单一来源方式的采购项目作了例外规定。即在采用单一来源采购方式的情况下，为采购项目提供整体设计、规范编制等服务的供应商，可以参加该采购项目的其他采购活动。主要原因是，按照法律规定，单一来源采购的适用情形最终都只能从唯一供应商处采购，不存在与其他供应商竞争的问题。

5.特定资格条件

采购人可根据项目的特殊要求而设置特定的资格条件，但特定资格条件的设置必须与项目情况相适应。如对特种设备或特殊专业人才的要求等，属于特定行业项目的，还应有该行业的准入要求。如项目接受联合体投标，对联合体应提出相应的资格要求。

特定资格条件的设置必须与项目情况相适应，不得有如下情形：

（1）非法限定供应商的所有制形式、组织形式、股权结构或者所在地。具体表现在限定供应商的所有制形式，例如：国有、独资、合资等；限定企业法人，将事业法人、其他组织和自然人排除；限定注册地（总部）在某行政区域内，或要求在某行政区域内有分公司等。

（2）将供应商规模条件设置为资格条件。例如设置注册资本、资产总额、营业收入、从业人员、利润、纳税额等规模条件。

（3）设定与采购项目的具体特点和实际需要不相适应或者与合同履行无关的资格条件。其主要包括：限定特定行政区域或者特定行业的业绩、奖项；设定特定金额的业绩或对代理商提出业绩要求；设置的资格条件与项目履行无关或过高、明显不合理，如非涉密或不存在敏感信息的采购项目，要求供应商有从事涉密业务的资格等。

（4）对供应商采取不同的资格审查标准。例如，对本地区和外地的供应商、本行业和其他行业的供应商、合作过的供应商和新参与竞争的供应商、协议（定点）和非协议（定点）供应商、国有企业和民营企业、内资企业和外资企业等采用不同的资格审查标准。

（5）以其他不合理条件限制或者排斥潜在供应商。其主要有：要求供应商在政府采购活动前进行不必要的登记、注册；要求供应商购买指定软件作为参加电子化政府采购活动的资格条件；没有法律法规依据，通过入围方式将项目库、名录库、备选库、资格库等作为资格条件；非法限定营业执照经营范围内的具体名称，或者设置经营年限、成立年限等限制条款；将除进口货物以外生产厂家的授权、承诺、证明、背书等作为资格要求；将国务院已明令取消的或国家行政机关非强制的资质、资格、认证、目录等作为资格条件；限定或者指定特定的专利、商标、品牌或者供应商等。

需要注意的是，供应商的资格条件不得列为评分因素。也就是说，写进资格要求的条款不得在评分标准中再设置分值，资格条件为"一票否决"制，任意一项不满足均被认定为不合格供应商。

三、采购文件的获取

1. 评审阶段审查的因素不得前置到采购文件获取阶段

有的政府采购项目采购公告中，将本应在评审阶段审查的因素作为供应商获取采购文件的条件，将应当在评审阶段审查的因素前置到采购文件购买阶段进行，这违反了法定程序，属于《政府采购法》第七十一条第（三）项规定的"以不合理的条件对供应商实行差别待遇或者歧视待遇"的情形。

一般仅要求供应商在获取采购文件时出具证明文件，以确定不出现采购文件冒领的情况即可。法定代表人自己领取的，提供法定代表人身份证明书及法定代表人身份证明；

法定代表人委托他人领取的，提供法定代表人授权书及受托人身份证明。

在电子化交易中，一般情况下，供应商通过公告链接下载采购文件，并在获取采购文件时间内登录电子采购平台点击参加项目即可。潜在供应商应当是在政府电子采购平台注册的供应商。

2. 采购文件售价应该合理

《政府采购货物和服务招标投标管理办法》第二十四条规定，招标文件售价应当按照弥补制作、邮寄成本的原则确定，不得以营利为目的，不得以招标采购金额作为确定招标文件售价的依据。

实现电子化采购的，采购人、采购代理机构应当向供应商免费提供电子采购文件。

为优化营商环境，减轻企业负担，暂未实现电子化采购的，鼓励采购人、采购代理机构向供应商免费提供纸质采购文件。

3. 采购文件获取的时间不少于法定期限

《政府采购货物和服务招标投标管理办法》第十六条规定，招标公告、资格预审公告的公告期限为5个工作日。公告内容应当以省级以上财政部门指定媒体发布的公告为准。公告期限自省级以上财政部门指定媒体最先发布公告之日起算。

《政府采购非招标采购方式管理办法》规定，从谈判文件发出之日起至供应商提交首次响应文件截止之日止不得少于3个工作日。从询价通知书发出之日起至供应商提交响应文件截止之日止不得少于3个工作日。

《政府采购竞争性磋商采购方式管理暂行办法》规定，磋商文件的发售期限自开始之日起不得少于5个工作日。

我们来看以下案例。

×××项目招标公告

×××公司受Y厅的委托，对×××项目进行公开招标采购，欢迎符合资格条件的潜在供应商报名参加。

一、项目概况

项目编号：×××

项目名称：×××

资金来源：财政资金

采购预算：×××万元

采购内容：×××项目所需服务

服务期限：自合同签订之日起至合同委托工作全部结束，预计服务期一年，具体以实际工作时间为准。

采购需求：详见招标文件第三章。

二、供应商资格要求

1.供应商应满足《中华人民共和国政府采购法》第二十二条规定的条件：

（1）具有独立承担民事责任的能力；

（2）具有良好的商业信誉和健全的财务会计制度；

（3）具有履行合同所必需的设备和专业技术能力；

（4）有依法缴纳税收和社会保障资金的良好记录；

（5）参加政府采购活动前三年内，在经营活动中没有重大违法记录；

（6）法律、行政法规规定的其他条件。

2.供应商需是中国境内依法注册的独立企业法人，并持有有效的营业执照，且有相应的经营范围。

3.供应商应具有履行合同所必需的人员和专业技术能力。

4.供应商未被列入失信被执行人、重大税收违法失信主体，未被列入政府采购严重违法失信行为记录名单，否则将被拒绝参加本次投标。

5.供应商提供近三个月依法纳税及社保缴纳证明材料。

6.供应商需财务状况良好（提供2021年度、2022年度、2023年度经会计师事务所审计的财务报告，成立不足三年的可从成立之日起算）。

7.本项目不接受联合体投标。

三、资格审查方法

本次招标采用资格后审。

四、招标文件的获取

购买时间：2024年××月××日起至2024年××月××日每天上午8:30—12:00、下午14:30—17:30（节假日除外）。

购买地点：×××

文件售价：0元

供应商购买文件需携带资料：①供应商法定代表人凭法定代表人身份证明书（原件）或委托代理人凭法定代表人授权书（原件）、本人身份证（原件）；②"二、供应商资格要求"所需证明材料为加盖公章的复印件；③开票资料【含开票单位名称、纳税人识别号（或统一社会信用代码）、营业执照或税务登记证地址、单位联系电话、开户行及账号】。

五、投标文件送达地点及截止时间

送达地点：×××

送达截止时间：2024年××月×××日 9:30（北京时间）

逾期送达指定地点或者不按照招标文件要求密封的投标文件，招标人和招标采购代理机构不予受理。

六、开标地点及时间

地点：×××

开标时间：2024年××月××日 9:30（北京时间）

参加要求：投标的授权代表需携带本人二代身份证原件及投标文件出席开标会议

七、发布公告的媒介

本次招标公告在××省政府采购网。

八、联系方式

采购人：Y厅

采购代理机构：×××公司

地址：×××

联系人：×××

电话：×××

2024年××月××日

上述公告中有几处不合理的地方。

（1）项目需求不明确，公告中要求"具体采购需求详见招标文件第三章"。供应商电话要求查询招标文件采购需求时，采购代理机构答复必须报名购买文件，不接受查询，实际上是设置了报名障碍。

（2）资格条件中设置"供应商需是中国境内依法注册的独立企业法人，并持有有效的营业执照，且有相应的经营范围"，该条款要求了供应商经营范围，构成了事实上的歧视，属于"非法限定营业执照经营范围内的具体名称或设置经营年限、成立年限等限制条款"。

（3）资格条件中"5.供应商提供近三个月依法纳税及社保缴纳证明材料。6.供应商需财务状况良好（提供2021年度、2022年度、2023年度经会计师事务所审计的财务报告，成立不足三年的可从成立之日起算）。"是对"1.供应商应满足《中华人民共和国政府采购法》第二十二条规定的条件：（2）具有良好的商业信誉和健全的财务会计制度；……（4）有依法缴纳税收和社会保障资金的良好记录；"的具体要求，无需单独再设置。

（4）"供应商购买文件需携带资料：②'二、供应商资格要求'所需证明材料为加盖公章的复印件"是资格审查前置。原则上所有潜在供应商都有权购买招标文件。代理机构对领取招标文件的潜在供应商进行资格限定，属于以不合理的要求限制或排斥潜在供应商。

（5）是否参加开标会议，应由供应商自行决定，公告中要求投标的授权代表必须出席开标会议，不合理。

（6）联系方式中采购人信息公示不全。

四、投标（响应）文件的提交和开标

1. 投标（响应）文件递交时间必须符合法定要求

《政府采购法》第三十五条规定，货物和服务项目实行招标方式采购的，自招标文件开始发出之日起至投标人提交投标文件截止之日止，不得少于20日。

《政府采购非招标采购方式管理办法》规定，采用竞争性谈判、询价方式的项目，从谈判文件、询价通知书发出之日起至供应商首次提交相应文件截止之日止，不得少于3个工作日。

《政府采购竞争性磋商采购方式管理暂行办法》规定，从磋商文件发出之日起至供应商提交首次响应文件截止之日止不得少于10日。

2. 提交投标文件截止时间与开标时间应该一致

《政府采购货物和服务招标投标管理办法》第三十三条规定，投标人应当在招标文件要求提交投标文件的截止时间前，将投标文件密封送达投标地点。采购人或者采购代理机构收到投标文件后，应当如实记载投标文件的送达时间和密封情况，签收保存，并向投标人出具签收回执。任何单位和个人不得在开标前开启投标文件。

逾期送达或者未按照招标文件要求密封的投标文件，采购人、采购代理机构应当拒收。

《政府采购货物和服务招标投标管理办法》第三十四条规定，投标人在投标截止时间前，可以对所递交的投标文件进行补充、修改或者撤回，并书面通知采购人或者采购代理机构。补充、修改的内容应当按照招标文件要求签署、盖章、密封后，作为投标文件的组成部分。

《政府采购货物和服务招标投标管理办法》第三十九条规定，开标应当在招标文件确定的提交投标文件截止时间的同一时间进行。

3. 开标地点应当为招标文件预先确定的地点

《政府采购货物和服务招标投标管理办法》第三十九条规定，开标地点应当为招标文件中预先确定的地点。采购人或采购代理机构变更开标地点，应提前书面告知所有领取采购文件的供应商，以免引起不必要的纠纷。

4. 电子化交易中相关要求

电子化交易项目中，一般有如下要求。

（1）提交投标截止时间前，投标人应当使用加密其投标文件的 CA 数字证书登录电子采购平台，进入"开标大厅"选择所投项目（或采购包）完成项目签到工作。

（2）在"投标邀请"约定的投标截止时间、开标时间及地点，采购代理机构通过互联网在电子采购平台"开标大厅"公开组织开标工作。

（3）投标人应当在能够保证设施设备可靠、互联网畅通的任意地点，使用加密其投标文件的 CA 数字证书登录电子采购平台，进入"开标大厅"，按时参加项目开标工作，并实时关注开标直播情况，按照工作人员提示进行相关操作。

（4）投标文件解密：提交投标文件截止时间到后，工作人员启动开始解密指令，投标人应当按照招标文件规定及时进行投标文件解密。

（5）在招标文件规定的时间内，投标人非因电子采购平台原因造成投标文件未解密的，视为撤回投标文件。停止解密后，在部分投标文件未解密的情况下，已解密的投标文件不足 3 家的，不得开标，项目应当按照规定作废标处理。

（6）工作人员在电子采购平台上组织开标、唱标，形成开标一览表。投标人需及时关注开标过程，认真核实开标结果并在开标一览表上进行签署确认（用 CA 数字证书中的电子印章进行签署）。未在规定时间内对开标一览表签署确认的，将视同其认可开标结果。

（7）投标人或其授权代表对开标过程和开标记录有疑义，以及认为采购人、集中采购机构相关工作人员有需要回避的情形的，应当在开标过程中提出；工作人员当场对疑义作出答复。疑义与答复应当在电子采购平台"开标大厅"互动窗口中在线进行。

五、公告期限

《关于做好政府采购信息公开工作的通知》规定，招标公告、资格预审公告的公告期限为 5 个工作日；竞争性谈判公告、竞争性磋商公告和询价公告的公告期限为 3 个工作日。公告期限不得少于规定的时限，按照《政府采购货物和服务招标投标管理办法》第八十五条的规定，按日计算期间的，开始当天不计入，从次日开始计算。期限的最后一日是国家法定节假日的，顺延到节假日后的次日为期限的最后一日。

【案例】

某政府采购项目，采用公开招标方式，计划按照以下时间进行招标：

内容	时间
公告发布	3月1日
文件发售时间	3月1日—3月5日
开标时间	3月20日

一	二	三	四	五	六	日
雨水	十一	十二	十三	十四	元宵节	十六
26 十七	27 十八	28 十九	29 二十	1 廿一	2 廿二	3 廿三
4 廿四	5 惊蛰	6 廿六	7 廿七	8 妇女节	9 廿九	10 二月
11 初二	12 初三	13 初四	14 初五	15 初六	16 初七	17 初八
18 初九	19 初十	20 春分	21 十二	22 十三	23 十四	24 十五
25 十六	26 十七	27 十八	28 十九	29 二十	30 廿一	31 廿二

3月日历表

请指出上述时间的不妥之处。

答：上述时间安排存在以下不妥之处。

（1）文件发售时间应在公告发布后的第二个工作日起算。

（2）文件发售时间不得少于5个工作日，3月2日—3月3日属于双休日，原则上应当将发售时间向后顺延。

（3）自招标文件开始发出之日起至投标人提交投标文件截止之日止，不得少于20日，最早开标时间为3月25日。

因此，建议本项目招标时间计划安排如下：

内容	时间
公告发布	3月1日
文件发售时间	3月4日—3月8日
开标时间	3月25日

第二节 供应商须知及采购需求

一、供应商须知

供应商须知是对政府采购活动的相关细节进行约定，其中包含项目基本信息，预算金额（含最高限价），投标（响应）文件编制要求，报价要求，推荐中标（成交）候选人及定标原则，投标（响应）文件的密封、签署、盖章要求，政府采购政策落实，供应商质疑、投诉方式方法等相关条款，是供应商参与项目投标（响应）的操作指南。

为避免因供应商须知正文篇幅过长而错漏了重要信息，采购代理机构一般会在采购文件中设置供应商须知前附表，将供应商须知的重要内容单独罗列，以起到特别提醒的作用。供应商须知前附表的条款号、条款名称及内容必须与供应商须知正文内容保持一致。

例如某评审服务项目公开招标供应商须知前附表内容如表5-5所示。

表5-5　某评审服务项目公开招标供应商须知前附表

条款号	条款名称	内容
×××	采购人	A局
	采购代理机构	B公司
	监督管理部门	H市财政局
	项目名称	×××年度评审服务采购项目
	项目地点	采购人指定地点
	项目内容	×××年度项目评审等相关服务内容
	资金来源	财政性资金
	资金落实情况	已落实
	服务期限	×××
	付款方式	×××
	供应商资质条件、能力和信誉	×××
	是否接受联合体投标	不接受
	供应商不得 存在的其他情形	（1）单位负责人为同一人或者存在直接控股、管理关系的不同供应商,不得参加同一合同项下的政府采购活动; （2）为本项目提供整体设计、规范编制或者项目管理、监理、检测等服务的
	踏勘现场	×××

续表

条款号	条款名称		内容
	投标预备会		×××
	中标后分包		×××
	政府采购政策	是否接受进口产品	×××
		支持中小企业政策	×××
		采购节能产品政策	×××
		采购环保产品政策	×××
	供应商确认收到招标文件澄清或者修改的时间		在收到相应澄清文件后××小时内
	投标有效期		投标截止日期后××日历日
	投标保证金		×××
	是否允许递交备选投标方案		×××
	投标文件份数		×套
	装订要求		×××
	封套上写明		×××
	投标截止时间		×××
	递交投标文件地点		×××
	开标时间和地点		×××
	评标委员会的组建		评标委员会由采购人代表和有关技术、经济等方面的专家组成,成员人数应当为五人以上单数。其中,技术、经济等方面的专家不得少于成员总数的三分之二
	评审办法		×××
	推荐中标候选人		评标委员会按评审后得分由高到低顺序排列。得分相同的,按投标报价由低到高顺序排列;得分且投标报价相同的,按技术指标优劣顺序排列
	定标原则		×××
	中标结果公告		公告媒介:中国政府采购网和H省政府采购网 公告期限:1个工作日

续表

条款号	条款名称	内容
	中标通知书领取	中标结果公告发布后,中标人即可前往采购代理机构处领取中标通知书,并于30日内按照招标文件要求和投标文件承诺与采购人签订政府采购合同
	质疑期	供应商认为招标文件、招标过程和中标结果使自己的权益受到损害的,可以在知道或者应知其权益受到损害之日起7个工作日内,以书面形式向采购人或采购代理机构提出质疑
	质疑答复	采购人或采购代理机构应当在收到供应商的书面质疑后7个工作日内作出答复,并以书面形式通知质疑供应商和其他有关供应商,但答复的内容不得涉及商业秘密

二、采购需求

2021年4月30日,为落实《深化政府采购制度改革方案》加强政府采购需求管理的有关要求,财政部制定了《政府采购需求管理办法》,对政府采购项目采购需求管理提出了更高的要求。

采购需求是指采购人为实现项目目标,拟采购的标的及其需要满足的技术、商务要求。采购人对采购需求管理负有主体责任,对采购需求的合法性、合规性、合理性负责。

技术要求是指对采购标的的功能和质量要求,包括性能、材料、结构、外观、安全,或者服务内容和标准等。商务要求是指取得采购标的的时间、地点、财务和服务要求,包括交付(实施)的时间(期限)和地点(范围)、付款条件(进度和方式)、包装和运输、售后服务、保险等。采购需求应当清楚明了、表述规范、含义准确。技术要求和商务要求应当客观,量化指标应当明确相应等次,有连续区间的按照区间划分等次。需由供应商提供设计方案、解决方案或者组织方案的采购项目,应当说明采购标的的功能、应用场景、目标等基本要求,并尽可能明确其中的客观、量化指标。

1. 政府采购货物类项目

货物类项目采购需求的技术要求通常是对货物的形态、功能和质量要求的描述,包括货物的用途、外观和规格、性能指标、材料和结构、安全指标、节能环保指标和要求等内容。国家对货物的市场准入和质量标准等有强制要求的,还应提出有关认证、检测报告等要求。

货物类项目采购需求编制需注意以下事项。

1）资产配置标准需符合要求

对所采购货物的品目、数量、价格、使用年限、技术标准及其他标准等指标做限额规定，在编制项目采购需求时，上述指标可采用上限标准、区间标准、下限标准或其他适宜的形式。资产配置标准应当遵循保障履职需要、厉行节约和相对稳定的原则，并根据国家有关政策、社会经济发展水平、市场价格变化和技术进步等因素适时调整。

【小贴士】

【问】经过公开招标后，中标单位的很多单价超过《中央行政单位通用办公设备家具配置标准》，如何处理？是否需要重新招标？

【答】根据87号令规定，招标文件的内容不得违反法律、行政法规、强制性标准、政府采购政策，采购人、采购代理机构应在采购文件中按照《中央行政单位通用办公设备家具配置标准》对通用办公设备家具设定最高限价。投标供应商报价超过最高限价规定的，应作无效处理。

（信息来源中国政府采购网）

2）需落实政府采购政策

根据政府采购法律、行政法规及规范性文件的有关规定，采购项目需要落实的政府采购政策包括以下几点。

①节约能源、保护环境、扶持不发达地区和少数民族地区、促进中小企业发展等政策目标。

在政府采购活动中，供应商提供的货物由中小企业制造，即货物由中小企业生产且使用该中小企业商号或者注册商标的，享受中小企业扶持政策，供应商提供的货物既有中小企业制造货物，也有大型企业制造货物的，不享受中小企业扶持政策。监狱企业、残疾人福利性单位视同小型企业和微型企业，同样享受政府采购促进中小企业发展的政府采购政策。

财政部 发展改革委 生态环境部 市场监管总局《关于调整优化节能产品、环境标志产品政府采购执行机制的通知》（财库〔2019〕9号）规定，依据品目清单和认证证书实施政府优先采购和强制采购。采购人拟采购的产品属于品目清单范围的，采购人及其委托的采购代理机构应当依据国家确定的认证机构出具的、处于有效期之内的节能产品、环境标志产品认证证书，对获得证书的产品实施政府优先采购或强制采购。

【小贴士】

【问】《政府采购促进中小企业发展管理办法》在实际操作中，是否这样把握。

（1）未专门面向中小企业采购的货物采购项目，不区分投标企业性质，只按照所投产品生产商性质执行价格评审优惠。

（2）专门面向中小企业采购的项目，只按照投标企业性质确定投标资格，不再针对所投产品生产商性质执行价格评审优惠的扶持政策。在回复里有一个核心问题未解决：对货物类项目，如专门面向中小企业采购，是否只要投标人为中小微企业就可以？是否要追溯到投标的货物制造商亦均为中小企业（如100件商品，对应100家制造商均为中小企业）？如果投标人为中小企业，但货物制造商不全是中小企业，那么投标人是否不具备政策上的资格要求而为无效标？

【答】按照《政府采购促进中小企业发展管理办法》（财库〔2020〕46号）规定，在货物采购项目中，货物由中小企业制造（货物由中小企业生产且使用该中小企业商号或者注册商标）的，可享受中小企业扶持政策。如果一个采购项目或采购包含有多个采购标的，则每个采购标的均应由中小企业制造。

【小贴士】

【问】专门面对中小企业采购的货物项目，除生产商必须是中小企业外，投标商是否也必须是中小企业？

【答】按照《政府采购促进中小企业发展管理办法》规定，在政府采购项目中，货物由中小企业制造可享受中小企业扶持政策，对投标企业性质不作要求。

②政府采购进口产品管理政策。

政府采购应当采购本国产品，确需采购进口产品的，实行审核管理。如果因信息不对称等原因，仍有可能满足需求的国内产品要求参与采购竞争的，采购人及其委托的采购代理机构不得对其加以限制，应当按照公平竞争原则实施采购，因此在编制项目采购需求时，不得排斥国内产品参与竞争。

3）采购标的物名称、计量单位等使用需规范

标的物命名不规范，将俗称或简称代替货物名称。如医疗设备中"B超""CT机"等，应当采用官方发布的标准名称，例如：CT可使用海关颁布的具有唯一ID标识的商品名称，进口HS编号为9022120000的"X射线计算机断层扫描装置"或国家药品监督管理局注册证产品名称"X射线计算机体层摄影设备"。

如果约定采购标的的数量为"一套"，则需在采购需求中明确"一套"包含的具体内容，以免引起歧义。

4）采购需求设置需合理、客观及准确

技术、商务等条款设置应当清晰、明确、无歧义，不得设立歧视性条款或不合理的要求排斥潜在供应商。

采购人、采购代理机构一般不得要求供应商提供样品，仅凭书面方式不能准确描述采购需求或者需要对样品进行主观判断以确认是否满足采购需求等特殊情况除外。要求供应商提供样品的，应当在采购需求中明确规定样品制作的标准和要求、是否需要随样品提交相关检测报告、样品的评审方法以及评审标准。需要随样品提交检测报告的，还应当规定检测机构的要求、检测内容等。

采购需求描述应当清楚明了、规范表述、含义准确，能够通过客观指标量化的应当量化。

请看下面的案例。

> 某高校发布竞争性磋商公告，对报告厅进行智能化改造。A公司在获取采购文件后提出质疑，因对质疑答复不满意，向当地财政部门提起投诉。A公司认为，采购标的技术参数设置具有指向性和排他性。
>
> 当地财政部门对该项目技术参数审查发现，采购文件对智能化设备、材料设定了参考品牌，如LED大屏参考品牌为"LJ、LP、TH"，并注明"以上品牌均应为原厂正牌产品，上述材料承包人必须从厂家（不含联营厂）或一级代理商处采购……材料进场前，需经采购人及使用单位认可。非发包人指定品牌的材料……应选用市场上应用较广泛的高质量、高信誉知名产品，并在投标文件中明确产品品牌及品牌档次"。
>
> 财政部门认为，本项目采购文件具有排他性和指向性，属于《中华人民共和国政府采购法实施条例》第二十条第（六）项"限定或者指定特定品牌"，投诉事项成立，责令修改采购文件，重新开展采购活动。

政府采购文件不宜编制"参考品牌"。"参考品牌"具有一定的指向性和排他性，违反了政府采购公平竞争的原则。采购人可以在确定采购需求前，通过咨询、论证、问卷调查等方式开展需求调查，了解相关采购项目情况。采购人和代理机构应根据采购需求实际，客观编制采购标的的技术要求和商务要求。

5）核心产品设置要科学合理

非单一产品采购项目，采购人应当根据采购项目技术构成、产品价格比重等合理确定核心产品，并在采购需求中载明。在采购需求和采购实施计划编制中，还应根据《政府采购货物和服务招标投标管理办法》(财政部令第87号)规定，明确多家供应商提供的核心产品品牌相同时的评审及推荐方式。

2. 政府采购服务类项目

政府采购法中所称服务，是指除货物和工程以外的其他政府采购对象。不以实物形式而以提供劳动的形式满足他人某种特殊需要，提供的是一种智力成果。同货物类、工程类项目相比，有其自身的特点，包括无形性，即不具有物质形态，是其与货物、工程类项目的本质区别；异质性，即供应商提供服务的质量水平具有不稳定性、差异性；不可分割性，服务的生产与交付同时发生，需要通过生产过程的管理来实现交付质量；易逝性，即服务无法被储存起来。

根据财政部《政府采购品目分类目录（2022年印发）》，政府采购服务类品目共25个门类，包括科学研究和试验开发、教育服务、医疗卫生服务、社会服务、生态环境保护和治理服务、公共设施管理服务、农林牧渔服务等。

服务类项目采购需求需满足以下基本要求。

1）采购需求的内容应完整明确

服务类项目采购标的一般是智力成果或劳务服务，其采购需求的技术要求主要应包括服务项目的基本情况（项目背景）、服务目标、服务内容、服务质量、服务标准、服务保障、服务方法、服务人员配备、服务成果等。商务要求一般应包括服务的实施期限和范围、服务的考核计量、付款进度和方式等。完善的采购需求应详细说明具体的工作任务或要求，对服务重点事项具体描述，便于参与供应商对项目的详细了解，并保障项目后续的实施。

2）采购需求应符合项目实际需要

服务类项目采购需求应在符合国家政策前提下与项目特点相匹配。采购人在开展采购活动前需对其行业进行调研，研究其行业规定，了解服务需求特点。不同的采购人因业务目标不同，需要的具体服务也有所区别，在采购需求中应准确具体体现，避免相当一部分采购需求内容因过于宽泛，不明确项目特点，造成服务供应商选派的服务团队、人员的专业特长与项目需求不匹配。

3）采购需求可量化内容尽量量化

相较于货物类项目，服务类项目需求的细化和量化难度较高，在设计采购需求时应区别对待，已经具备细化量化条件的服务内容，在需求中应明确相关要求，如聘请服务团队人数，培训场次、时长等量化指标。量化的实现有助于参与采购的供应商核算服务工作量、制作响应文件，也有助于采购人对服务主体履约质量进行考核。

4）项目采购需求应保证合规性

采购需求应当符合法律法规、政府采购政策和国家有关规定，符合国家强制性标准，落实政府采购支持节能环保、促进中小企业发展等政策要求。

（1）符合国家法律法规规定，执行国家相关标准、行业标准、地方标准等标准规范。

根据采购项目的特点，明确项目实施过程中应执行的法规政策。如信息化项目需执行计算机施工、信号传输等方面的政策；环保类项目需执行有关的保护要求、环境认证等方面的政策。

（2）促进中小企业发展政策。

财政部《政府采购促进中小企业发展管理办法》（财库〔2020〕46号）；

工信部 统计局 发改委 财政部 《中小企业划型标准规定》（工信部联企业〔2011〕300号）。

除以上政策外，还有地方政策，以湖北省为例：

湖北省财政厅 湖北省经济和信息化厅《关于进一步加强政府采购促进中小企业发展的通知》（鄂财采发〔2021〕8号）；

湖北省财政厅《关于落实稳住经济一揽子政策进一步加大政府采购支持中小企业力度的通知》（鄂财采发〔2022〕5号）。

依据以上政策，200万元以下的服务项目适宜由中小企业提供的，应当专门面向中小企业采购；200万元以上的服务项目适宜由中小企业提供的，预留该部分采购项目预算总额的30%以上专门面向中小企业采购，其中预留给小微企业的比例不低于60%。不适宜由中小企业提供以及未达到规定预留比例的，应当说明原因。

【小贴士】

【问】根据《政府采购促进中小企业发展管理办法》第八条，超过200万元的货物和服务采购项目、超过400万元的工程采购项目中适宜由中小企业提供的，预留该部分采购项目预算总额的30%以上专门面向中小企业采购，其中预留给小微企业的比例不低于60%。请问预留给小微企业的比例不低于60%如何体现？是否可以在采购文件中明确是专门面向小微企业项目？如果不能明确，那么如何在采购项目中体现该项目是预留给小微企业的项目？

【答】采购人可以在采购文件中明确将采购项目或者采购包专门面向小微企业采购。

（信息来源中国政府采购网）

3. 政府采购工程类项目

政府采购工程系指各级国家机关、事业单位和团体组织，适用财政性资金采购集中采购目录以内或者采购限额标准以上的建设工程，包括建筑物和构筑物的新建、改建、扩建、装修、拆除、修缮等。"信息网络工程""系统工程"等概念化的协作活动不属于政府采购工程范畴。

1）政府采购工程的法律适用

从法律适用的层面，可将政府采购工程分为"适用政府采购法的工程"和"适用招标投标法的工程"。

《政府采购法实施条例》第七条规定，政府采购工程以及与工程建设有关的货物、服务，采用招标方式采购的，适用《招标投标法》及其实施条例；采用其他方式采购的，适用《政府采购法》及其实施条例。

前款所称工程，是指建设工程，包括建筑物和构筑物的新建、改建、扩建及其相关的装修、拆除、修缮等；所称与工程建设有关的货物，是指构成工程不可分割的组成部分，且为实现工程基本功能所必需的设备、材料等；所称与工程建设有关的服务，是指为完成工程所需的勘察、设计、监理等服务。

政府采购工程及与工程建设有关的货物、服务，应当执行政府采购政策。

采用非招标方式的政府采购工程可以采用竞争性磋商、竞争性谈判、单一来源采购方式进行采购。此类政府采购工程主要包含：（1）政府集中采购目录以内的政府采购工程项目；（2）政府采购工程限额标准以上、工程招标限额标准以下的政府采购工程项目；（3）工程招标限额标准以上，与建筑物和构筑物新建、改建、扩建项目无关的单独的装修、拆除、修缮项目；（4）属于《招标投标法》第六十六条或《招标投标法实施条例》第九条规定的政府采购工程项目，依法不进行招标的；（5）属于依法必须进行招标的工程项目，但项目审批部门批准不进行招标的政府采购工程项目。

其中，第（2）项包括建筑物和构筑物的新建、改建、扩建、装修、拆除、修缮等。第（3）项，与建筑物和构筑物新建、改建、扩建无关是指工程建设不形成新的建筑物和构筑物，也不涉及改变建筑物和构筑物主体结构、用途或功能。

根据《政府采购需求管理办法》第二条规定，政府采购货物、工程和服务的需求管理适用本办法。即无论是采用招标方式的政府采购工程，还是采用非招标方式的政府采购工程，都必须按照《政府采购需求管理办法》的要求实施政府采购需求管理。

2）政府采购工程采购需求主要内容

政府采购需求内容包括拟采购的标的及其需要满足的技术、商务要求。技术要求是指对采购标的的功能和质量要求，包括性能、材料、结构、外观、安全，或者服务内容和标准等。商务要求是指取得采购标的的时间、地点、财务和服务要求，包括交付（实施）的时间（期限）和地点（范围）、付款方式（进度和方式）、包装和运输、售后服务、保险等。

建设工程全过程包括项目投资决策阶段（含项目建议书、工程可行性研究）、工程设计阶段（含方案设计、初步设计、扩大初步设计、施工图设计）、项目建设实施阶段（施工）、项目运营阶段（针对经营性建设工程）。政府采购工程的招标时，通常已经具备了项目建议书、工程可行性研究报告、初步设计图纸及概算、施工图纸、工程量清单及招标控制价报告等其中几项或全部的技术资料。

上述技术资料涵盖了政府采购工程采购标的的功能和质量要求，包括性能、材料、结构、外观、安全，或者服务内容和标准等，可以经过进一步的整理、编辑后作为采购需求的技术要求。政府采购工程采购需求的商务部分通常包括建设规模、招标范围、建设工期（含计划开工和竣工时间）、质量标准、协作管理、工程变更范围、计量规则、计价原则、涉企保证金、结算要求、保修期限及范围等。采购需求中的商务要求在前述技术资料中或有体现，但可能不全面。需要基于上述技术资料，结合采购人项目管理的实际需求进行编制。

第三节　评审方法及标准

一、评审方法

1.综合评分法

综合评分法一般用于公开招标、邀请招标和竞争性磋商三种采购方式中。综合评分法一般为百分制，即在最大限度地满足采购文件实质性要求的前提下，按照采购文件规定的各项因素进行综合评审后，以得分高低依次排序。

《政府采购法实施条例》第三十四条规定，综合评分法，是指投标文件满足招标文件全部实质性要求且按照评审因素的量化指标评审得分最高的供应商为中标候选人的评标方法。

《政府采购竞争性磋商采购方式管理暂行办法》第二十三条规定，经磋商确定最终采购需求和提交最后报价的供应商后，由磋商小组采用综合评分法对提交最后报价的供应商的响应文件和最后报价进行综合评分。综合评分法，是指响应文件满足磋商文件全部实质性要求且按评审因素的量化指标评审得分最高的供应商为成交候选供应商的评审方法。

采用综合评分法的，评审标准中的分值设置应当与评审因素的量化指标相对应。招标文件中没有规定的评标标准不得作为评审的依据。

《政府采购货物和服务招标投标管理办法》第三十一条规定，使用综合评分法的采购项目，提供相同品牌产品且通过资格审查、符合性检查的不同投标人参加同一合同项下投标的，按一家投标人计算，评审后得分最高的同品牌投标人获得中标人推荐资格；评审得分相同的，由采购人或者采购人委托评标委员会按照招标文件规定的方式确定一个投标人获得中标人推荐资格，招标文件未规定的采取随机抽取方式确定，其他同品牌投标人不作为中标候选人。

非单一产品采购项目，采购人应当根据采购项目技术构成、产品价格比重等合理确定核心产品，并在招标文件中载明。多家投标人提供的核心产品品牌相同的，按前款规定处理。

《政府采购货物和服务招标投标管理办法》第五十五条规定，评审因素的设定应当与投标人所提供货物服务的质量相关，包括投标报价、技术或者服务水平、履约能力、售后服务等。资格条件不得作为评审因素。评审因素应当在招标文件中规定。

评审因素应当细化和量化，且与相应的商务条件和采购需求对应。商务条件和采购需求指标有区间规定的，评审因素应当量化到相应区间，并设置各区间对应的不同分值。

《政府采购货物和服务招标投标管理办法》第五十七条规定，采用综合评分法的，评标结果按评审后得分由高到低顺序排列。得分相同的，按投标报价由低到高顺序排列。得分且投标报价相同的并列。投标文件满足招标文件全部实质性要求，且按照评审因素的量化指标评审得分最高的投标人为排名第一的中标候选人。

2. 最低评标价法

《政府采购法实施条例》第三十四条规定，最低评标价法，是指投标文件满足招标文件全部实质性要求且投标报价最低的供应商为中标候选人的评标方法。技术、服务等标准统一的货物和服务项目，应当采用最低评标价法。

《政府采购法》和《政府采购非招标采购方式管理办法》中均规定，竞争性谈判采购和询价采购方式的成交原则为：根据质量和服务均能满足采购文件实质性响应要求且报价最低的原则确定成交供应商。

《政府采购货物和服务招标投标管理办法》第三十一条规定，采用最低评标价法的采购项目，提供相同品牌产品的不同投标人参加同一合同项下投标的，以其中通过资格审查、符合性检查且报价最低的参加评标；报价相同的，由采购人或者采购人委托评标委员会按照招标文件规定的方式确定一个参加评标的投标人，招标文件未规定的采取随机抽取方式确定，其他投标无效。

《政府采购货物和服务招标投标管理办法》第五十四条规定，采用最低评标价法评标时，除了算术修正和落实政府采购政策需进行的价格扣除外，不能对投标人的投标价格进行任何调整。

《政府采购货物和服务招标投标管理办法》第五十六条规定，采用最低评标价法的，评标结果按投标报价由低到高顺序排列。投标报价相同的并列。投标文件满足招标文件全部实质性要求且投标报价最低的投标人为排名第一的中标候选人。

二、评审标准

评审标准指的是综合评分法中设定的评审因素及标准。招标方式可采用综合评分法，竞争性磋商方式则必须采用综合评分法，而综合评分法中的价格计算必须采用低价优先法。

《政府采购需求管理办法》（财库〔2021〕22号）中关于评审因素的要求如下。

采购需求客观、明确的采购项目，采购需求中客观但不可量化的指标应当作为实质性要求，不得作为评分项；参与评分的指标应当是采购需求中的量化指标，评分项应当按照量化指标的等次，设置对应的不同分值。不能完全确定客观指标，需由供应商提供设计方案、解决方案或者组织方案的采购项目，可以结合需求调查的情况，尽可能明确不同的技术路线、组织形式及相关指标的重要性和优先级，设定客观、量化的评审因素、分值和权重。价格因素应当按照相关规定确定分值和权重。

采购项目涉及后续采购的，如大型装备等，要考虑兼容性要求。可以要求供应商报出后续供应的价格，以及后续采购的可替代性、相关产品和估价，作为评审时考虑的因素。需由供应商提供设计方案、解决方案或者组织方案，且供应商经验和能力对履约有直接影响的，如订购、设计等采购项目，可以在评审因素中适当考虑供应商的履约能力，并合理设置分值和权重。需由供应商提供设计方案、解决方案或者组织方案，采购人认为有必要考虑全生命周期成本的，可以明确使用年限，要求供应商报出安装调试费用、使用期间能源管理、废弃处置等全生命周期成本，作为评审时考虑的因素。

评审内容主要分为价格评审、商务评审以及技术评审三个部分。

1.价格评审

1）招标项目中的价格评审

招标项目中，货物项目的价格分值占总分值的比重不得低于30％；服务项目的价格分值占总分值的比重不得低于10％。执行国家统一定价标准和采用固定价格采购的项目，其价格不列为评审因素。

价格分应当采用低价优先法计算，即满足招标文件要求且投标价格最低的投标报价为评标基准价，其价格分为满分。其他投标人的价格分统一按照下列公式计算：

投标报价得分＝(评标基准价／投标报价)×100

评标总得分＝$F_1 \times A_1 + F_2 \times A_2 + \cdots + F_n \times A_n$

其中：F1、F2、……、Fn分别为各项评审因素的得分；A1、A2、……、An分别为各项评审因素所占的权重(A1＋A2＋…＋An＝1)。

评标过程中，不得去掉报价中的最高报价和最低报价。

因落实政府采购政策进行价格调整的，以调整后的价格计算评标基准价和投标报价。

2）竞争性磋商项目的价格评审

竞争性磋商项目中，综合评分法货物项目的价格分值占总分值的比重（即权值）为30％至60％，服务项目的价格分值占总分值的比重（即权值）为10％至30％。采购项目中含不同采购对象的，以占项目资金比例最高的采购对象确定其项目属性。因艺术品采购、专利、专有技术或者服务的时间、数量不能事先确定等原因无法计算出价格总额和执行统一价格标准的项目，其价格不列为评分因素。有特殊情况需要在上述规定范围外设定价格分权重的，应当经本级人民政府财政部门审核同意。

综合评分法中的价格分统一采用低价优先法计算，即满足磋商文件要求且最后报价最低的供应商的价格为磋商基准价，其价格分为满分。其他供应商的价格分统一按照下列公式计算：

磋商报价得分＝（磋商基准价/最后磋商报价）×价格权值×100

项目评审过程中，不得去掉最后报价中的最高报价和最低报价。

因落实政府采购政策进行价格调整的，以调整后的价格计算评标基准价和投标报价。

2. 商务评审

商务评审一般包括供应商履约能力、信誉、业绩等评审因素。当商务评审因素设定时，要特别注意以下几个问题。

（1）供应商资格条件不能设定为评审因素。

（2）类似业绩不能限定特定金额、特殊行业、特定区域等。

（3）商务评审不能设定供应商规模条件（注册资本金、资产总额、营业收入、从业人员、利润、纳税额等）为评审因素，也不能将企业成立年限作为评审因素。

（4）评审因素应当细化和量化，且与相应的商务条件相对应。商务条件和采购需求指标有区间规定的，评审因素应当量化到相应区间，并设置各区间对应的不同分值。

3. 技术评审

技术评审一般包括技术响应情况、项目实施方案、售后服务方案等评审因素。当技术评审因素设定时，要特别注意以下几个问题。

（1）评审因素的设定要与采购需求中的技术部分相对应。

（2）评审因素应当细化和量化，采购需求指标有区间规定的，评审因素应当量化到相应区间，并设置各区间对应的不同分值。

（3）可以要求供应商提交样品，在技术评审中要设置样品评审办法和标准。

（4）对于要求供应商进行现场演示的项目，在技术评审中应当设置相应的评审因素。

在政府采购评审中采取综合评分法的，评审标准中的分值设置应当与评审因素的量化指标相对应。一方面，评审因素的指标应当是可以量化的，不能量化的指标不能作为评审因素。评审因素在细化和量化时，一般不宜使用"优""良""中""一般"等没有明确判断标准、容易引起歧义的表述。另一方面，评审标准的分值也应当量化，评审因素的指标量化为区间的，评审标准的分值也必须量化到区间。

×××仓库资格招标项目投诉案

采购人B委托采购代理机构A就该单位"×××仓库资格招标项目"进行公开招标。采购代理机构A发布招标公告，后组织了开标、评标工作。经评审，评标委员会推荐D公司为第一中标候选人，并发布了中标公告。C公司向采购代理机构A提出质疑，未得到满意答复后向财政部提起投诉。C公司称，本项目评分标准设置不合法，对供应商实行差别待遇或者歧视待遇。

财政部查明，招标文件技术评审表"3.投标人室内仓库情况"的评分细则要求："根据投标人室内仓库（仓库配套有室内仓储场地不少于7000平方米、高台仓、有监控摄像、存放货物在1楼）横向比较：优得35~45分，中得20~34分，一般得0~19分（以仓库产权证明或租赁合同为准）"，单项分数/权重为45分。招标文件商务评审表"6.投标人室外仓库情况"的评分细则要求："根据投标人室外仓库场地（仓库配套有室外仓储场地不少于3000平方米、有围墙进行物理隔离、有监控摄像、有保安巡逻）的情况横向比较：优得35~40分，中得20~34分，一般得0~19分（以仓库产权证明或租赁合同为准）"，单项分数/权重为40分。本项目已签订政府采购合同，但尚未履行。

针对本项目评审标准中的分值设置与评审因素的量化指标不对应的问题，根据《中华人民共和国政府采购法》第七十一条和《中华人民共和国政府采购法实施条例》第六十八条的规定，财政部门责令采购人B和采购代理机构A限期改正，并对采购代理机构A作出警告的行政处罚。

财政部认为，本项目招标文件评审标准设置有"优得35~45分，中得20~34分，一般得0~19分"等，存在分值设置未与评审因素的量化指标相对应的问题，违反了《中华人民共和国政府采购法实施条例》第三十四条第四款的规定。

（选自财政部指导性案例9）

采用综合评分法的，评审标准中的分值设置应当与评审因素的量化指标相对应，也不应采用横向比较等方式进行评审。采购文件的编制应当有利于绩效评价。

M中心防吸附气体采样袋及附件采购项目投诉案

采购人M中心委托采购代理机构Z公司就"M中心防吸附气体采样袋及附件采购项目"进行公开招标。

供应商B公司向财政部提起投诉，其中有一项投诉事项为：招标文件的评分项"安全措施""样品"和"售后服务"均采用各供应商横向比较，但是没有给出比较的项目及可量化指标，评标委员会无法客观量化打分。财政部依法受理本案，并向相关当事人调取证据材料。

采购人M中心称：评分设置应能发挥评标委员会的作用，依靠专家的专业经验，给专家评审自由裁量的空间。采购代理机构Z公司称：各供应商的综合得分由评标委员会根据投标文件应答情况进行横向比较，评审客观、公正。

经查，评分细则为"采样袋能确保在防爆环境中安全使用，配备相应消除静电等安全措施。各投标人横向比较，最高得10分，每降低一个排序降3分，最低得0分，分值为10分"。"样品"评分细则变更为"根据样品的外观、材质、焊缝的平整度、操作方便性等进行判断，各投标人横向比较，最高得5分，每降低一个排序降2分，最低得0分，分值5分"。"售后服务"的评分细则变更为"审查供应商售后服务的技术力量，服务承诺响应情况，有完善的售后服务体系及保证措施，具有丰富的售后服务经验，出现不合格品处理方案可操作性强，保障措施有力，响应迅速等。各投标人横向比较，最高得5分，每降低一个排序降2分，最低得0分"，分值5分。

财政部门认为，采用综合评分法时，除价格以外的评审因素均应按照投标文件对招标文件的响应情况打分，而非通过投标文件之间的比较进行打分。本项目评审因素"安全措施""样品"和"售后服务"采用横向比较各投标文件的方式进行打分，属于《中华人民共和国政府采购法实施条例》第六十八条第（七）项规定的"采用综合评分法时评审标准中的分值设置未与评审因素的量化指标相对应"的情形。

【处理结果】

根据《政府采购质疑和投诉办法》（财政部令第94号）第三十一条的规定，投诉事项成立。鉴于本项目政府采购合同已经履行，根据《中华人民共和国政府采购法》第七十一条、《中华人民共和国政府采购法实施条例》第六十八条第

（七）项的规定，责令采购代理机构Z公司就招标文件评审标准中的分值设置未与评审因素的量化指标相对应的问题限期整改。

（选自财政部指导性案例27）

相关部门、行业对市场主体的信用评价与经营年限、经营规模、经营范围等因素存在直接关联，采购人、采购代理机构将相关信用记录、信用名单作为政府采购的资格条件或评审因素，与优化营商环境、促进中小企业发展的相关法规不符。

除《政府采购法》第二十二条规定的条件外，采购人、采购代理机构不得将具有特定等级的信用记录、信用名单作为资格条件或评审因素，影响政府采购的公平竞争。

采购人、采购代理机构不得通过限定或者指定特定的品牌、专利等方式，对供应商实行差别待遇或者歧视待遇。

C大学游泳馆泳池设备采购项目投诉案

采购人C大学委托采购代理机构G公司就"C大学游泳馆泳池设备采购项目"进行公开招标。2019年4月10日，采购代理机构G公司发布招标公告。4月15日，供应商N公司提出质疑。4月19日，采购代理机构G公司答复质疑。

5月17日，供应商N公司向财政部提起投诉，投诉事项包含：（1）招标文件要求供应商按照"货物采购清单"中的品牌等进行报价，指定特定品牌，属于"以不合理的条件对供应商实行差别待遇或者歧视待遇"的情形。（2）招标文件将"投标人具有'信用中国'守信红名单"作为评审因素，属于"以不合理的条件对供应商实行差别待遇或者歧视待遇"的情形。

财政部依法受理本案，经查，招标文件评审项目"企业综合能力"的评审细则为"1.投标人具有'信用中国'守信红名单，有一个得2分，最多得4分；（提供网站彩色截图）"。"第四章 招标技术规格及要求"中注释显示，"3.投标人需按附件中招标货物清单的技术要求、数量及品牌进行报价"。"第五章 货物采购清单"中关于各具体设备的"品牌"栏均列明三种不同品牌，如"德高、雷帝、汉高""爱克、喜活、美人鱼"等。

财政部门认为，本项目招标文件"货物采购清单"中列明了75种设备，每种设备均指定3种品牌，并要求投标人按照所列品牌进行报价。上述行为属于《中华人民共和国政府采购法实施条例》第二十条第（六）项规定的"限定或指定特定的专利、商标、品牌或者供应商"的情形，违反了《中华人民共和国政府采购法》第二十二条第二款的规定。将"信用中国"守信红名单作为评审因素没有相关法律法规依据，且名单中包含纳税信用 A 级纳税人等相关信息，与供应商经营年限及经营范围等挂钩，与《中华人民共和国中小企业促进法》第四十条第三款、《中华人民共和国政府采购法》第二十二条第二款的规定不符。

根据《政府采购质疑和投诉办法》（财政部令第 94 号）第三十一条第（一）项的规定，投诉事项成立，责令重新开展采购活动。

（选自财政部指导性案例 22）

第四节　合同文本

《政府采购货物和服务招标投标管理办法》规定，招标文件应该包括拟签订的合同文本。《政府采购非招标采购方式管理办法》和《政府采购竞争性磋商采购方式管理暂行办法》也明确：竞争性谈判、竞争性磋商、询价和单一来源采购，采购人与成交供应商应当按照采购文件确定的合同文本以及采购标的、规格型号、采购金额、采购数量、技术和服务要求等事项签订政府采购合同。采购人不得向成交供应商提出超出采购文件以外的任何要求作为签订合同的条件，不得与成交供应商订立背离采购文件确定的合同文本以及采购标的、规格型号、采购金额、采购数量、技术和服务要求等实质性内容的协议。因此，采购人与供应商拟签订的合同文本需在采购文件中予以确定。

一、特殊要求

合同条款是构成合同文本的基础。《民法典》规定，合同的内容由当事人约定，一般包括以下条款：当事人的名称或者姓名和住所，标的，数量，质量，价款或者报酬，履行期限、地点和方式，违约责任，解决争议的方法。

政府采购合同必须具备的条款，除了《民法典》所规定的、合同一般需要具备的基本条款外，更重要的是要区别于普通民事合同、凸显政府采购管理要求的有关条款，比如：

（1）有关政府采购项目预算管理要求的条款。

（2）资金支付条款（例如，政府采购项目的合同款项要实行国库集中支付）。

（3）政策性要求条款（例如，节能环保、促进中小企业发展等）。

（4）有关预防腐败要求的条款（例如，在合同标的物之外，供应商不得提供赠品、采购人不得接受赠品的要求）。

（5）履约验收条款（例如：政府采购招标项目邀请项目未中标供应商、项目评审专家等参与合同验收，大型或者复杂的政府采购项目应当邀请国家认可的质量检测机构参加验收工作，以强化履约监督）。

履约验收方案要明确履约验收的主体、时间、方式、程序、内容和验收标准等事项。采购人、采购代理机构可以邀请参加本项目的其他供应商或者第三方专业机构及专家参与验收，相关验收意见作为验收的参考资料。政府向社会公众提供的公共服务项目，验收时应当邀请服务对象参与并出具意见，验收结果应当向社会公告。

验收内容要包括每一项技术和商务要求的履约情况，验收标准要包括所有客观、量化指标。不能明确客观标准、涉及主观判断的，可以通过在采购人、使用人中开展问卷调查等方式，转化为客观、量化的验收标准。

分期实施的采购项目，应当结合分期考核的情况，明确分期验收要求。货物类项目可以根据需要设置出厂检验、到货检验、安装调试检验、配套服务检验等多重验收环节。工程类项目的验收方案应当符合行业管理部门规定的标准、方法和内容。

（6）有关维护国家利益、公共利益及国家安全要求的条款；合同强制备案条款等。

二、合同文本

《政府采购法实施条例》第四十七条规定，国务院财政部门应当会同国务院有关部门制定政府采购合同标准文本。合同示范文本与合同标准文本的最大区别在于其法律效力不同。合同示范文本是示范性的，由合同当事人根据需要自主选用。当事人可以参照各类合同的示范文本订立合同。而合同标准文本是强制性的，相关合同当事人必须依法使用。

《政府采购法实施条例》第三十二条规定，采购人或者采购代理机构应当按照国务院财政部门制定的招标文件标准文本编制招标文件。招标文件应当包括采购项目的商务条件、采购需求、投标人的资格条件、投标报价要求、评标方法、评标标准以及拟签订合同的合同文本等。因此，政府采购合同标准文本与招标文件标准文本一样具有强制性。

《政府采购需求管理办法》第二十三条规定，合同文本应当包含法定必备条款和采购需求的所有内容，包括但不限于标的名称，采购标的质量、数量（规模）、履行时间（期限）、地点和方式，包装方式，价款或者报酬、付款进度安排、资金支付方式，验收、交付标准和方法，质量保修范围和保修期，违约责任与解决争议的方法等。

采购项目涉及采购标的的知识产权归属、处理的，如订购、设计、定制开发的信息化建设项目等，应当约定知识产权的归属和处理方式。采购人可以根据项目特点划分合同履行阶段，明确分期考核要求和对应的付款进度安排。对于长期运行的项目，要充分考虑成本、收益以及可能出现的重大市场风险，在合同中约定成本补偿、风险分担等事项。

合同权利义务要围绕采购需求和合同履行设置。国务院有关部门依法制定了政府采购合同标准文本的，应当使用标准文本。属于本办法第十一条规定范围的采购项目，合同文本应当经过采购人聘请的法律顾问审定。

政府采购合同标准文本制定发布后，采购人或采购代理机构与供应商应当依法按照政府采购合同标准文本签订政府采购合同；否则，双方所签订的合同无效。

政府采购合同的要求，详见《政府采购实务——政府采购代理机构辅导用书（进阶版）》第四章。

第五节　投标（响应）文件格式

一、投标（响应）文件格式内容

投标（响应）文件一般包含投标函、报价文件、资格文件、商务文件和技术文件等几个部分。

投标函是指供应商按照采购文件的条件和要求，向采购人提交的有关报价、质量目标等承诺和说明的函件，是供应商为响应采购文件相关要求所做的概括性说明和承诺的函件，一般位于投标（响应）文件的首要部分，其格式、内容必须符合采购文件的规定。

报价文件应明确报价方式与货币形式，报价文件的格式需要根据采购项目的具体情况而进行设定，对容易产生歧义的部分要进行解释说明，必要时进行举例说明。例如：要求供应商填报下浮率或者折扣率时，应对合同价款如何结算进行解释说明，避免供应商理解偏差、错误报价。

某采购代理机构代理某学校造价服务公开招标项目，招标文件中要求供应商折扣报价，但未对报价格式做具体说明。A、B、C、D、E五家单位参与投标。A公司报价为80%，B公司报价为七折，C公司报价为20%，D公司报价为下浮10%，E公司报价为0。根据开标现场各供应商的解释，A公司报价为标准收费的80%，B公司为70%，C公司为80%，D公司为90%，E公司则为100%。

《政府采购货物和服务招标投标管理办法》第五十一条规定，对于投标文件中含义不明确、同类问题表述不一致或者有明显文字和计算错误的内容，评标委员会应当以书面形式要求投标人作出必要的澄清、说明或者补正。投标人的澄清、说明或者补正应当采用书面形式，并加盖公章，或者由法定代表人或其授权的代表签字。投标人的澄清、说明或者补正不得超出投标文件的范围或者改变投标文件的实质性内容。投标报价是投标文件的实质性内容，不在可澄清、说明或补正的范围内。

其实，报价格式中只用增加一句说明即可解决歧义问题，如"折扣率（%）=1－下浮率（%）"，甚至可以在报价说明中举例说明，如"投标人若报价为8折，则报价填写为80%，即标准收费下浮20%"，这样问题就解决了。

采购代理机构在设置资格文件和商务文件的格式时，一定要根据采购项目的具体情况，特别是资格条件要求，明确提出供应商应该提供哪些证明材料，以证明其符合供应商的资格条件要求，避免出现废标的情形。商务文件的格式一般包含供应商基本情况、履约能力证明文件等。

技术文件一般包含技术响应情况、项目实施方案、售后服务方案等因素。采购代理机构在设置技术文件的格式时，要结合评分办法中对技术部分的评分因素的设定来设置，让供应商有针对性地提供技术文件，既方便供应商投标，也便于评审专家评审。

二、格式设置的注意事项

1. 要避免"文不对题"

政府采购项目类型繁多，需求各有不同，采购人或采购代理机构提供投标（响应）文件的格式时，应与项目采购需求和评审要求相对应，避免"文不对题"，造成供应商的困惑。也不可大而概之，如在投标（响应）文件技术部分，要求供应商全部"自行填写"，导致供应商编制投标（响应）文件"无从下手"，评委评审时"找不到方向"。

2. 注重使用"导航表"和"偏离表"

在投标（响应）文件中可设置"导航表"，主要包括资格审查导航表和评审导航表。导航表可以包含两项功能，一是供应商投标（响应）文件对采购文件的响应情况描述，二是标记出响应内容在投标（响应）文件中对应的页码，以方便评委评审。

例如：W法院立案大厅信息化建设项目设置导航表如下。

资格部分导航表

序号	资格要求	响应情况	投标文件中对应的页码
1	具有独立承担民事责任的能力		
2	具有良好的商业信誉和健全的财务会计制度		
3	具有履行合同所必需的设备和专业技术能力		
4	有依法缴纳税收和社会保障资金的良好记录		

续表

序号	资格要求	响应情况	投标文件中对应的页码
5	参加政府采购活动前三年内，在经营活动中没有重大违法记录		
6	法律、行政法规规定的其他条件		
7	投标人未被列入失信被执行人、重大税收违法失信主体，未被列入政府采购严重违法失信行为记录名单（以投标截至当日查询结果为准）		

商务部分导航表

评审因素	评分标准	响应情况	投标文件中对应的页码
项目团队			
相关业绩			

技术部分导航表

评审因素	评分标准	响应情况	投标文件中对应页码
快速数字道闸			

续表

评审因素	评分标准	响应情况	投标文件中对应页码
高清半球网络摄像机			
人脸抓拍摄像机			
……	……		

需要说明的是，导航（自查）表的作用是方便评审，并不是投标（响应）文件的必要组成部分。导航表内容与正文部分内容不一致时，应以正文内容为准，并应在采购文件中作出约定。

3.偏离表的运用

投标（响应）文件中偏离表包括商务条款偏离表和技术条款偏离表。

供应商投标（响应）文件和采购文件在商务条款中有差异的地方应在商务偏离表中指出，如交货期和付款时间等。技术规格偏离表的本意是列出和采购文件的要求不符合的条款。供应商的优势，即正偏离部分在这里也要强调。根据采购文件的不同要求，商务条款的偏离可能会直接造成废标，也可能导致评标价格的调整，所以应尽可能地减少负偏离，满足或优于采购文件的所有要求。

商务偏离表格式如下。

序号	招标文件商务要求条款的序号及内容	投标响应内容对应简述	偏离说明	投标文件对应的页码
1				
2				
3				
4				
5				
……				

技术偏离表格式如下。

序号	招标文件技术要求条款的序号及内容	投标响应内容对应简述	偏离说明	投标文件对应的页码
1				
2				
3				
4				
5				
6				
……				

第六节 采购文件编制要点及注意事项

一、资格条件的合法性

供应商资格条件的设置必须符合《政府采购法》及相关要求。不得非法限定供应商的所有制形式、组织形式、股权结构或者所在地；不得将供应商的规模条件设置为资格条件；不得设定与采购项目的具体特点和实际需要不相适应或者与合同履行无关的资格条件；不得对供应商采取不同的资格审查标准；不得以其他不合理条件限制或者排斥潜在供应商。

1.非法限定供应商的所有制形式、组织形式、股权结构或者所在地

非法限定供应商的所有制形式、组织形式、股权结构或者所在地，主要包括以下几点：

（1）限定供应商所有制形式，例如，国有、独资、合资等。

（2）限定企业法人，将事业法人、其他组织和自然人排除。

（3）限定注册地（总部）在某行政区域内，或者要求在某行政区域内有分公司等。

其主要依据来源：《政府采购法》第二十一条，《政府采购法实施条例》第二十条，《中小企业促进法》第四十条。

2.将供应商规模条件设置为资格条件

将供应商的规模条件设置为资格条件，主要包括设置注册资本、资产总额、营业收入、从业人员、利润、纳税额等规模条件。

主要依据来源：《政府采购法》第九条，《中小企业促进法》第四十条，《政府采购货物和服务招标投标管理办法》（财政部令第87号）第十七条，《政府采购促进中小企业发展暂行办法》（财库〔2011〕181号）第三条。

3. 设定与采购项目的具体特点和实际需要不相适应或者与合同履行无关的资格条件

设定与采购项目的具体特点和实际需要不相适应或者与合同履行无关的资格条件，主要包括以下几点：

（1）限定特定行政区域或者特定行业的业绩、奖项。

（2）设定特定金额的业绩或对代理商提出业绩要求。

（3）设置的资格条件与项目履行无关或过高、明显不合理，如非涉密或不存在敏感信息的采购项目，要求供应商有从事涉密业务的资格。

主要依据来源：《政府采购法》第二十二条，《政府采购法实施条例》第二十条，财政部政府采购信息公告（第三百六十六号、第三百九十四号）。

4. 对供应商采取不同的资格审查标准

对供应商采取不同的资格审查标准，主要包括：对本地区和外地的供应商、本行业和其他行业的供应商、合作过的供应商和新参与竞争的供应商、协议（定点）和非协议（定点）的供应商、国有企业和民营企业、内资企业和外资企业等采用不同的资格审查标准。

主要依据来源：《政府采购法》第五条、第二十二条，《政府采购法实施条例》第二十条，《财政部关于促进政府采购公平竞争优化营商环境的通知》（财库〔2019〕38号）。

5. 以其他不合理条件限制或者排斥潜在供应商

以其他不合理条件限制或者排斥潜在供应商，主要包括以下几点：

（1）要求供应商在政府采购活动前进行不必要的登记、注册。

（2）要求供应商购买指定软件，作为参加电子化政府采购活动的资格条件。

（3）没有法律法规依据，通过入围方式将项目库、名录库、备选库、资格库等设置为资格条件。

（4）非法限定营业执照经营范围内的具体名称或者设置经营年限、成立年限等限制条款。

（5）将除进口货物以外的生产厂家授权、承诺、证明、背书等作为资格要求。

（6）将国务院已明令取消的或国家行政机关非强制的资质、资格、认证、目录等作为资格条件。

（7）限定或者指定特定的专利、商标、品牌或者供应商。

主要依据来源：《政府采购法》第五条、第二十二条、第七十一条，《政府采购法实施条例》第二十条，《公平竞争审查制度实施细则（暂行）》（发改价监〔2017〕1849号）第十四条，《政府采购货物和服务招标投标管理办法》（财政部令第87号）第十七条；《财政部关于促进政府采购公平竞争优化营商环境的通知》（财库〔2019〕38号）；国务院关于取消和调整行政审批项目及取消行政许可事项等相关规定，财政部政府采购信息公告（第三百一十九号、第三百九十三号）。

二、采购需求的合理性

采购需求应完整、合理，不得擅自提高采购标准；应落实政府采购政策；不得以不合理的条件对供应商实行差别待遇或者歧视待遇；不得以其他不合理条件限制或者排斥潜在供应商。

1. 擅自提高采购标准

擅自提高采购标准，主要包括以下几点：

（1）超预算采购。

（2）超资产配置标准采购和超出技术、服务标准。

（3）超出办公需要采购服务。

主要依据来源：《政府采购法》第六条、第七十一条，《政府采购法实施条例》第五十九条，《党政机关厉行节约反对浪费条例》第十二条。

2. 未落实政府采购政策

未落实政府采购政策，主要包括以下几点：

（1）未明确强制或优先采购节能产品。

（2）未明确优先采购环境标志产品。

（3）未明确促进中小企业发展政策（监狱企业、残疾人福利性单位视同小微企业）。

（4）采购进口产品的，未经财政部门审核（高校、科研院所采购进口科研仪器设备进行备案的除外）；或者已按规定经财政部门审核（备案）同意购买进口产品的，限制国内产品参与竞争。

主要依据来源：《政府采购法》第九条，《中小企业促进法》第四十条，《政府采购法实施条例》第六条、第六十八条，财政部发展改革委生态环境部市场监管总局关于调整优化节能产品环境标志产品政府采购执行机制的通知》（财库〔2019〕9号）；《政府采购促进中小企业发展暂行办法》（财库〔2011〕181号）；《湖北省财政厅关于政府采购支持中小企业发展的实施意见》（鄂财采发〔2019〕5号）；《政府采购进口产品管理办法》（财库〔2007〕119号）；《关于政府采购进口产品管理有关问题的通知》（财办库〔2008〕248号）。

3. 以不合理的条件对供应商实行差别待遇或者歧视待遇

以不合理的条件对供应商实行差别待遇或者歧视待遇，主要包括以下几点：

（1）设定的技术、商务条件与采购项目的具体特点和实际需要不相适应或者与合同履行无关。

（2）采购需求中的技术、服务等要求指向特定供应商、特定产品。

（3）将特定行政区域或者特定行业的业绩、奖项，特定金额的业绩或代理商的业绩作为实质性要求。

（4）限定或者指定特定的专利、商标、品牌或者供应商。

（5）将供应商的所有制形式、组织形式或者所在地作为实质性要求。

主要依据来源：《政府采购法》第二十一条、第二十二条、第七十一条，《政府采购法实施条例》第二十条，《中小企业促进法》第四十条，《公平竞争审查制度实施细则（暂行）》（发改价监〔2017〕1849号）第十四条，财政部政府采购信息公告（第三百六十六号、第三百九十四号）。

4. 以其他不合理条件限制或者排斥潜在供应商

以其他不合理条件限制或者排斥潜在供应商，主要包括以下几点：

（1）设定最低限价。

（2）要求提供赠品、回扣或者与采购无关的其他商品、服务的。

（3）将国务院已明令取消的或国家行政机关非强制的资质、资格、认证、目录等作为实质性要求。

主要依据来源：《政府采购法》第五条、第二十二条、第七条，《政府采购法实施条例》第十一条、第二十条，《政府采购货物和服务招标投标管理办法》（财政部令第87号）第十二条、第七十八条，国务院关于取消和调整行政审批项目及取消行政许可事项等相关规定。

三、评审因素的合规性

采购文件不得将资格条件作为评审因素；不得将规模条件作为评审因素；采用综合评分法的，评审标准中的分值设置与评审因素的量化指标应该相对应；不得以不合理的条件对供应商实行差别待遇或者歧视待遇。

1. 将资格条件作为评审因素

将资格条件作为评审因素，主要包括以下几点：

（1）将供应商资格条件的内容作为评审因素。

（2）将《政府采购法实施条例》第十七条规定的条件作为评审因素。

主要依据来源：《政府采购货物和服务招标投标管理办法》（财政部令第87号）第五十五条，《财政部关于加强政府采购货物和服务项目价格评审管理的通知》（财库〔2007〕2号）。

2. 不得将规模条件作为评审因素

不得将规模条件作为评审因素，主要是将注册资本、资产总额、营业收入、从业人员、利润、纳税额等规模条件作为评审因素。

主要依据来源：《政府采购法》第九条，《中小企业促进法》第四十条，《政府采购货物和服务招标投标管理办法》（财政部令第87号）第十七条。

3. 采用综合评分法的，评审标准中的分值设置与评审因素的量化指标应该相对应

采用综合评分法的，评审标准中的分值设置与评审因素的量化指标应该相对应，主要包括以下几点：

（1）使用"优""良""中""一般"等容易引起歧义的表述时，未明确判断标准。

（2）评审因素的指标量化为区间的，评审标准的分值未量化到区间。

（3）采用横向比较各投标文件的方式打分。

主要依据来源：《政府采购法实施条例》第三十四条、第六十八条，《政府采购货物和服务招标投标管理办法》（财政部令第87号）第五十五条，财政部政府采购指导性案例第9号，财政部政府采购信息公告（第六百八十二号）。

4. 以不合理的条件对供应商实行差别待遇或者歧视待遇

以不合理的条件对供应商实行差别待遇或者歧视待遇，主要包括以下几点：

（1）以特定行政区域或者特定行业的业绩、奖项作为加分条件。

（2）将特定金额的合同业绩作为评审因素。

（3）对供应商采取不同的评审标准。

主要依据来源：《政府采购法》第二十一条、第二十二条、第七十一条，《政府采购法实施条例》第二十条，《政府采购货物和服务招标投标管理办法》（财政部令第87号）第十七条，《政府采购促进中小企业发展暂行办法》（财库〔2011〕181号）第三条，财政部政府采购指导性案例第17号。

四、采购文件的完整性

采购文件应至少包含投标邀请、供应商须知、采购需求、评审办法及标准、拟签订的合同文本、投标（响应）文件的格式等部分。

采购文件的专业用语、法律用语要准确、专业和权威；对技术要求的描述语言要精确，切忌含糊不清，避免产生歧义，更不能前后不一或前后矛盾，要体现一致性。

在电子化交易中，采购文件的编制应符合电子交易系统的相关要求。

在线习题（第五章）

第六章
政府采购质疑投诉的处理

　　《政府采购法》第五十一条规定，供应商对政府采购活动事项有疑问的，可以向采购人提出询问，采购人应当及时作出答复，但答复的内容不得涉及商业秘密。第五十二条规定，供应商认为采购文件、采购过程和中标、成交结果使自己的权益受到损害的，可以在知道或者应知其权益受到损害之日起七个工作日内，以书面形式向采购人提出质疑。第五十五条规定，质疑供应商对采购人、采购代理机构的答复不满意或者采购人、采购代理机构未在规定的时间内作出答复的，可以在答复期满后十五个工作日内向同级政府采购监督管理部门投诉。第五十八条规定，投诉人对政府采购监督管理部门的投诉处理决定不服或者政府采购监督管理部门逾期未作处理的，可以依法申请行政复议或者向人民法院提起行政诉讼。

　　《政府采购质疑和投诉办法》（财政部令第94号）对政府采购质疑和投诉作出了更为具体的规范与要求。

第一节　询　　问

一、询问的方式

　　供应商对政府采购活动有疑问的，可以向采购人或采购代理机构提出询问。询问的方式可以有口头询问和书面询问。在实际操作中，询问既可以采用电话、面谈等口头方式，也可以采用信函、邮件等书面方式，方式不限。

二、询问的答复

　　询问可以是对采购公告、采购文件、采购结果的询问，也可以是对采购程序的询问，内容不限。采购人或采购代理机构应积极做出答复。《政府采购法实施条例》第五十二条要求，采购人或者采购代理机构应当在三个工作日内对供应商依法提出的询问作出答复。

第二节 质疑的受理和处理

一、质疑的受理

采购人、采购代理机构应当在采购文件中载明接收质疑函的方式、联系部门、联系电话和通信地址等信息。采购人负责供应商质疑答复。采购人委托采购代理机构采购的，采购代理机构在委托授权范围内作出答复。供应商提出的质疑超出采购人对采购代理机构委托授权范围的，采购代理机构应当告知供应商向采购人提出。

质疑是供应商自我维权的一种方式，供应商投入大量的精力参与政府采购活动，但大多数情况下，中标（成交）供应商只有一个，质疑是不可避免的。

采购人、采购代理机构受到质疑后，首先要甄别是否为有效质疑。

1. 质疑的主体是否有效

《政府采购质疑和投诉办法》第十一条要求，提出质疑的供应商(以下简称质疑供应商)应当是参与所质疑项目采购活动的供应商。供应商可以委托代理人进行质疑和投诉。其授权委托书应当载明代理人的姓名或者名称、代理事项、具体权限、期限和相关事项。供应商为自然人的，应当由本人签字；供应商为法人或者其他组织的，应当由法定代表人、主要负责人签字或者盖章，并加盖公章。代理人提出质疑和投诉，应当提交供应商签署的授权委托书。

2. 质疑时间是否在有效期内

供应商认为采购文件、采购过程、中标或者成交结果使自己的权益受到损害的，可以在知道或者应知其权益受到损害之日起七个工作日内提出质疑。

《政府采购法》第五十二条规定的供应商应知其权益受到损害之日，是指：（1）对可以质疑的采购文件提出质疑的，为收到采购文件之日或者采购文件公告期限届满之日；（2）对采购过程提出质疑的，为各采购程序环节结束之日；（3）对中标或者成交结果提出质疑的，为中标或者成交结果公告期限届满之日。

3. 质疑提交的是否为书面形式，且是否提交了质疑函和必要的证明材料

《政府采购质疑和投诉办法》第十二条要求质疑函应当包括下列内容：（1）供应商的姓名或者名称、地址、邮编、联系人及联系电话；（2）质疑项目的名称、编号；（3）具

体、明确的质疑事项和与质疑事项相关的请求；（4）事实依据；（5）必要的法律依据；（6）提出质疑的日期。

供应商为自然人的，应当由本人签字；供应商为法人或者其他组织的，应当由法定代表人、主要负责人，或者其授权代表签字或者盖章，并加盖公章。

请看下面的案例。

关于×××大学中央空调系统更新改造项目的质疑函

我公司拟参加×××大学中央空调系统更新改造项目的投标，现我公司对该项目采购文件提出质疑如下。

一、质疑供应商基本信息

质疑供应商：×××有限公司

地址：×××

邮编：×××

联系人：×××

联系电话：×××

授权代表：×××

联系电话：×××

二、质疑项目基本情况

质疑项目的名称：×××大学中央空调系统更新改造项目

质疑项目的编号：×××

采购人名称：×××大学

采购文件获取日期：××××年××月××日

三、质疑事项具体内容

【质疑事项】

项目具有明显的品牌指向性，严重影响项目公平性。

【事实依据】

招标文件第三章项目采购需求第三项主要产品技术要求中，设置安装尺寸为≤5000×2500×3500（h）。每个冷水机组品牌的尺寸(长、宽、高)大小不一，设置机组长、宽、高的参数有品牌倾向性，将影响项目公平性。

【法律依据】

《中华人民共和国政府采购法实施条例》第二十条规定，采购人或者采购代理机构有下列情形之一的，属于以不合理的条件对供应商实行差别待遇或者歧视待遇：（三）采购需求中的技术、服务等要求指向特定供应商、特定产品。

四、与质疑事项相关的请求

对于不合适的参数进行调整，保证潜在投标品牌和投标主体都能够满足，建议删除以上要求。

×××有限公司

日期： 年 月 日

4. 针对同一采购程序环节的质疑是否是一次性提出

采购人、采购代理机构可以在采购文件中要求供应商在法定质疑期内一次性提出针对同一采购程序环节的质疑。以避免同一问题反复质疑，导致项目不能正常执行。

针对无效质疑，采购人、采购代理机构依法不予受理，并且应告知质疑人不予受理的原因。采购人、采购代理机构不得拒收质疑供应商在法定质疑期内发出的质疑函，应当在收到质疑函后七个工作日内作出答复，并以书面形式通知质疑供应商和其他有关供应商。

【小贴士】

以某地研究院"计算机网络信息中心设备采购项目"为例。

某地研究院"计算机网络信息中心设备采购项目"发布公开招标公告，10家供应商下载了招标文件，其中6家递交了投标文件。中标结果公告发布后，下载了招标文件却未投标的A公司对中标结果提出了质疑。但采购人给出"质疑无效"的回复。

那么A公司为何不可以对中标结果提出质疑？

根据《政府采购质疑和投诉办法》（财政部令第94号）第十一条的规定，提出质疑的供应商应当是参与所质疑项目采购活动的供应商。

A公司虽然下载了招标文件，但并没有投标，即未参与该采购项目，属于潜在供应商。潜在供应商已依法获取其可质疑的采购文件的，可以对该文件提出质疑，但是只有递交了投标文件的投标供应商才可以对中标结果提出质疑。因此A公司无法质疑中标结果。

二、质疑的处理

1. 做好质疑函的登记受理工作

对于正式受理的质疑，需做好相关登记，包括：质疑单位名称、联系地址、邮编、联系方式、法定代表人（授权代表）姓名及身份证号、质疑项目名称及编号、质疑收到时间等。

2.答复质疑前的调查

政府采购评审专家应当配合采购人或者采购代理机构答复供应商的质疑。

供应商对评审过程、中标（成交）结果提出质疑的，采购人或者采购代理机构可以组织原评标委员会（评审小组）协助答复质疑。

3.质疑答复

1）答复主体

《政府采购质疑和投诉办法》第五条要求，采购人负责供应商质疑答复。采购人委托采购代理机构采购的，采购代理机构在委托授权范围内作出答复。

2）质疑答复的时间和形式要求

《政府采购质疑和投诉办法》第十三条要求，采购人、采购代理机构应当在收到质疑函后七个工作日内作出答复，并以书面形式通知质疑供应商和其他有关供应商。

3）质疑答复的内容

根据《政府采购质疑和投诉办法》，质疑答复应当包括下列内容：（1）质疑供应商的姓名或者名称；（2）收到质疑函的日期、质疑项目名称及编号；（3）质疑事项、质疑答复的具体内容、事实依据和法律依据；（4）告知质疑供应商依法投诉的权利；（5）质疑答复人名称；（6）答复质疑的日期。

质疑答复的内容不得涉及商业秘密。

请看以下案例。

×××大学中央空调系统更新改造项目质疑答复函

一、质疑供应商名称

质疑人名称：×××有限公司

二、质疑函基本信息

质疑项目的名称：×××大学中央空调系统更新改造项目

质疑项目的编号：×××

采购人名称：×××大学

采购文件获取日期：××××年××月××日

×××有限公司：

我公司于××××年××月××日收到贵公司关于<u>大学中央空调系统更新改造项</u>

目（项目编号：×××）招标文件的质疑函，现就质疑内容答复如下。

【质疑事项】

招标文件第三章项目采购需求第三项主要产品技术要求中，设置安装尺寸为≤5000×2500×3500（h）。每个冷水机组品牌的尺寸(长、宽、高)大小不一，设置机组长、宽、高的参数有品牌倾向性，将影响项目公平性。

【质疑答复】

因该项目为改造升级项目，经过综合考虑原有空调机房空间，本项目招标文件第三章项目采购需求第三项主要产品技术要求中，设置安装尺寸为≤5000×2500×3500（h），该数据为现有的安装条件，并非为设备尺寸要求，且经过调研，目前市场上大多数品牌的冷水机组均满足以上安装尺寸要求。因新更换机组进入空调机房受空调机房的地理位置和机房的结构影响，综合考虑后期设备安装因素，此要求与项目的具体特点和实际需要相适应，且与合同履行息息相关，并未指向特定产品。

【法律依据】

财政部《关于印发〈政府采购需求管理办法〉的通知》（财库〔2021〕22号）第六条第二款，技术要求是指对采购标的的功能和质量要求，包括性能、材料、结构、外观、安全，或者服务内容和标准等。

第七条 采购需求应当符合法律法规、政府采购政策和国家有关规定，符合国家强制性标准，遵循预算、资产和财务等相关管理制度规定，符合采购项目特点和实际需要。

贵公司如对本次答复不满意，可以在答复期满后十五个工作日内向××省财政厅提起投诉。感谢贵公司对本项目采购工作的理解和支持！

×××公司

××××年××月××日

4）质疑的处理

《政府采购质疑和投诉办法》第十六条规定，采购人、采购代理机构认为供应商质疑不成立，或者成立但未对中标、成交结果构成影响的，继续开展采购活动；认为供应商质疑成立且影响或者可能影响中标、成交结果的，按照下列情况处理。

（1）对采购文件提出的质疑，依法通过澄清或者修改可以继续开展采购活动的，澄清或者修改采购文件后继续开展采购活动；否则应当修改采购文件后重新开展采购活动。

（2）对采购过程、中标或者成交结果提出的质疑，合格供应商符合法定数量时，可以从合格的中标或者成交候选人中另行确定中标、成交供应商的，应当依法另行确定中标、成交供应商；否则应当重新开展采购活动。

质疑答复导致中标、成交结果改变的，采购人或者采购代理机构应当将有关情况书面报告本级财政部门。

5）注意事项

采购人、采购代理机构不得拒收质疑供应商在法定质疑期内发出的质疑函。

供应商质疑应当以客观事实为依据，通过合法途径向采购人或采购代理机构提出，禁止捏造事实、提供虚假材料、以非法手段取得证明材料。证据来源的合法性存在明显疑问，供应商无法证明其取得方式合法的，视为以非法手段取得证明材料。

4.材料归档

质疑处理过程中产生的一切文件材料均应作为采购资料的一部分，予以归档。

【案例一】

采购代理机构S公司组织实施科研设备采购项目公开招标，经评标委员会评审，推荐A供应商为第一中标候选人。采购结果公布后，B供应商对评审结果提出质疑。

B供应商质疑认为，A供应商提供产品的多项技术参数官网查询达不到"※"条款要求，应作为无效投标处理。采购代理机构收到质疑后，迅速组织原评标委员会对质疑事项进行复议，评标委员会核查了A供应商的投标文件，未发现其不满足采购文件实质性要求的问题，故其为实质性响应的投标文件。

在复议中，评标委员会发现有2名评委对A供应商的某项客观评分有错误，经修正，A供应商最终得分比原评分低0.5分，但仍得分最高，评标委员会仍然推荐A供应商为第一中标候选人。

采购代理机构根据评标委员会的复议结果，在规定期限内向B供应商的质疑进行了答复。

以上案例中，评标委员会完成了两项工作。一是对质疑事项进行复议，二是重新评审。

采购代理机构组织原评标委员会对质疑事项进行复议与采购代理机构组织重新评审是两回事，二者有着本质的区别。复议是评审专家配合采购代理机构协助答复质疑事项的行为，其前提是有供应商在评审结束后提出了询问或质疑。而重新评审，是指在评审活动完成后，原评标委员会（评审小组）成员对自己评审意见的重新检查。除了国务院财政部门规定的情形外，采购人、采购代理机构不得以任何理由组织重新评审。采购人、采购代理机构按照国务院财政部门的规定组织重新评审的，应当书面报告本级人民政府财政部门。

本案例中，在采购结果公布之后，B供应商向采购代理机构提出了质疑，采购代理机构为了答复供应商提出的质疑事项而组织原评标委员会进行复议，复议的目的是对质疑事项进行进一步核查，由评标委员会出具相关专业意见作为答复依据。

评标委员会进行复议时，发现了对客观评审因素评分不一致的情况，符合《政府采购货物和服务招标投标管理办法》第六十四条："评标结果汇总完成后，除下列情形外，任何人不得修改评标结果：（三）评标委员会成员对客观评审因素评分不一致的"情形，而"评标报告签署后，采购人或者采购代理机构发现存在以上情形之一的，应当组织原评标委员会进行重新评审。"因此，该案例中，原评标委员会实际上是同时完成了两项必要的工作。

第三节 投诉的配合处理

一、投诉时效及条件

1.投诉时效

《政府采购质疑和投诉办法》第十七条要求，质疑供应商对采购人、采购代理机构的答复不满意，或者采购人、采购代理机构未在规定时间内作出答复的，可以在答复期满后15个工作日内向本办法第六条规定的财政部门提起投诉。

2.投诉的条件

《政府采购质疑和投诉办法》第十九条要求，投诉人应当根据本办法第七条第二款规定的信息内容，并按照其规定的方式提起投诉。

投诉人提起投诉应当符合下列条件：

（1）提起投诉前已依法进行质疑；

（2）投诉书内容符合本办法的规定；

（3）在投诉有效期限内提起投诉；

（4）同一投诉事项未经财政部门投诉处理；

（5）财政部规定的其他条件。

值得注意的是，对单一来源采购方式提出的异议，不属于供应商可以提起质疑、投诉的范围，不符合《政府采购质疑和投诉办法》规定的受理条件。

请看以下案例。

A单位地质灾害智能化监测预警建设项目投诉案

【关键词】

采购方式/单一来源公示/质疑投诉范围

【案例要点】

供应商对采用单一来源采购方式存在异议，应当在单一来源采购审批前的公示期内通过法定途径向采购人、采购代理机构提出。

对于已采用单一来源采购方式的政府采购项目，其他供应商不具备提出质疑、投诉的主体资格。

【相关依据】

《中华人民共和国政府采购法》第五十二条、第五十五条；

《政府采购非招标采购方式管理办法》（财政部令第74号）第三十九条、第四十条；

《政府采购质疑和投诉办法》（财政部令第94号）第十条、第十一条、第十七条、第十九条、第二十一条。

【基本案情】

采购人A单位委托代理机构B公司就"A单位地质灾害智能化监测预警建设项目"（以下简称本项目）采用单一来源采购方式进行采购。2019年10月18日，代理机构B公司发布本项目公示公告，公示期为10月18日至24日；10月23日，供应商C公司提出异议；10月28日，采购人A单位组织补充论证，专家认为异议不成立；11月1日，代理机构B公司答复异议。

2019年11月20日，C公司向财政部门提起投诉。投诉事项为：请求财政部门依法终止本项目使用单一来源采购方式采购，采用公开招标的方式采购。

采购人A单位称：多地均有地质灾害监测预警、防治指挥项目采用单一来源采购方式的先例。鉴于本项目的公益性、基础性、紧迫性等因素，结合其实际需求，本项目符合单一来源采购要求。

【处理结果】

根据《政府采购质疑和投诉办法》（财政部令第94号）第二十一条第（二）项的规定，不予受理本项目投诉。

相关当事人在法定期限内未申请行政复议、提起行政诉讼。

【处理理由】

本项目尚处于单一来源采购审批前公示期内，供应商对采用单一来源采购方式有异议的，可根据《政府采购非招标采购方式管理办法》（财政部令第74号）第三十九条的规定，将书面意见反馈给采购人、代理机构，同时抄送相关财政部门。本案例中，C公司对单一来源采购方式提出的异议，不属于《中华人民共和国政府采购法》第五十二条与第五十五条、《政府采购质疑和投诉办法》（财政部令第94号）第十条第一款及第十七条规定的供应商可以提起质疑、投诉的范围，不符合《政府采购质疑和投诉办法》（财政部令第94号）第十九条规定的受理条件。

（选自财政部指导性案例43）

二、投诉的提起

《政府采购质疑和投诉办法》第六条规定，供应商投诉按照采购人所属预算级次，由本级财政部门处理。

跨区域联合采购项目的投诉，采购人所属预算级次相同的，由采购文件事先约定的财政部门负责处理，事先未约定的，由最先收到投诉的财政部门负责处理；采购人所属预算级次不同的，由预算级次最高的财政部门负责处理。

质疑供应商对采购人、采购代理机构的答复不满意，或者采购人、采购代理机构未在规定时间内作出答复的，可以在答复期满后15个工作日内向《政府采购质疑和投诉办法》第六条规定的财政部门提起投诉。质疑是投诉的先决条件，供应商不得直接就政府采购事项提出投诉。且供应商投诉的事项不得超出已质疑事项的范围，但基于质疑答复内容提出的投诉事项除外。

三、投诉的配合处理

投诉处理的主体是财政部门。但无论被投诉人是采购人或采购代理机构，或是其他供应商，采购人和采购代理机构都有义务配合投诉的处理。

财政部门在处理投诉事项期间，可以视具体情况书面通知采购人和采购代理机构暂停采购活动，暂停采购活动的时间最长不得超过30日。采购人和采购代理机构收到暂停采购活动通知后应当立即中止采购活动，在法定的暂停期限结束前或者财政部门发出恢复采购活动通知前，不得进行该项采购活动。

投诉人对采购文件提起的投诉事项，财政部门经查证属实的，应当认定投诉事项成立。经认定成立的投诉事项不影响采购结果的，继续开展采购活动；影响或者可能影响采购结果的，财政部门按照下列情况处理。

（1）未确定中标或者成交供应商的，责令重新开展采购活动。

（2）已确定中标或者成交供应商但尚未签订政府采购合同的，认定中标或者成交结果无效，责令重新开展采购活动。

（3）政府采购合同已经签订但尚未履行的，撤销合同，责令重新开展采购活动。

（4）政府采购合同已经履行，给他人造成损失的，相关当事人可依法提起诉讼，由责任人承担赔偿责任。

投诉人对采购过程或者采购结果提起的投诉事项，财政部门经查证属实的，应当认定投诉事项成立。经认定成立的投诉事项不影响采购结果的，继续开展采购活动；影响或者可能影响采购结果的，财政部门按照下列情况处理。

（1）未确定中标或者成交供应商的，责令重新开展采购活动。

（2）已确定中标或者成交供应商但尚未签订政府采购合同的，认定中标或者成交结果无效。合格供应商符合法定数量时，可以从合格的中标或者成交候选人中另行确定中标或者成交供应商的，应当要求采购人依法另行确定中标、成交供应商；否则责令重新开展采购活动。

（3）政府采购合同已经签订但尚未履行的，撤销合同。合格供应商符合法定数量时，可以从合格的中标或者成交候选人中另行确定中标或者成交供应商的，应当要求采购人依法另行确定中标、成交供应商；否则责令重新开展采购活动。

（4）政府采购合同已经履行，给他人造成损失的，相关当事人可依法提起诉讼，由责任人承担赔偿责任。

投诉人对废标行为提起的投诉事项成立的，财政部门应当认定废标行为无效。

采购人、采购代理机构有下列情形之一的，由财政部门责令限期改正；情节严重的，给予警告，对直接负责的主管人员和其他直接责任人员，由其行政主管部门或者有关机关给予处分，并予通报。

（1）拒收质疑供应商在法定质疑期内发出的质疑函。

（2）对质疑不予答复或者答复与事实明显不符，并不能作出合理说明。

（3）拒绝配合财政部门处理投诉事宜。

【小贴士】

【问】某采购代理机构，在承接的一个整体专门面向中小企业的项目中，评审期间一共有3家供应商通过中小企业身份的资格性审查。在结果发布后收到质疑，指出中标人的中小企业身份造假。经调查，中标人承认对政策理解错误导致自我认定错误，愿意放弃中标资格。请问这种情况下是《政府采购法实施条例》中中标人放弃签订合同、采购人自行确定第二候选人为中标人或者重新采购的条款，还是财政部令第94号中质疑成立导致供应商家数不足3家而必须重新采购的条款？

【答】根据《政府采购质疑和投诉办法》（财政部令第94号）第十六条的规定，采购人、采购代理机构认为质疑事项成立且影响中标结果的，合格供应商不符合法定数量时，应当重新开展采购活动。对于供应商在政府采购活动中的违法行为，采购人、采购代理机构应当报财政部门处理。

（信息来源中国政府采购网）

第四节 常见的质疑或投诉问题

一、质疑或投诉的常见情形

质疑和投诉虽是供应商正常的维权方式，但是质疑和投诉的处理耗时费力，对政府采购项目的顺利执行是很有影响的。采购人或采购代理机构应尽可能地避免有效质疑或投诉的发生。

下面我们以某省政府采购网2020年某月某些项目投诉处理信息为例来简要分析项目质疑投诉的原因，如表6-1所示。

表6-1 某省政府采购网2020年某月某些项目投诉处理信息

序号	项目名称	被投诉人	投诉事项及原因	投诉处理
1	×××全民健身示范工程项目设施采购项目	采购人和采购代理机构	报名及招标文件的获取:提供自2016年以来承担过的类似体育器材销售、安装的项目业绩证明(合同金额在200万元及以上,并提供合同和中标通知书)。将有具体金额的业绩设为资格条件,对中小企业实行差别待遇或者歧视待遇	(1)投诉事项成立,本项目中标结果无效,责令采购人修改招标文件后重新开展采购活动; (2)责令采购人、采购代理机构就没有在法定期限内对质疑作出答复的问题进行整改
2	某年度就业补助资金专项审计检查项目	采购人和采购代理机构	(1)磋商文件要求"质量保证措施(符合本项目的实际情况,视完整性、可行性酌情打分,优秀者得4~5分,一般者得0~3分);保密和廉政承诺(有保密和廉政承诺,并有处罚措施,优秀者得3分,一般者得0~2分);进度保证措施(针对工作进度的合理安排、服务具体到位、可操作性强等情况进行综合评分,优为5分,良为3~4分,一般为1~2分,差不得分)"。投诉该评分标准未量化区间打分标准的表述; (2)磋商文件第三章第四条第6点"本地化服务得5分。为跟进后续服务,保障服务响应及时性,服务点距项目所在地附近最近的,得5分;在周边地区有服务点的,根据服务点远近给1~4分;需提供房产证明或房屋租赁合同加盖单位公章和售后服务承诺书,不提供的不得分。"投诉该条具有歧视性	投诉事项成立,成交结果无效,责令采购人废标,重新开展采购活动

序号	项目名称	被投诉人	投诉事项及原因	投诉处理
3	××县老城区污水处理及乡镇污水处理全覆盖项目	采购代理机构	(1)采购代理机构在资格预审申请文件递交截止时间后30分钟内,网上查询到×××公司有行贿受贿案件,投诉人查询公司无行贿犯罪记录; (2)经资格预审小组预审,评标委员会一致认为×××公司为行贿受贿当事人,认定×××公司资格预审不合格。资格预审小组查询的行贿犯罪记录截图"×××受贿罪、×××行贿罪一审刑事判决书",日期为2014年6月,本案中涉及×××、×××的行贿均属于其个人行为,不属于公司行为,公司不应当被认定为行贿受贿当事人	责令采购人和采购代理机构组织专家对2019年9月24日的资格预审结果进行重新评审
4	××市疾病预防控制中心实验室设备采购项目	采购代理机构	(1)被投诉人质疑答复超出限定时间; (2)被投诉人提供的答复函中没有提供投诉人所质疑品牌生产厂家盖章的技术文件或技术检测机构的书面报告或专家组的论证意见书。 (3)事件陈述如下。 第一,在此次招标文件参数中"★3.12最大反应体积≥120 μL",相关供应商提供的最大反应体积为100 μL; 第二,在此次招标文件参数中"★3.14梯度功能大于6个不同的温度",相关供应商提供的"梯度功能:有6个不同的控温模块,可分别设置6个完全不同的退火温度,可同时运行6个退火温度不同的样本检测,远远优于传统意义上的模拟梯度功能"	(1)缺乏事实依据,驳回投诉; (2)有《政府采购质疑和投诉办法》(财政部令第94号)第十五条"质疑答复的内容不得涉及商业秘密"的情形,驳回投诉; (3)中"事件陈述:第一"的投诉事项缺乏事实依据,驳回投诉; (3)中"事件陈述:第二"的投诉事项成立,按照《政府采购货物和服务招标投标管理办法》(财政部令第87号)第三十二条和六十三条第(六)款的规定,供应商投标无效; 综上,投诉人的投诉事项部分成立,且可能会影响采购结果,本机关责令采购人按照《政府采购质疑和投诉办法》(财政部令第94号)第三十二条第(二)款的规定,依法开展采购活动

序号	项目名称	被投诉人	投诉事项及原因	投诉处理
5	××县××山庄专变配变安装及低压出线电缆工程项目	采购人	采购公告明确要求在我市开展建筑活动的省内外企业和人员信息以《××省建筑市场监督与诚信一体化工作平台》信息公示的信息为准(企业及拟派项目部主要管理人员均需打印网络查询结果并加盖单位公章),而在建筑市场监管和诚信一体化工作平台中,查询到中标候选人的人员信息中没有资料员及建造师中级工程师信息,怀疑该建造师的中级中程师证系伪造的。依据财政部令第87号第六十三条第三项和采购文件第一章第13点应认定该供应商投标无效,不具备投标资格	基于评审专家(采购人代表)确定的供应商资格条件评审依据,结合对×××公司提供资料的核查情况,该项目在招标和评审过程中未发现违规和违法行为。投诉人关于本项目的投诉理由不充分,没有法律依据。依据《政府采购法》《政府采购法实施条例》及《政府采购质疑和投诉办法》(财政部令第94号)的第二条、第二十九条有关规定,经研究决定:驳回投诉人的投诉请求
6	×××学校物联网高水平实训基地建设项目	采购代理机构	(1)特定资格要求第二条以从业人数作为资格条件,违反招标投标法律法规,属于以不合理的条件对供应商实行差别待遇或者歧视待遇; (2)资格条件发生变动后,被投诉人通过发布修改及延期公告,继续开展招标活动,投诉人认为此行为违法	投诉事项(1)和(2)均成立,根据《政府采购质疑和投诉办法》(财政部令第94号)第三十一条第一款第(一)项的规定,责令被投诉人重新开展采购活动
7	××区农房补充调查项目	采购代理机构	投诉人于××××年××月××日向采购代理机构就"××区农房补充调查项目"2标包中标结果及评审过程提出质疑并递交质疑函,而被采购代理机构当场拒收质疑函。提出以下投诉:采购代理机构在评标过程中有不符合规范的操作,供应商提交的原件未能全部打开逐项核对打分,采购代理机构应当公开相关监控录像查看原件核对打分情况,并核实整个评标过程的规范性	投诉人的投诉事项缺乏事实依据,投诉事项不成立,依据《政府采购质疑和投诉办法》(财政部令第94号)第二十九条第一款第二项"投诉事项缺乏投诉依据,投诉事项不成立"的规定,驳回投诉人的投诉事项

序号	项目名称	被投诉人	投诉事项及原因	投诉处理
8	××市火车站片区棚户区改造审计咨询采购项目	采购代理机构	（1）磋商文件第四章"评审办法"中，"评分细则表"技术部分"服务方案"（①供应商对本项目拟定的审计实施方案计划详细、完整，实施方案包括但不限于人员配备、审计程序、完成时限、保证服务承诺等，优为8～10分，中为6～7分，一般为1～5分。②对项目的整体理解透彻、审计服务目标明确、依据充分、审计程序针对性强，得8～10分；方案有瑕疵，基本可行，得6～8分；内容不全面，漏洞较多的，得1～6分。③供应商建立健全的职业执业规定及其他相应的管理制度，包括但不限于质量控制、风险控制、财务管理、档案管理等，制度设计科学合理、完整，优为8～10分，中为6～7分，一般为1～5分）使用"优""中""一般"等容易引起歧义的表述，未明确判断标准。未将评审因素进行量化，存在不公平评分或给分畸高畸低的情况； （2）磋商文件第四章"评审办法"中，"评分细则表"商务部分"项目负责人能力"（项目负责人同时具备房地产估价师资格得5分，否则不得分；针对本项目实际情况，项目负责人为征收处专家委员会专家得5分，否则不得分）。存在与采购需求不相适应，有特定指向供应商倾向，征收处专家委员会理应回避； （3）将供应商的所在地作为实质性要求。磋商文件第四章"评审办法"中，"评审细则表"商务部分"综合实力"第2点（注册在本地机构的注册会计师人数不少于2人，每多一人得2分，最高得10分）。存在排斥其他潜在供应商的嫌疑	本机关认定第（1）条中的①、③项，第（2）、（3）条投诉事项成立。 依据《政府采购法》第三十六条第（二）项、《政府采购法》第七十一条第（四）项、《政府采购质疑和投诉办法》（财政部令第94号）第三十一条第（一）项规定，本机关决定采购结果无效，责令重新开展采购活动

续表

序号	项目名称	被投诉人	投诉事项及原因	投诉处理
9	××县审计局第三方对四河治理拆迁补偿资金进行专项审计项目	采购代理机构	(1)投诉人认为磋商文件第四章"评审办法及评分标准"中的商务评议第三项磋商情况评分标准即"根据磋商响应人磋商情况酌情打分,最高得5分",未载明完整的评分标准,存在不透明的评分情况; (2)投诉人认为磋商文件第四章"评审办法及评分标准"中的商务评议、技术评议分值未量化,存在不公平评分或给分畸高畸低的情况	关于投诉事项第(1)条,依据《政府采购质疑和投诉办法》(财政部令第94号)第三十一条规定,经本机关认定投诉事项成立,但不影响采购结果,可继续开展采购活动。关于投诉事项第(2)条,依据《政府采购质疑和投诉办法》(财政部令第94号)第二十九条的规定,该投诉事项不成立,驳回投诉
10	××市扶贫资金专项检查审计服务	采购代理机构	"××市扶贫资金专项检查审计服务"第四章"技术评议和商务评议"中,其中"组织实施、项目团队、验收标准、供应商综合能力、业绩及经验、售后服务、投标文件"这七条评审因素设置的评分标准比较模糊,分值未量化到区间,该项设置违反了《政府采购法实施条例》第三十四条;财政部《政府采购法实施条例释义》等规定,存在未按相关法规及条例规定,未将评审因素进行量化,存在不公平评分或给分畸高畸低的情况	投诉事项成立。依照《政府采购竞争性磋商采购方式管理暂行办法》第二十四条、《政府采购质疑和投诉办法》(财政部令第94号)第三十一条的规定,本机关决定:责令被投诉人修改采购文件后,重新开展采购活动

　　根据表6-1的统计情况,该地区一个月内共处理投诉事项10起,其中投诉采购代理机构的投诉事项9起,投诉事项大多为采购文件编制和执行程序的问题。

　　2023年财政部发布政府采购信息公告432则,其中行政处罚公告98则,投诉处理公告327则,监督检查结果公告7则。投诉处理结果公告中,投诉事项结果成立的有35则,投诉事项结果部分成立的有80则,投诉被驳回的有168则,另有部分公告显示,因采购项目存在投诉事项以外的,影响采购活动公平公正开展的情形,投诉事项不再审查。投诉处理结果公告总数较2022年增加143则,增幅为77.7%。

　　在这327则投诉处理结果公告中,责令采购人和采购代理机构改正的事项主要归为六类:采购(澄清)文件编制不规范(澄清文件具体规范和要求不明确、评审标准中的分值设置未与评审因素的量化指标相对应、招标文件评分标准存在以不合理条件限制或排斥潜在供应商的情形);评审现场管理不规范;质疑处理不规范(未对质疑事项作出实质性答复、未按法定程序答复质疑);未依法公开中标供应商《中小企业声明函》;未依法告知未中标供应商得分及排序;未告知其被取消中标资格的具体原因。

此外，2023年的投诉处理结果公告显示，部分项目存在评审不规范或错误的情况，此类情况主要体现为：评分不合理、不公正；评审过程前后矛盾不合规；评标委员会未独立评审。

二、质疑或投诉常见问题的处理

1. 采购需求问题

采购需求应当符合法律法规、政府采购政策和国家有关规定，符合国家强制性标准，遵循预算、资产和财务等相关管理制度规定，符合采购项目特点和实际需要。采购需求应当明确实现项目目标的所有技术、商务要求，功能和质量指标的设置要充分考虑可能影响供应商报价和项目实施风险的因素。对技术参数、商务要求进行严格把控，防止出现指向特定产品、特定供应商的情况，可有效降低质疑、投诉的可能性。

请看下面的案例。

J大学T校区车辆识别系统项目投诉案

【关键词】

采购需求管理/采购人主体责任/采购方式

【案例要点】

采购人应当按照预算支出标准和遵循公共服务职能的原则，根据采购项目需求特点确定合适的采购方式。采购需求难以客观量化、技术规格难以具体明确的采购项目，应当通过竞争性磋商、竞争性谈判等方式进行采购。

采购人应当在目标性需求基础上形成具体的功能性需求，并进一步细化为技术需求，确保采购需求完整、明确，以便供应商进行响应并报价。

【相关依据】

《中华人民共和国政府采购法》第二十二条、第二十六条至第三十二条；

《中华人民共和国政府采购法实施条例》第十一条、第十三条、第十五条、第二十条；

《政府采购货物和服务招标投标管理办法》（财政部令第87号）第十一条、第二十条、第五十五条、第七十七条；

《政府采购质疑和投诉办法》（财政部令第94号）第二十九条、第三十一条。

【基本案情】

采购人J大学委托代理机构D公司就"J大学T校区车辆识别系统项目"（以

下简称本项目）进行公开招标。2018年9月4日，代理机构D公司发布招标公告。9月7日，供应商×××公司提出质疑。9月18日，代理机构D公司答复质疑，修改招标文件并发布变更公告。10月11日，本项目开标。10月17日，本项目评标。10月18日，代理机构D公司发布中标公告，供应商C公司为中标供应商。

10月15日，供应商×××公司向财政部提起投诉。投诉事项为：（1）招标文件缺少验收标准，违反了《政府采购货物和服务招标投标管理办法》（财政部令第87号）第十一条、第二十条的规定。（2）、（3）、（4）招标文件要求与"进校证管理平台""T校区北门车牌识别系统"和"W校园一卡通"进行对接，但未公布上述系统的相关信息，供应商无法响应。

财政部依法受理本案，并向相关当事人调取证据材料。

采购人J大学称：供应商×××公司曲解招标文件含义，投诉事项缺乏事实依据。本项目尚未签订政府采购合同。

代理机构D公司称：（1）招标文件第四章"招标需求"、第七章"合同格式"均对"验收标准"作出了明确规定。同时，采购设备清单包括设备名称、数量和技术要求。（2）本项目采购的车辆识别系统、限非系统已是市场成熟产品，完成平台对接是本项目的基本要求，不需要作特别的解释和说明。

经查，招标文件第四章"招标需求"中"七、项目质量标准与验收要求"显示，"（1）投标人完成本项目应达到的质量标准应符合国家、地方及相关政府管理部门和行业与本项目有关的各项技术标准、规范要求，并满足采购人实际需求，标准、规范等不一致的，以要求高（严格）的为准。（2）本项目验收将由采购人组织进行或委托第三方进行。（3）本项目连续两次验收未获通过，采购人有权解除合同并按照合同约定的违约条款处理"。第七章"合同格式"中"第五条验收（若需要，可另附验收协议）"显示，"验收应包含但不限于以下内容：①一次开箱合格率为100%，开箱检验时双方皆应派人员参加；②设备的数量、品牌、型号（规格）、主要技术参数与购销清单一致；③设备运行测试的技术性能及功能等与采购要求的一致；④质量合格证书、保修证书、产品使用说明书等其他应当随箱的技术资料完整"。"附件"中"四、项目概述及总体要求"的序号1内容为"J大学现有一套车辆进校证管理平台，对所有进入校区的车辆进行审核登记管理。T校区车牌识别系统安装好以后，进校证平台里面进行了登记的已授权车辆信息能实时同步自动下发到该车辆识别管理收费系统，确保平台登记的授权车辆能自由进出T校区各个校门。此类车辆不需要再单独到识别收费系统进行授权"。序号2内容为"与现有T校区北门车牌识别系统兼容的目标及要求：T校区北门于2017年安装2进2出识别系统，目前收费和运营状态良好。新安装识别系统后，所有正门或者西门出入的临时收费车辆，能经北门通行并进行收费。反之，从北门进入校区的临时车辆，亦能从西门或者正门通行并正常收费。确保整个校区各个大门的车辆自由通行及计时计费"。序号3内容为"与W校园一卡通对接：限非摆闸系统能自动实时从W一卡通平台获取经授权的所有持校园卡的人员的卡片信息，自动同步授权给新安装限非门禁系统，确保持有校园卡的人员能刷卡顺利通过摆闸。不需要人工进行更新和授权"。

【处理理由】

关于投诉事项（1），采购人可以结合实际需求设定相关要求。本项目招标文件第四章"招标需求"及第七章"合同格式"均对验收标准作出了要求。

关于投诉事项（2）、（3）、（4），本项目采购的车辆识别系统、限非系统需与现有系统对接，供应商需了解现有系统接口的具体要求，并根据接口工作量评估相关费用。本项目招标文件并未明确现有系统接口的具体信息，违反了《政府采购货物和服务招标投标管理办法》（财政部令第87号）第十一条、第二十条的规定。

【处理结果】

根据《政府采购质疑和投诉办法》（财政部令第94号）第二十九条第（二）项的规定，投诉事项（1）缺乏事实依据。

根据《政府采购货物和服务招标投标管理办法》（财政部令第87号）第十一条、第二十条，《政府采购质疑和投诉办法》（财政部令第94号）第三十一条第（二）项的规定，投诉事项（2）、（3）、（4）成立，认定中标结果无效，责令重新开展采购活动。

根据《政府采购货物和服务招标投标管理办法》（财政部令第87号）第七十七条第（一）项的规定，责令采购人J大学就采购需求编制问题限期改正。

相关当事人在法定期限内未就处理决定申请行政复议、提起行政诉讼。

（节选自财政部指导性案例21）

2. 资格条件及评审因素问题

合理设置资格条件，合理编制评审因素，避免将与所需产品无直接关联的内容设置为资格条件或评审因素，构成以不合理条件对供应商实行差别待遇或者歧视待遇等。在政府采购评审中采取综合评分法的，评审标准中的分值设置应当与评审因素的量化指标相对应。

G单位办公家具采购项目投诉案

【关键词】

采购需求管理/资格条件/差别歧视待遇

【案例要点】

采购需求应当符合采购项目特点和实际需要。

采购人将与所需产品无直接关联的内容设置为资格条件或评审因素，构成以不合理条件对供应商实行差别待遇或者歧视待遇。

【相关依据】

《中华人民共和国政府采购法》第二十二条、第七十一条；

《中华人民共和国政府采购法实施条例》第二十条；

《政府采购质疑和投诉办法》（财政部令第94号）第三十一条；

《政府采购需求管理办法》（财库〔2021〕22号）第七条、第十八条。

【基本案情】

采购人G单位委托代理机构M公司就"G单位办公家具采购项目"（以下简称本项目）进行公开招标。2020年9月17日，代理机构M公司发布招标公告；10月7日，供应商×××公司提出质疑；10月8日，代理机构M公司答复质疑；10月16日，本项目开标、评标；10月17日，代理机构M公司发布中标公告。

10月15日，供应商×××公司向财政部提起投诉。投诉事项为：招标文件将非国家强制性证书《安全生产标准化证书》作为资格条件，涉嫌以不合理条件限制或者排斥潜在供应商。

财政部依法受理本案，并向相关当事人调取证据材料。

采购人G单位、代理机构M公司称：（1）经调研，市场上有多家供应商能够基本满足本项目评标标准，且招标文件于公开发售前已经过论证，本项目招标文件评标标准、技术参数不存在针对性和排他性。（2）办公家具使用年限需在15年以上，故采购的家具必须确保安全、环保且使用年限达标。"安全生产标准化"能有效体现企业管理水平、规范生产能力和产品质量保障能力，符合采购人需求。

经查，招标文件采购需求部分显示，采购标的为办公桌、会议桌、文件柜等办公家具。评标标准部分的"资格性检查和符合性检查一览表"显示，评审因素"许可证"的评审标准为"具有有效的《安全生产标准化证书》，提供原件"。

财政部向证书主管单位A执法监管局进一步调查取证。其回函显示，企业安全生产标准化的核心内容是建立、保持并持续改进企业安全生产标准化管理体系，主要包括作业安全、职业健康、应急救援等要素；《安全生产标准化证书》由企业自愿提出评审申请，评审通过后取得。

【处理结果】

根据《政府采购质疑和投诉办法》（财政部令第94号）第三十一条第（二）项的规定，投诉事项成立，中标结果无效，责令采购人重新开展采购活动。根据《政府采购法》第七十一条第（三）项的规定，责令采购人G单位、代理机构M公司就以不合理条件对供应商实行差别待遇或者歧视待遇的问题限期改正，并分别给予警告的行政处罚。

相关当事人在法定期限内未就处罚决定申请行政复议、提起行政诉讼。

【处理理由】

《安全生产标准化证书》以企业自愿申请为原则，属于非国家强制性认证证书。同时，该证书主要从作业安全、职业健康、应急救援等方面考察企业的安全生产能力。本项目主要采购办公家具，属于货物采购，与上述安全生产能力不直接相关。招标文件将该证书设置为资格条件属于《政府采购法实施条例》第二十条第（二）项规定的"设定的资格、技术、商务条件与采购项目的具体特点和实际需要不相适应或者与合同履行无关"的情形，违反了《政府采购法》第二十二条第二款的规定。

【其他应注意事项】

对于证书类评审因素的设置，应当结合证书获取是否对供应商的注册资本、营业收入等规模条件作出限制、已获取证书的供应商数量是否具有竞争性等方面进行综合考量。

（选自财政部指导性案例41）

×××仓库资格招标项目投诉案

【关键词】

评审因素/量化指标/分值设置/评审标准

【案例要点】

在政府采购评审中采取综合评分法的，评审标准中的分值设置应当与评审因素的量化指标相对应。一方面，评审因素的指标应当是可以量化的，不能量化的指标不能作为评审因素。评审因素在细化和量化时，一般不宜使用"优""良""中""一般"等没有明确判断标准、容易引起歧义的表述。另一方面，评审标准的分值也应当量化，评审因素的指标量化为区间的，评审标准的分值也必须量化到区间。

评审标准中的分值设置与评审因素的量化指标不对应的，应当根据《政府采购法》第三十六条、《政府采购供应商投诉处理办法》（财政部令第20号）第十九条的规定予以处理。

【相关法条】

《中华人民共和国政府采购法》第三十六条、第七十一条；

《中华人民共和国政府采购法实施条例》第三十四条、第六十八条；

《政府采购供应商投诉处理办法》（财政部令第20号）第十九条。

【基本案情】

采购人B委托代理机构A就该单位"×××仓库资格招标项目"（以下称本项目）进行公开招标。2017年3月22日，代理机构A发布招标公告，后组织了开标、评标工作。经评审，评标委员会推荐D公司为第一中标候选人。2017年4月12日，代理机构A发布中标公告。2017年4月18日，C公司向代理机构A提出质疑。

2017年5月19日，C公司向财政部提起投诉。投诉事项为：（1）本项目评分标准设置不合法，对供应商实行差别待遇或者歧视待遇。（2）评标过程未对供应商所应具备的条件进行公平、公正审查，主要依据是：D公司仅为新成立的公司，但中标公告显示其在商务得分中高出了C公司近6分，在技术评分中高出了C公司近20分。

对此，代理机构A称：（1）本项目评分标准的设置是根据采购人B以往仓储的实际情况等所提出的要求，以实现仓储财物的安全性和便利性。（2）C公司和D公司在商务得分上的差分，主要是招标文件要求提供"投标人室外仓库情况"，而C公司未提供该情况；技术得分上的差分，主要是招标文件"投标人室内仓库情况"要求"存放货物在1楼"，而C公司可提供的存货地点不位于1楼。

财政部查明，C公司于2017年3月24日购买了本项目的招标文件。招标文件技术评审表"（3）投标人室内仓库情况"的评分细则要求："根据投标人室内仓库（仓库配套有室内仓储场地不少于7000平方米、高台仓、有监控摄像、存放货物在1楼）的情况横向比较：优得35~45分，中得20~34分，一般得0~19分（以仓库产权证明或租赁合同为准）"，单项分数/权重为45分。招标文件商务评审表"（6）投标人室外仓库情况"的评分细则要求："根据投标人室外仓库场地（仓库配套有室外仓储场地不少于3000平方米、有围墙进行物理隔离、有监控摄像、有保安巡逻）的情况横向比较：优得35~40分，中得20~34分，一般得0~19分（以仓库产权证明或租赁合同为准）"，单项分数/权重为40分。本项目已签订政府采购合同，但尚未履行。

【处理结果】

财政部作出投诉及监督检查处理决定：根据《中华人民共和国政府采购法》第五十二条和《中华人民共和国政府采购法实施条例》第五十三条的规定，投诉事项（1）属于无效投诉事项。

根据《政府采购供应商投诉处理办法》（财政部令第20号）第十七条第（二）项的规定，投诉事项（2）缺乏事实依据，驳回投诉。

根据《中华人民共和国政府采购法》第三十六条第一款第（二）项、《政府采购供应商投诉处理办法》（财政部令第20号）第十九条第（二）项的规定，决定撤销合同，责令采购人B废标，重新开展采购活动。

针对本项目评审标准中的分值设置与评审因素的量化指标不对应的问题，根据《中华人民共和国政府采购法》第七十一条和《中华人民共和国政府采购法实施条例》第六十八条的规定，责令采购人B和代理机构A限期改正，并对代理机构A作出警告的行政处罚。

【处理理由】

财政部认为，投诉事项（1）属于对招标文件的异议。C公司购买招标文件的时间为2017年3月24日，应自收到招标文件之日起7个工作日内提出质疑，而C公司提出质疑的时间（2017年4月18日）已超过法定质疑期限。因此，投诉事项（1）属于无效投诉事项。

关于投诉事项（2），由于C公司投标文件所显示的租赁仓库位于（3）、（4）、（5）、（6）楼，不符合本项目招标文件"投标人室内仓库情况"中"存放货物在1楼"的要求。投诉事项（2）缺乏事实依据。

此外，本项目招标文件评审标准设置有"优得35~45分，中得20~34分，一般得0~19分"等，存在分值设置未与评审因素的量化指标相对应的问题，违反了《中华人民共和国政府采购法实施条例》第三十四条第四款的规定。

（选自财政部指导性案例9）

3. 开标过程问题

开标应当在招标文件确定的提交投标文件截止时间的同一时间公开进行；且开标地点应当为招标文件中预先确定的地点。开标时，应当由投标人或者其推选的代表检查投标文件的密封情况；经确认无误后，由采购人或者采购代理机构工作人员当众拆封，宣布投标人名称、投标价格和招标文件规定的需要宣布的其他内容。

H医院超声影像管理系统采购项目投诉案

【关键词】

投标文件密封/封装瑕疵/拒收

【案例要点】

对投标文件密封完好的要求应当在合理范围内。投标文件封装存在轻微瑕疵但不实质影响封闭性的，不应拒收。

【相关依据】

《政府采购货物和服务招标投标管理办法》（财政部令第87号）第三十三条、第六十九条；

《政府采购供应商投诉处理办法》（财政部令第20号）第十七条。

【基本案情】

采购人H医院委托代理机构G公司就"H医院超声影像管理系统采购项目"（以下简称本项目）进行公开招标。2017年11月6日，代理机构G公司发布招标公告，后组织了开标、评标工作。12月7日，代理机构G公司发布中标公告，S公司为中标供应商。12月11日，供应商J公司提出质疑，认为中标公告未公布未中标供应商的评审得分及排序。同日，代理机构G公司答复质疑并发布更正公告。12月14日，J公司提出二次质疑。12月25日，代理机构G公司答复二次质疑。

2018年1月8日，J公司向财政部提起投诉，投诉事项为：评标委员会以J公司投标文件未密封完好而认定其投标无效，代理机构G公司开标程序不合法、不合规。

财政部依法受理本案，并向相关当事人调取证据材料。

代理机构G公司称：（1）开标现场，S公司投标代表提出J公司投标文件的外包装存在开口现象，J公司投标代表表示"里面还有三层完整包装"。因开口较小，代理机构G公司工作人员无充分依据判断是否按照招标文件要求密封，故在开标现场未拒收J公司的投标文件。（2）评标开始前，代理机构G公司工作人员向评标委员会反映J公司投标文件内部无其他密封包装。评标委员会认为J公司投标文件未按招标文件要求密封，不能通过符合性审查。

经查，本项目招标文件第二章"投标人须知"中"20.投标文件的密封和标注"要求,"20.4 投标文件、唱标的开标一览表以及电子文档未密封完好的,采购代理机构应当拒收"。第七章"评标办法"中"3.2 符合性检查"要求,"3.2.1 依据87号令第50条的规定,符合性检查由评标委员会进行审查,评标委员会依据本招标文件的实质性要求,对符合资格的投标文件进行审查,以确定其是否满足本招标文件的实质性要求。

投标人投标文件属于下列情况之一的,在符合性检查时按照无效投标处理:(1)投标文件正副本及电子文档数量不足的;(2)未按照招标文件规定要求签署、盖章的;(3)投标报价不符合招标文件规定的报价要求的;(4)技术、服务应答内容没有完全响应招标文件的实质性要求的;(5)投标文件含有采购人不能接受的附加条件的;(6)招标文件规定的其他无效情形"。

《投标文件密封情况检查表》显示,J公司与其他供应商投标代表互相检查投标文件是否密封,S公司投标代表认为J公司投标文件"有开口"。《开标过程记录表》显示,J公司与其他供应商投标代表对开标过程和开标记录无异议,并签字确认。《评标报告》显示,评标委员会认为J公司投标文件未按照招标文件要求密封完整,不能通过符合性审查。

开标现场录音录像显示,S公司投标代表提出J公司投标文件有开口,代理机构G公司工作人员表示有两厘米左右的开口,后代理机构G公司工作人员组织唱标,并拆封J公司投标文件,J公司投标文件用三层纸张封装。评标现场录音录像显示,代理机构G公司工作人员向评标委员会陈述:"它有一个约两厘米的开口,但是我们轻轻地拉开来看,看不到里面的文字。"

【处理理由】

经调阅现场录音录像,J公司提交的密封的投标文件外包装处有一道约两厘米的开口,代理机构G公司工作人员表示通过此开口不能看到投标文件的内容,并未当场拒收。对投标文件密封完好的要求应当在合理范围内,不能过于机械地追求形式合规,增加供应商政府采购交易成本。本案中,虽然J公司投标文件外封装存在轻微瑕疵,但不实质影响封闭性,不能仅以此认定J公司投标无效。

【处理结果】

根据《政府采购供应商投诉处理办法》(财政部令第20号)第十七条第(三)项的规定,投诉事项成立。

相关当事人在法定期限内未就处理决定申请行政复议、提起行政诉讼。

【其他应注意事项】

对投标文件的密封检查应由采购人、采购代理机构完成。

(选自财政部指导性案例11)

4. 资格审查问题

采用招标方式采购的，评标前的供应商资格审查由采购人或采购代理机构负责，采购人和采购代理机构应当签订委托代理协议，明确资格审查的责任主体。竞争性谈判、竞争性磋商和询价采购的资格审查由谈判小组、磋商小组或询价小组负责。

请看以下案例。

公开招标项目资格审查错误该如何处理

2018年7月，A代理机构接受委托对医疗设备项目进行公开招标，到截标时有四家供应商提交投标文件。采购人与代理机构共同组成资格审查小组，对四家供应商进行资格审查，最终确定供应商A为中标候选人。采购人确认后，发布了中标公告。

中标公告发布后，供应商B向采购代理机构提交了质疑函，称中标供应商A投标时提交的产品注册登记已经过期，不符合招标文件要求的资格条件，要求重新评审并确定中标候选人为供应商B。经核，供应商B的质疑事项属实，供应商A的投标产品注册登记确实超过了有效期。

在货物和服务项目的招标活动中，如果出现资格审查错误，是否可以重新评审？

《政府采购货物和服务招标投标管理办法》(财政部令第87号)第六十四条规定，评标结果汇总完成后，除下列情形外，任何人不得修改评标结果：

（1）分值汇总计算错误的；

（2）分项评分超出评分标准范围的；

（3）评标委员会成员对客观评审因素评分不一致的；

（4）经评标委员会认定评分畸高、畸低的。

评标报告签署前，经复核发现存在以上情形之一的，评标委员会应当当场修改评标结果，并在评标报告中记载；评标报告签署后，采购人或者采购代理机构发现存在以上情形之一的，应当组织原评标委员会进行重新评审，重新评审改变评标结果的，书面报告本级财政部门。

因此，在招标项目中，资格审查错误并不在重新评审的情形中，资格审查错误不应组织重新评审。

采购人、采购代理机构资格审查错误应由财政部门责令改正。财政部令第87号第七十八条规定："采购人、采购代理机构有下列情形之一的，由财政部门责令限期改正，情节严重的，给予警告，对直接负责的主管人员和其他直接责任人员，由其行政主管部门或者有关机关给予处分，并予通报；采购代理机构有违法所得的，没收违法所得，并可以处以不超过违法所得3倍、最高不超过3万元的罚款，没有违法所得的，可以处以1万元以下的罚款……（3）未按照规定进行资格预审或者资格审查的……"

评审结果后发现资格审查错误的，采购人、采购代理机构不应自行修正资格审查错误，而应当依法向财政部门报告，由财政部门责令采购人、采购代理机构限期改正。本项目应予以废标后重新招标。

5. 项目评审问题

专家抽取要合规，采购人或采购代理机构应组织评标委员会公开、公平、公正地对供应商投标文件进行评审，必要时做好复核专家评分结果的工作，避免出现资格审查错误、评分不合理的情况。

请看以下案例。

Y研究所大数据建设试点设备和软件采购项目举报案

【关键词】

评审专家职责/停止评标/评审因素/差别对待或歧视待遇

【案例要点】

在政府采购活动中，评审专家、采购人、采购代理机构之间应当相互监督，形成制约，共同促进政府采购公平竞争，提高财政资金使用效益。

在评审过程中，评审专家发现采购文件存在差别对待或歧视待遇等违反强制性规定的情形，对文件合法性提出异议的，采购人、采购代理机构应当客观、审慎地核查。采纳有关意见的，采购人、采购代理机构应当修改采购文件后重新开展采购活动，不得另行组建评标委员会继续采购活动。

评审专家发现采购人、采购代理机构存在违法违规行为的，应及时向财政部门反映。

【相关依据】

《中华人民共和国政府采购法》第二十二条、第七十条、第七十一条；

《中华人民共和国政府采购法实施条例》第二十条、第四十条、第七十一条；

《政府采购货物和服务招标投标管理办法》（财政部令第87号）第十七条、第六十五条、第七十八条；

《政府采购评审专家管理办法》（财库〔2016〕198号）第十八条；

《政府采购促进中小企业发展暂行办法》（财库〔2011〕181号）第三条。

【基本案情】

采购人Y研究所委托代理机构J公司就"Y研究所大数据建设试点设备和软件采购项目"（以下简称本项目）进行公开招标。2020年5月12日，代理机构J公司发布招标公告；6月5日，本项目开标、评标，代理机构J公司发布中标公告。

6月10日，财政部收到评审专家的举报材料。举报人反映：在评审过程中，评标委员会发现招标文件编制违法，一致决定废标，但代理机构J公司在评审当日发布了中标公告，与评审结果不符，且公告中更换了原评审专家名单。

财政部依法启动监督检查程序，并向相关当事人调取证据材料。

采购人Y研究所称：（1）其委托代理机构J公司开展招标工作，经核查证据资料，未发现举报人反映的问题。（2）其已于6月17日签订了政府采购合同，并按合同约定支付了合同款。

代理机构J公司称：（1）在编制招标文件期间，其已经抽取过3名专家对招标文件进行审查并根据专家意见进行修改，后期也未收到任何供应商针对招标文件提出的质疑。（2）评标委员会认定招标文件中"安全可靠技术和产业联盟理事单位证书得3分"的要求违反公平公正原则，认为本项目应废标，但经与采购人Y研究所核实确认，该要求并不属于《中华人民共和国政府采购法实施条例》第二十条规定的以不合理的条件对供应商实行差别待遇或者歧视待遇的情形。（3）本着公平公正、谨慎客观的原则，其再次抽取5名评审专家组成评标委员会。该评标委员会未对招标文件提出异议，经评审后确定了中标候选人。

经查，招标文件第九章"评标标准及办法"的商务部分显示，"投标人具有安全可靠技术和产业联盟理事单位证书得3分，未提供不得分。""业绩经验"显示，"2016年1月1日以来投标人承接过大数据相关项目业绩，最高得12分。合同金额500万元及以上的，每提供一个得3分；合同金额200万元及以上，低于500万元的，每提供一个得2分；合同金额200万元以下的，每提供一个得0.5分。"

第一次"评标专家抽取情况记录"显示，2020年6月5日，代理机构J公司抽取了5名计算机、信息安全设备等专业的评审专家，其中包括举报人。

第一次评标现场录音录像显示，2020年6月5日10时至13时，评标委员会进行评标，经讨论后认为本项目应当废标，停止了评标工作。

"无效标和废标情况说明"显示，评标委员会成员一致认为本项目应当废标，理由是招标文件中"投标人具有安全可靠技术和产业联盟理事单位证书得3分，未提供不得分"条款违反公平公正原则。

第二次"评标专家抽取情况记录"显示，2020年6月5日，代理机构J公司抽取了5名计算机、工业制造等专业的评审专家，与第一次"评标专家抽取情况记录"中的评审专家不同。

第二次评标现场录音录像显示，2020年6月5日17时至18时，重新组建的评标委员会进行了评标。

评标报告显示，评标委员会推荐了得分最高的投标人为排名第一的中标候选人。

【处理结果】

举报人反映的问题成立。本项目存在违法重新组建评标委员会、以不合理的条件对供应商实行差别待遇或者歧视待遇的问题。

根据《中华人民共和国政府采购法实施条例》第七十一条第一款第（四）项、第二款的规定，本项目政府采购合同已经履行，认定采购活动违法，给供应商造成损失的，由责任人承担赔偿责任。

根据《中华人民共和国政府采购法》第七十一条第（三）项、《政府采购货物和服务招标投标管理办法》（财政部令第87号）第七十八条第（九）项的规定，责令采购人Y研究所、代理机构J公司分别就上述问题限期改正，并给予警告的行政处罚。

相关当事人在法定期限内未就处罚决定申请行政复议、提起行政诉讼。

【处理理由】

本项目采购标的为计算机等硬件设备及有关软件，是否具备"安全可靠技术和产业联盟理事单位证书"与采购需求无关，与供应商能否履约也无必然联系。招标文件将该证书设置为评审因素缺乏法律法规依据，属于《中华人民共和国政府采购法实施条例》第二十条第（二）项规定的以不合理的条件对供应商实行差别待遇或者歧视待遇的情形，违反了《中华人民共和国政府采购法》第二十二条第二款的规定。评标委员会认为上述评审因素影响采购的公平公正，停止评标工作并无不当。代理机构J公司应当会同采购人修改招标文件，重新组织采购活动，其重新组建评标委员会进行评审的行为违反了《政府采购货物和服务招标投标管理办法》（财政部令第87号）第六十五条的规定。

此外，本项目招标文件将合同金额作为业绩的评分标准，违反了《中华人民共和国政府采购法》第二十二条第二款、《政府采购货物和服务招标投标管理

办法》（财政部令第87号）第十七条、《政府采购促进中小企业发展暂行办法》
（财库〔2011〕181号）第三条的规定，属于《中华人民共和国政府采购法实施
条例》第二十条第（八）项规定的以不合理的条件对供应商实行差别待遇或者
歧视待遇的情形。

【其他注意事项】

采购人、采购代理机构不认可评审专家对采购文件提出的异议的，可以向
财政部门反映。

（选自财政部指导性案例39）

在线习题（第六章）

第七章
政府采购电子化

第一节　政府采购电子化发展概述

一、政府采购电子化的定义

政府采购电子化是指将信息技术和基础设施在线应用于政府采购的管理、实施、评估以及报告各个阶段。

政府采购电子化建设应当包括三个层面的内容：一是政府采购交易和管理信息系统的开发和应用，这是电子化建设的基础；二是政府采购信息资源的利用和共享，这是电子化建设的重点和关键；三是政府采购业务的规范化和系统的易用性，这是信息化建设的重要支撑。因此，政府采购电子化建设不仅包括网上采购交易和监管等相关业务管理系统的开发、建设和运维管理，还应当包括对大量政府采购信息资源的开发和利用、政府采购业务和流程的标准化和电子化改造，以及电子采购相关法规制度建设和信息化人才培养等内容。

可见，政府采购电子化不局限于电子信息替代纸质信息，或者技术手段的使用。事实上，政府采购电子化不仅仅是政府采购制度改革的重要推动力，同时其自身已经成为当今政府采购制度变革中的最核心内容之一。

二、发展政府采购电子化的意义

政府采购电子化不仅是时代发展的必然要求和趋势，同时也具有传统方式政府采购所不具备的优势。

1. 提升采购效率

电子化采购系统通过自动化和标准化的流程，减少了重复性、机械性的文件编制工作和人为操作时间，简化了采购过程，有效地提高了采购的实施效率和管理效率。

2.增加透明度与公正性

电子化采购系统通过互联网技术，将采购信息和采购过程在线公开，所有参与者都能平等获得信息，增加了信息透明度。同时，电子化采购一定程度上实现了"网上全公开、网下无交易"、全程留痕、全程可追溯，通过社会线上线下全程参与，有效避免了"暗箱"操作，确保公平竞争。

3.增强合规性与规范性

电子化采购程序严格按照法律法规设计，确保了所有步骤的合规性。同时通过标准化的采购流程和规范，提高了采购的规范性；此外，系统内置的监控功能可以及时发现和纠正不合规行为，降低合规风险。

4.提高便利性与参与度

电子化采购系统彻底打破了时间和空间的限制，允许供应商随时随地查看和响应采购信息，自由参与政府采购活动，提高了便利性和市场参与度。

5.提升采购经济效益

电子化采购打破了地域限制，引入了更多的竞争者，促进了价格和服务的优化。同时，电子化采购消除了对纸质文件的依赖，降低了文件制作、分发、存储和检索的成本。此外，线上投标平台的搭建，让供应商免去了舟车劳顿之苦，节省了差旅与住宿的开销，进一步降低了交易成本，提升了整体的经济效益。

6.促进科学决策

电子化系统能够吸纳并整理来自各个维度的采购信息，包括但不限于历史成交记录、供应商评价、市场动态等，通过对这些数据的深入挖掘与分析，可以制定出更加精准的采购策略。

三、政府采购电子化的发展历程

从制度构建的维度来看，电子化采购并未首先出现在政府采购领域，而是发生在招标投标领域。

在2011年12月20日公布的《中华人民共和国招标投标法实施条例》中，其第五条第二款首次在国家立法层面提出"鼓励利用信息网络进行电子招标投标"。

2013年2月4日，国家发改委等八部委联合发布了《电子招标投标办法》，对电子化招标投标的平台搭建、招标投标及开标流程、信息共享与公共服务、监督管理等方面作出了系统化的规定。

当然，政府采购电子化的制度构建也紧随其后。

2013年，财政部制定并发布了《全国政府采购管理交易系统建设总体规划》及《政府采购业务基础数据规范》，虽然这两个规范不属于法律法规，但也在中央层面系统提出了建设电子化的政府采购网络交易系统的目标和具体实施步骤。

2015年1月30日颁布的《中华人民共和国政府采购法实施条例》第十条明确规定，"国家实行统一的政府采购电子交易平台建设标准，推动利用信息网络进行电子化政府采购活动"，将政府采购电子化的观点提升到国家立法层面。

2017年7月，财政部颁布的《政府采购货物和服务招标投标管理办法》第八十三条进一步明确，"政府采购货物服务电子招标投标等有关特殊事宜，由财政部另行规定"。

2019年7月，财政部发布了《关于促进政府采购公平竞争优化营商环境的通知》，其中明确提出要加快推进电子化政府采购，实施"互联网＋政府采购"行动。

2022年3月，《政府采购框架协议采购方式管理暂行办法》（财政部令第110号）明确框架协议采购应当实行电子化采购。

2023年12月，财政部发布了《关于进一步提高政府采购透明度和采购效率相关事项的通知》，明确除涉密政府采购项目外，具备电子化实施条件的部门和地区，应当推进政府采购项目全流程电子化交易。省级财政部门可以按照统一规范和技术标准组织建设本地区政府采购全流程电子化平台。

近十年来，经过各级各部门的努力，政府采购电子化取得丰硕成果。政府采购交易平台建设快速推进，电子化评标、电子卖场基本普及，供应商一地注册各地参与采购活动、评审专家实行电子评标及跨区域评标、相关执行交易信息与监督管理平台实时联动、政府采购业务全流程电子化管理已基本实现。

四、政府采购电子化的发展趋势

随着数字政府和数字财政理念的深化，以及政府采购数据的深度挖掘与开发利用，政府采购正迈入一个全新的时代，朝着更加数字化、法治化与智慧化的方向演进。

数字化是指政府采购的每一个环节都将实现电子化，包括需求、招标、投标、评标、合同签订、执行、支付、审计等环节，形成一条完整、清晰的数据链。同时，通过标准化的数据接口，实现政府采购数据在不同系统间的无缝对接，促进信息的自由流动与高效利用。

法治化是指随着政府采购电子化的快速发展，现有的法律法规体系需要与时俱进，让电子化政府采购的所有活动能够做到"有法可依、依法设定、依法进行、违法必究"，确保政府采购全流程电子化法治秩序。

智慧化是指将以大数据、云计算、物联网为代表的信息技术充分应用到政府采购的各个环节，打通政府与企业、产业链的信息通道，实现自动匹配需求和供给、智能化监测与预警、实时在线信用评估等各种应用场景的智慧化。

总之，未来的政府采购将是一个高度数字化、法治化与智能化的生态系统，它不仅会进一步提升采购效率与透明度，更会促进公平竞争，优化营商环境，展现出数字时代下政府采购的无限可能。

第二节　湖北省政府采购数据汇聚平台

一、汇聚平台的建设目标

2023年9月22日，湖北省财政厅发布了《湖北省政府采购电子交易数据汇聚平台数字化标准规范体系》，对数字化交易文件、数据接口、系统建设规范等作出统一规定。基于《数字化标准规范体系》建设"湖北省政府采购数据汇聚平台"，湖北省内各政府采购交易系统按照标准规范进行改造后接入，做到标准统一，数据互通，进一步形成高效规范、公平竞争、充分开放的政府采购市场。实现供应商、采购代理机构一个账号、一个CA证书就能参与全省的政府采购，进一步优化营商环境。通过深度的数字化将各种信息进一步共享共通形成政府采购数据仓库，进一步挖掘和应用政府采购数据价值，为政府采购提供决策依据，实现政府采购数字治理的目标。

二、汇聚平台的主要建设内容

湖北省政府采购数据汇聚平台的主要建设内容是"一网两化三通"。

"一网"是指实现全省政府采购"一张网"，实现集中采购和分散采购全部线上交易，打破信息孤岛，实现交易系统纵向互联，横向互通。

"两化"是指采购数字化和操作远程化。采购数字化，主要实现采购文件数字化、响应文件数字化、评审报告数字化，让计算机对交易文件数据可读、可对比、可分析。操作远程化，主要实现供应商远程获取采购文件，供应商远程投标、远程开标；供应商远程参与澄清答疑、磋商、谈判、二次报价；专家远程异地评审；监督部门通过视频远程监督评审过程等功能。

"三通"是指CA证书互通、交易文件互通、主体数据互通。CA证书互通，实现全省范围内，政府采购使用的CA证书，电子签章互认互通。交易文件互通，实现全省范围内，采购文件、响应文件标准统一，交易系统之间文件可互认互通，采购代理机构和供应商使用任意系统即可参与全省政府采购的目的。主体数据互通，实现全省范围内，采购人、供应商、代理机构等主体数据互通共用，实现供应商资质证照、业绩信息等信息由汇聚平台提供统一数据接口，全省通存通取，统一管理。

三、汇聚平台的功能介绍

1.登录入口

采购人、代理机构和供应商均可通过以下方式登录到湖北省政府采购电子交易数据汇聚平台（以下简称汇聚平台）进行招投标交易。

（1）进入中国湖北政府采购网（https://www.ccgp-hubei.gov.cn/），在网站首页右侧"业务系统登录"模块，点击【政府采购数据汇聚平台】按钮（见图7-1），再点击【用户服务中心登录】（见图7-2），进入汇聚平台登录页面。

图7-1　中国湖北政府采购网首页

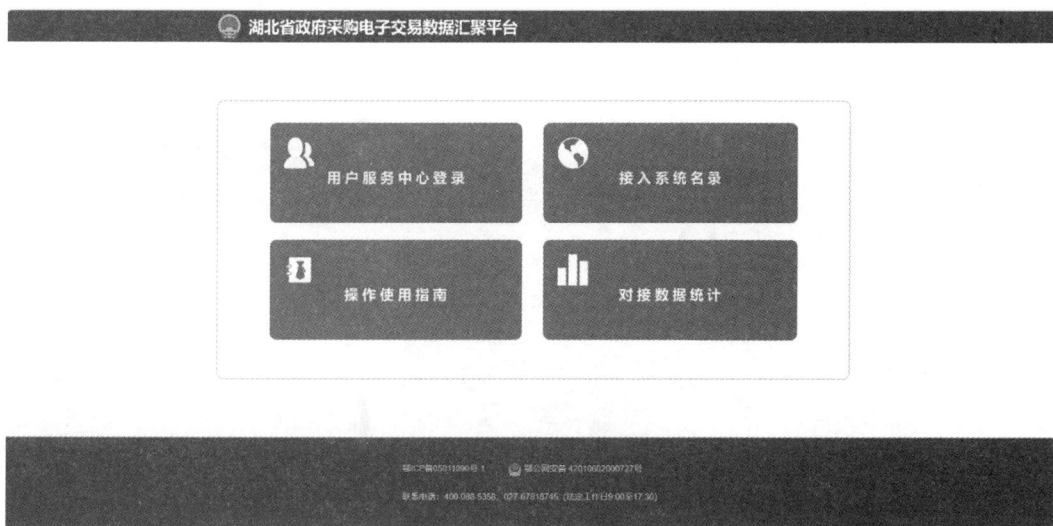

图7-2 汇聚平台登录页面

（2）在浏览器中打开网址https://czt.hubei.gov.cn/zchj/user，进入湖北省政府采购电子交易数据汇聚平台登录页面，见图7-3。

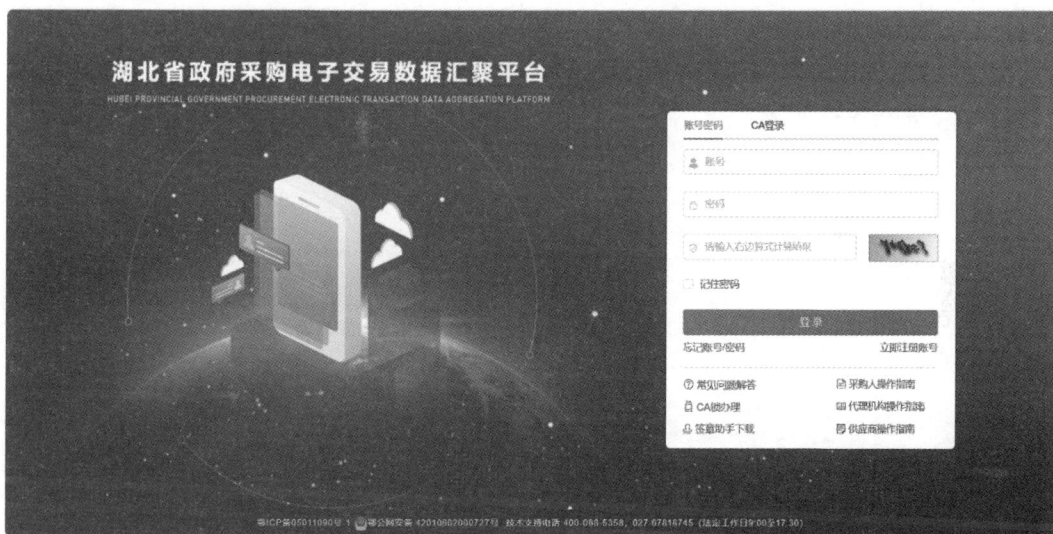

图7-3 湖北省政府采购电子交易数据汇聚平台登录页面

2. 注册/登录

1）用户注册

首次使用汇聚平台的市场主体（供应商和代理机构）需先注册成为系统用户，点击登录页面【登录】按钮右下方的【立即注册账号】按钮（见图7-4），填写主体信息进行注册（见图7-5）。采购人账号已根据财政区划码和采购单位预算号配置好，无需注册。

小提示：代理机构注册之前需确认其账号是否已经在湖北省政府采购网完成注册备案登记，且公司名称和统一社会信用代码无误。

图7-4　汇聚平台登录页面

图7-5　用户注册主体信息填写页面

2）用户登录

（1）使用账号密码方式登录的，点击"账号密码"，单击"账号"填写框，输入注册时填写的登录名，再单击"密码"填写框，输入注册时填写的密码或修改后的密码，最后按照登录页面的图形提示在"验证码"填写框中输入验证码，点击【登录】按钮即可登录进汇聚平台中，见图7-6。

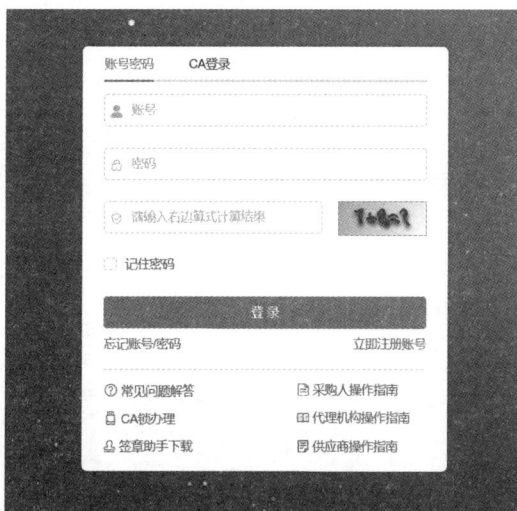

图7-6 账号密码登录页面

（2）已办理CA证书且账号已绑定CA证书的系统用户可点击"CA登录"，在计算机上插入CA锁并打开签章助手，执行前述操作后点击登录页面【开始验证】按钮即可登录到汇聚平台中，如图7-7所示。

小提示：如何绑定CA证书和下载签章助手详见汇聚平台操作指南，如何办理CA详见下文。

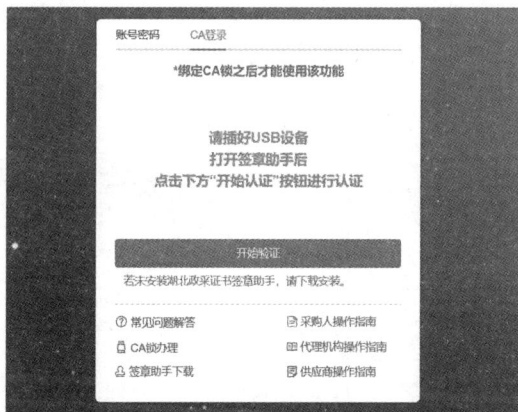

图7-7 CA登录页面

3. CA证书办理

由于招投标交易的过程文件需要盖章，所以系统用户完成注册并登录到汇聚平台后，需办理支持汇聚平台的CA证书。操作如下。

点击系统首页右下角的【点击查询】按钮，即可查看支持汇聚平台的CA厂家（见图7-8），用户可自己选择其中一家CA进行办理。用户收到CA锁后下载最新的签章助手，安装完成后，在系统中绑定CA证书，详细操作可参见系统内的操作指南。

图7-8　系统首页

4.业务办理

采购人、代理机构、供应商等用户可以根据各自的角色在对应操作手册的指引下进行业务办理。如采购人可以在汇聚平台进行采购计划推送、委托协议签订、采购项目下发、采购文件确认、中标（成交）结果确认、合同签订、采购异常确认、项目询问记录、项目质疑处理等业务操作；代理机构可以在汇聚平台选择交易系统，组织项目采购活动；供应商可以在汇聚平台选择项目，获取采购文件、下载互认供应商客户端，参与项目采购活动。采购活动流程如图7-9所示。

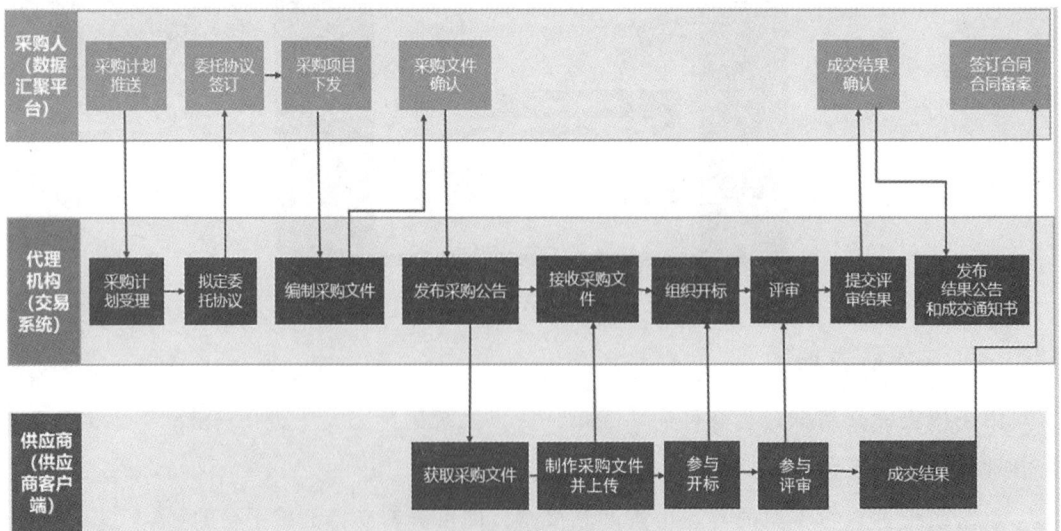

图7-9　采购活动流程图

第三节 政府采购电子交易系统的应用

目前，汇聚平台可供选择的交易系统有多个，代理机构可以任意选择一个系统来执行政府采购项目，下面以某交易系统为例来介绍采购代理机构人员的操作方法，具体项目实施以系统操作手册为准。

一、系统基本配置

1.硬件要求

所配备的计算机硬件及网络至少达到以下要求。

CPU：2 GTHz以上，CPU档次越高，系统运算速度越快。

内存：2 GB以上，内存越大，系统运算速度越快。

显示分辨率：不低于1388 px×168 px，分辨率越高，可显示的信息越多。

网络：20 M以上网络宽带，网络带宽越高，下载和上传数据的速度越快。

USB接口：1个及以上，系统多项操作需要使用U-Key验证。

注意：若以上配置过低，可能会给操作带来麻烦。

2.软件要求

操作系统：Windows 7、Windows 8、Windows 10、Windows 11。

支持谷歌浏览器、Edge浏览器。

安装Microsoft Office 2007以上完整版软件（注意：必须是完整版、已激活状态，未激活的Office、精简版Office都可能会导致一些不可预知的问题）。

PDF阅读软件Adobe Reader，如果未安装此PDF阅读程序，可以从官方网站免费下载安装。

二、采购代理机构操作说明

1.系统页面介绍

登录到系统首页，可见【湖北政府采购】菜单，点击【湖北政府采购】菜单展开的子菜单，有【采购计划受理】、【委托协议】、【开标前】、【开标后】等子菜单，页面内容如图7-10所示。

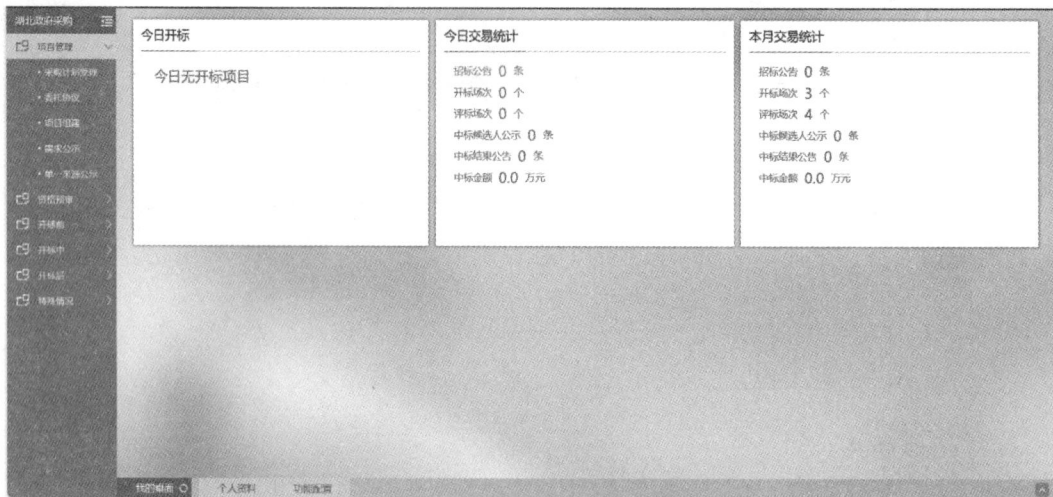

图 7-10　系统首页的【湖北政府采购】菜单

2. 项目管理

项目管理主要包括采购计划受理、委托协议、项目组建、需求公示、单一来源公示。

1）采购计划受理

采购计划从湖北省政府采购电子交易数据汇聚平台下发。

采购代理提交采购计划的过程操作为：点击【采购计划受理】菜单→单击页面操作按钮（见图 7-11）→点击【通过】按钮（见图 7-12）→点击【确认提交】按钮提交（见图 7-13）。

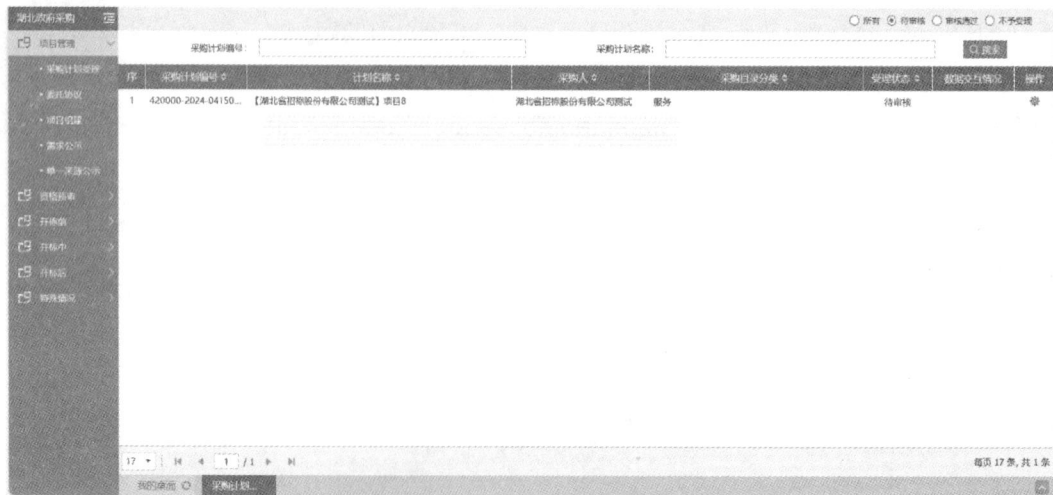

图 7-11　采购计划受理操作按钮页面

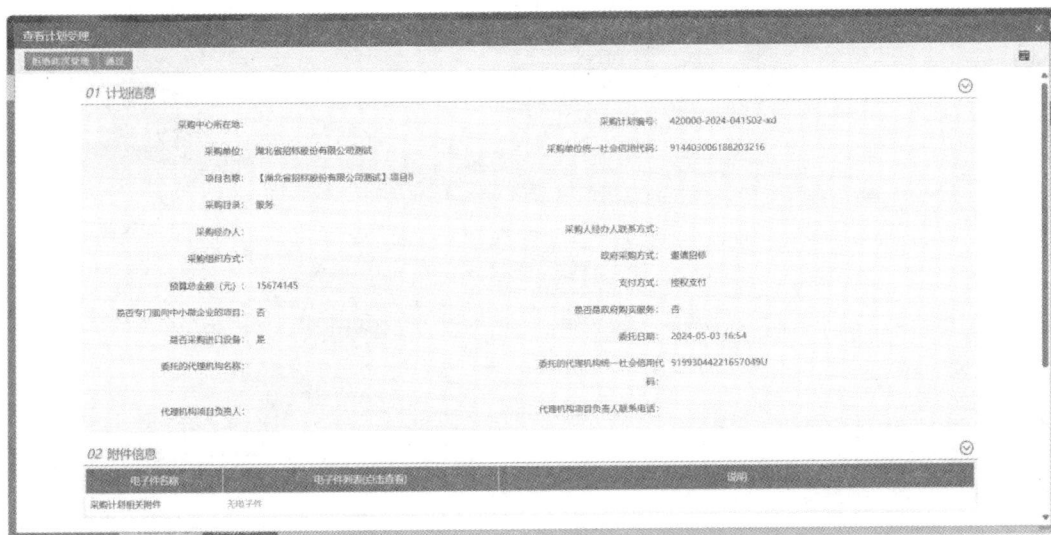

图7-12　采购计划受理审核页面

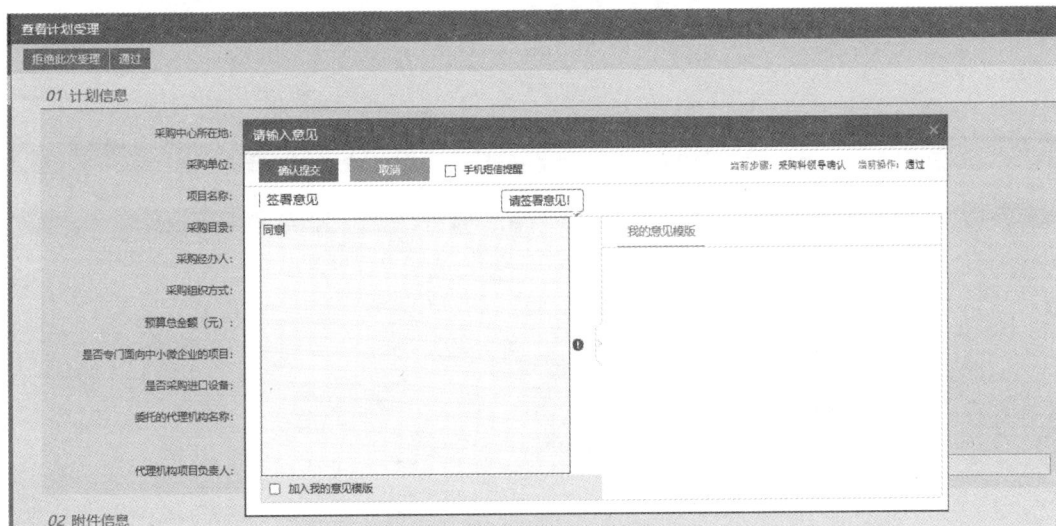

图7-13　采购计划受理提交页面

2）委托协议

点击【委托协议】菜单，页面右侧会展示所有新增的委托协议，点击页面左上方的【新增委托协议】按钮，可将新增委托协议提交给采购人查看与盖章，见图7-14。

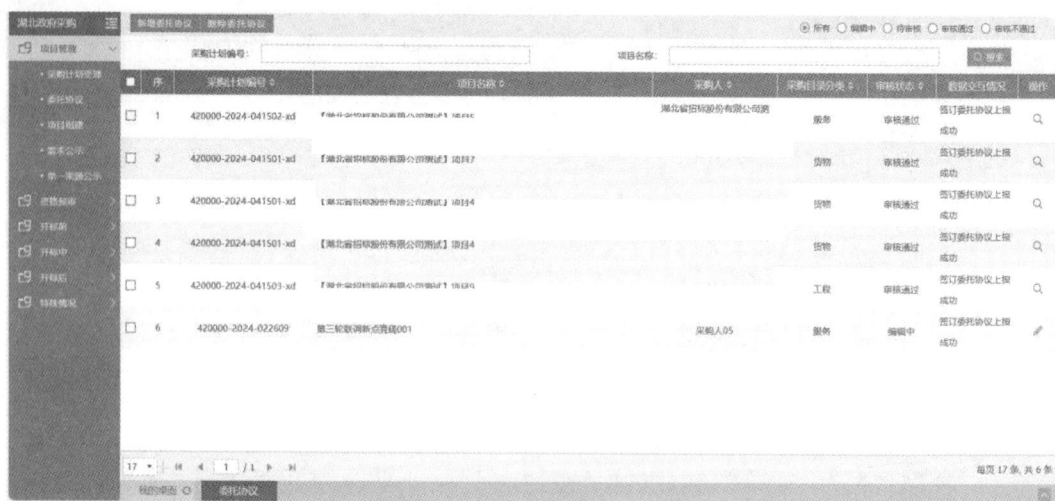

图7-14　委托协议菜单页面

点击【新增委托协议】按钮，进入挑选上述已受理的采购计划页面，选择采购计划后填写必填项，信息填写完毕后生成委托协议并盖章，再提交给采购人即可，见图7-15、图7-16。

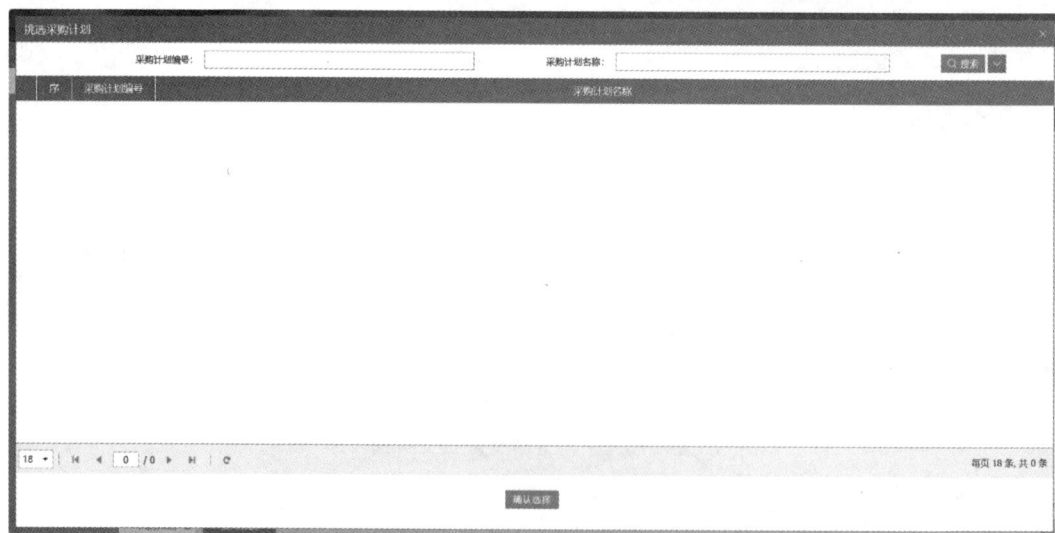

图7-15　【挑选采购计划】页面

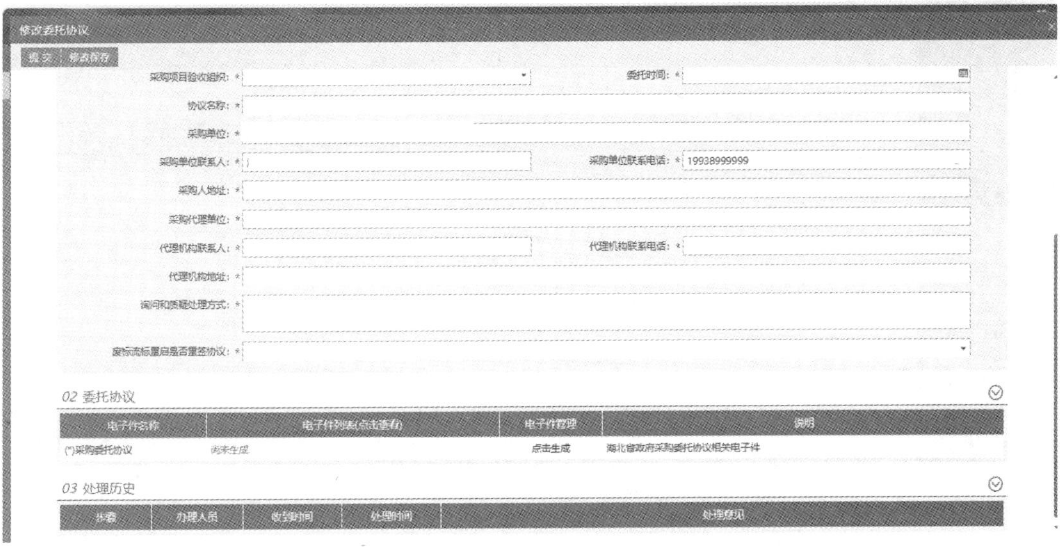

图 7-16　委托协议信息填写页面

3）采购项目下发

项目从湖北省政府采购电子交易数据汇聚平台下发，采购人下发项目流程如下。

采购人登录汇聚平台→点击【采购项目下发】菜单→在"已委托采购计划列表"中选中需下发项目的采购计划并点击【查看项目】按钮（见图 7-17）→进入项目列表页面并点击【新增该采购计划下的项目】按钮（见图 7-18）→填写项目详情页面所有必填项并新增分包列表、清单信息、资格要求、评分标准等信息（见图 7-19）。

图 7-17　采购项目下发页面

图7-18　采购人新增项目页面

图7-19　项目信息填写页面

　　保存以上信息后，再次点击【采购项目下发】菜单→点击【未下发项目】，选择需下发的项目并点击【编辑/下发项目】按钮（见图7-20），进入项目下发页面后，确认填写的信息无误，点击页面右上角的【项目下发】按钮即完成项目下发操作（见图7-21）。

图 7-20 未下发项目页面

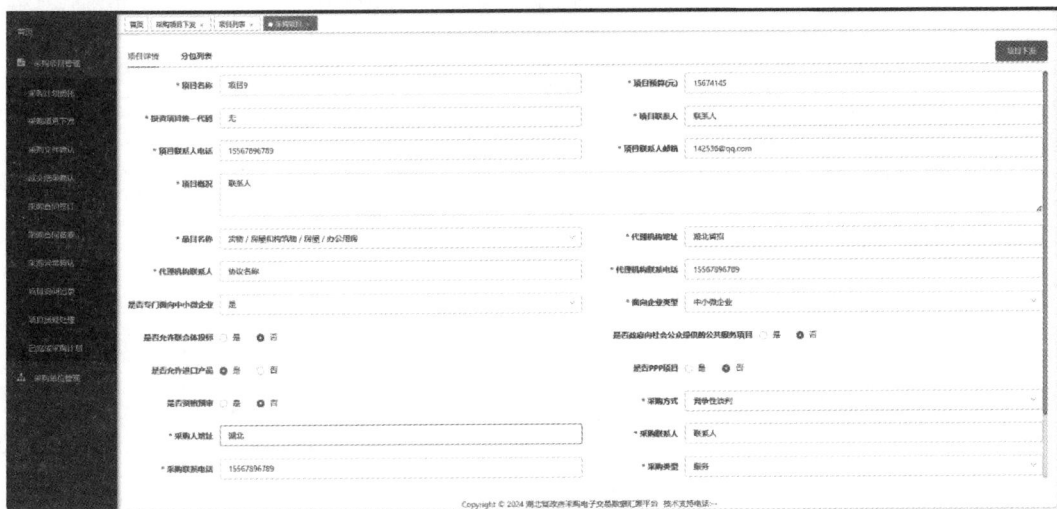

图 7-21 项目下发页面

4）项目组建

采购人将项目下发后，代理机构登录汇聚平台，点击【项目组建】菜单，选择项目并点击页面操作按钮核对和补充项目信息（见图 7-22），确认无误后点击【提交】按钮并进行审核即可（见图 7-23）。

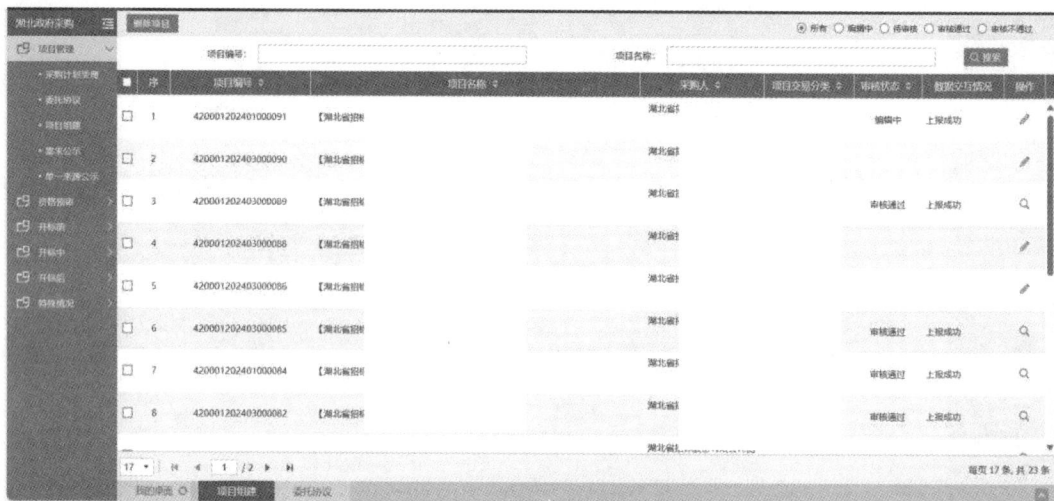

图 7-22 项目组建页面

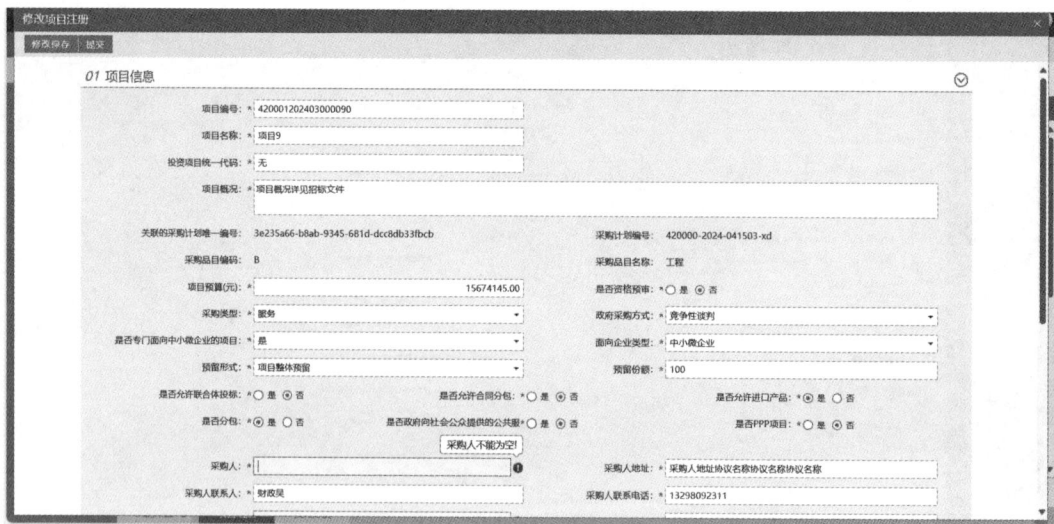

图 7-23 项目组建提交页面

5）需求公示

需求公示操作流程如下。

点击【需求公示】菜单→【新增需求公示】按钮（见图7-24）→选择项目后并点击【确认选择】按钮（见图7-25）→跳转至信息填写页面填写需求公示信息→点击【生成】按钮生成需求公示（见图7-26）→点击【确认提交】按钮完成需求公示操作。

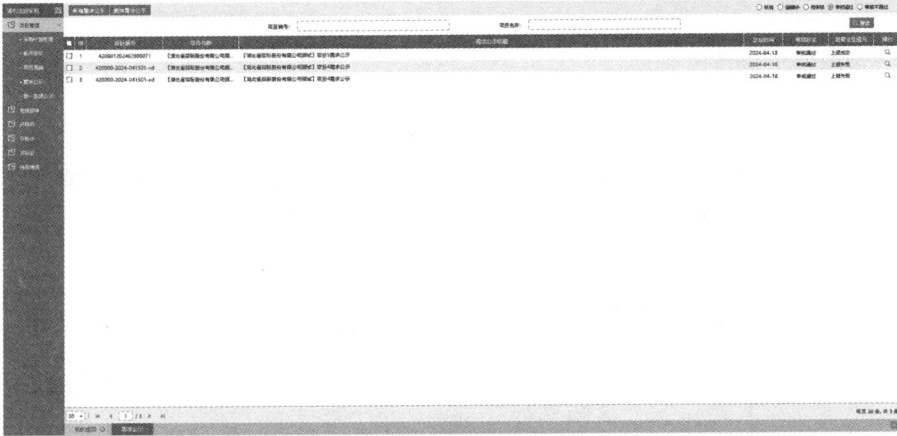

图 7-24 需求公示页面

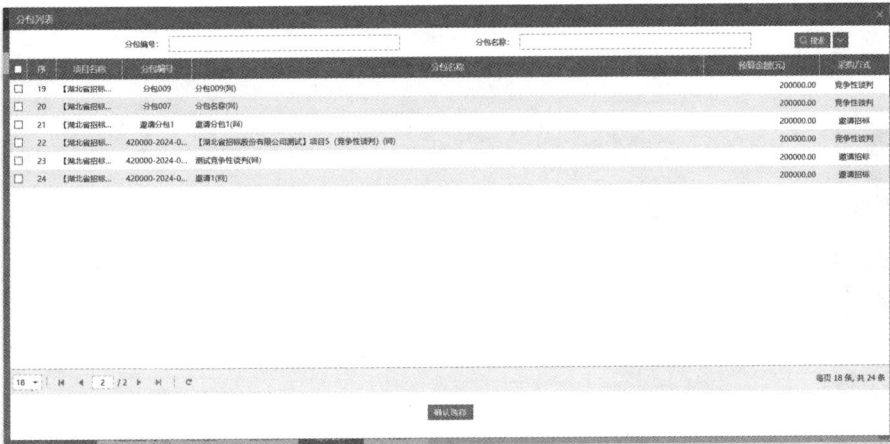

图 7-25 需求公示挑选项目页面

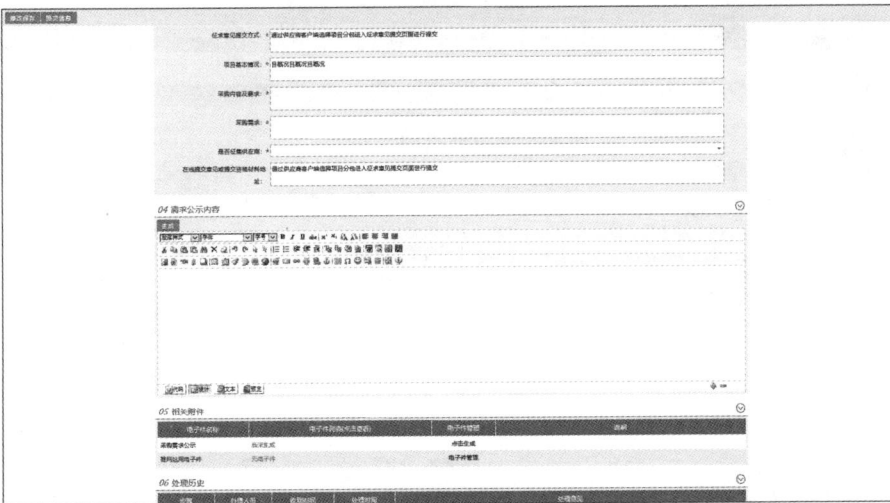

图 7-26 生成需求公示与附件页面

6）单一来源公示

单一来源公示操作流程同以上需求公示流程。

3.开标前

开标前主要包括采购文件编制、场地预约、场地变更、采购公告与文件、采购公告与文件（邀请招标）、组建评审专家、变更公告与文件、报名查看等环节。

1）采购文件编制

点击【采购文件编制】菜单→点击页面左上方的【新增交易文件】按钮（见图7-27）→勾选相关项目后点击【确认选择】按钮（见图7-28）→进入采购文件编制页面并填写必填项→点击【制作】按钮制作采购文件（见图7-29）→采购文件制作完成后点击【确认提交】按钮完成采购文件编制操作。

图7-27　采购文件编制新增交易文件页面

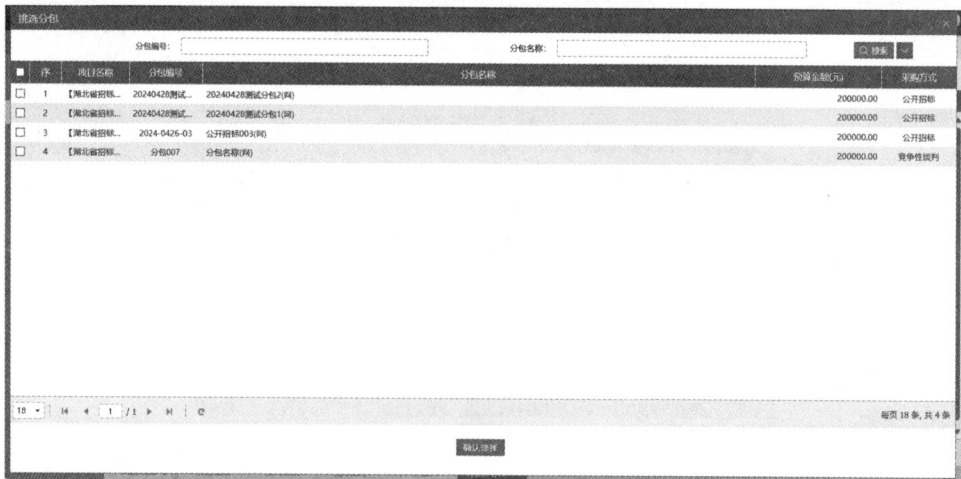

图7-28　编制采购文件挑选项目页面

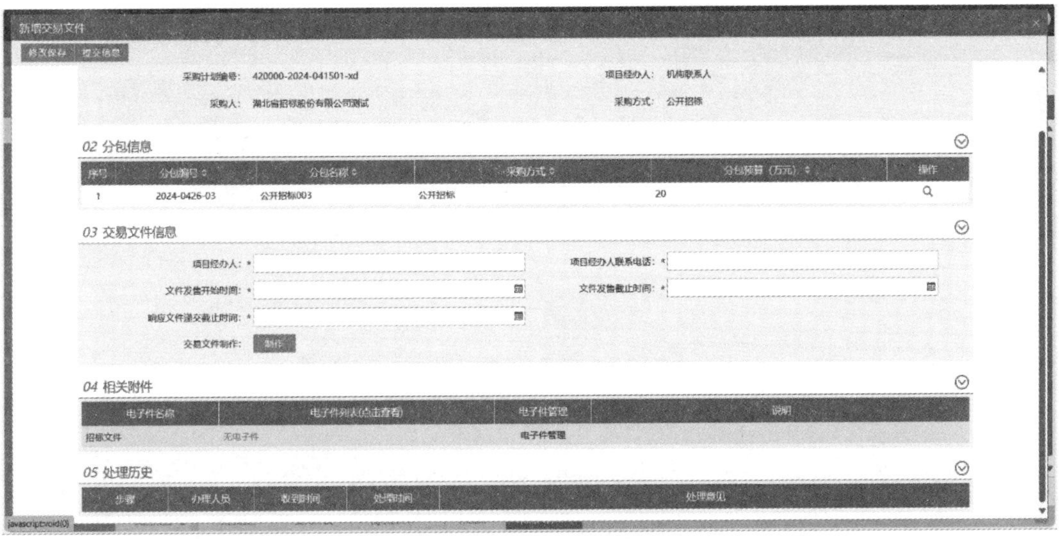

图7-29　采购文件制作页面

2）场地预约

开标场地预约的操作流程如下。

点击【场地预约】菜单→点击页面左上方的【新增开标场地】按钮（见图7-30）→
进入选择项目页面勾选项目并点击【确认选择】按钮（见图7-31）→进入开标信息填写
页面填写开标时间和开标场地（见图7-32）→点击【提交】按钮即完成开标场地预约。

图7-30　新增开标场地页面

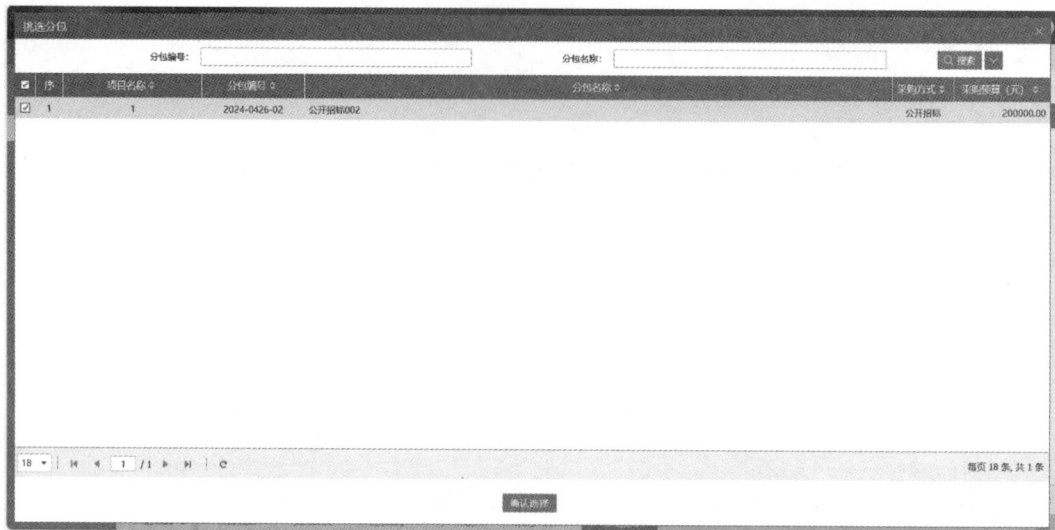

图 7-31　场地预约挑选分包页面

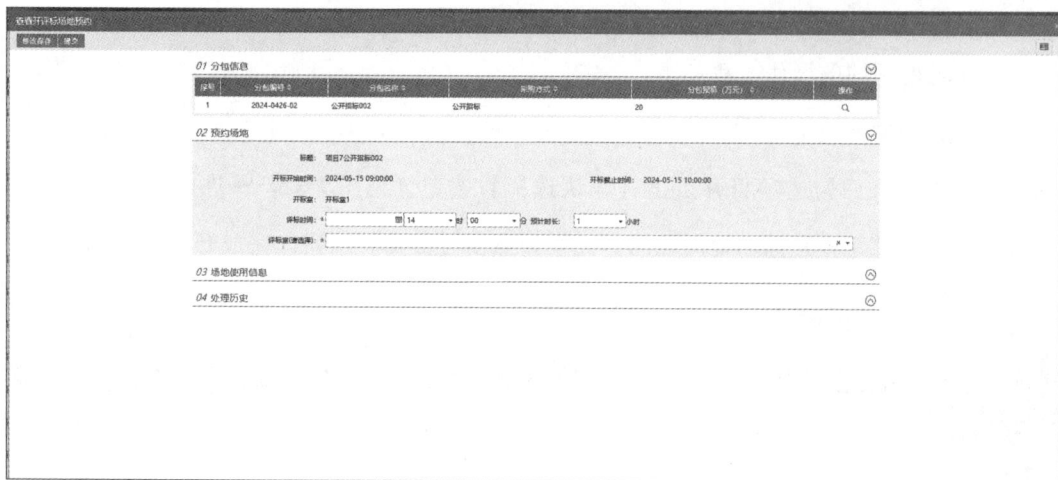

图 7-32　开标信息填写与提交页面

评标场地的操作流程如下。

点击【场地预约】菜单，找到待审核的项目，点击【操作】按钮（见图 7-33），进入开标场地审核页面，点击【同意】按钮（见图 7-34），进入评标场地信息填写页面填写相关信息，再点击【确定评标室】按钮（见图 7-35）即完成场地预约操作。

图 7-33　开标场地待审核页面

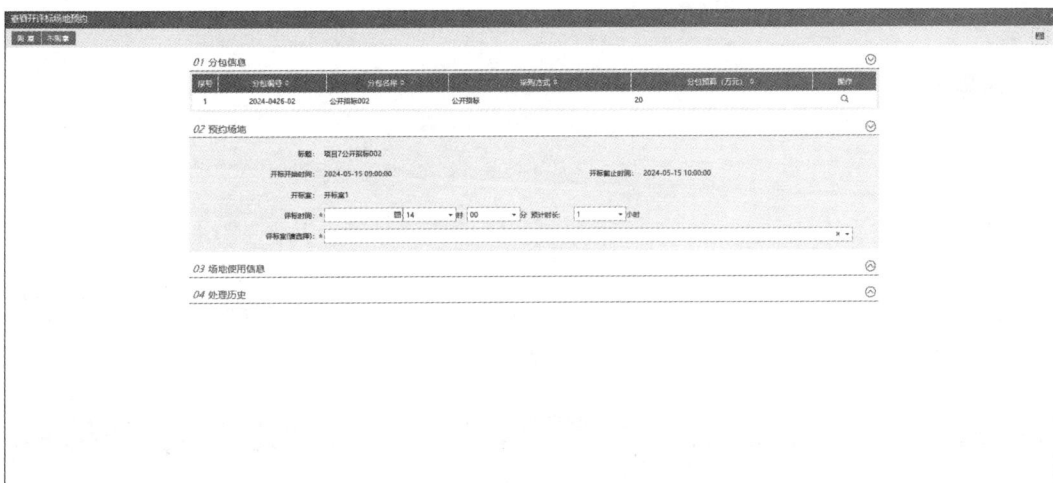

图 7-34　开评标场地审核页面

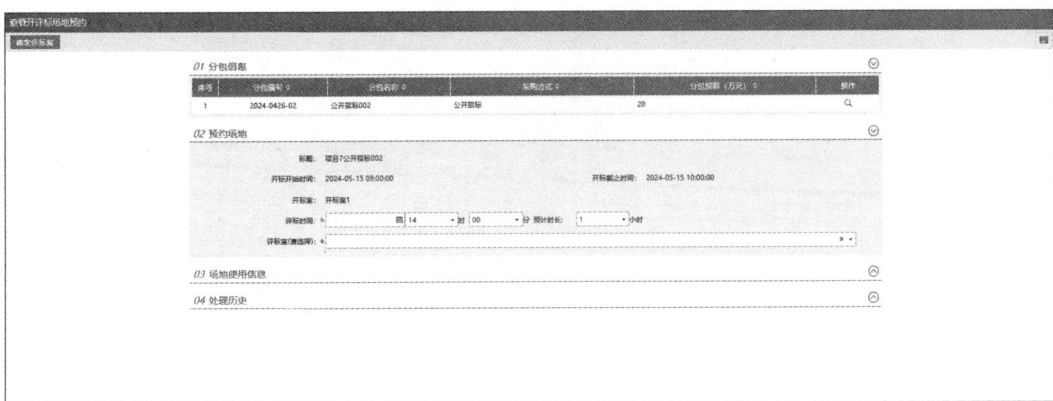

图 7-35　开评标场地预约页面

3）场地变更

如果项目需变更开标时间和评标时间，可以点击【场地变更】菜单进行变更，操作流程与上述场地预约流程相同。

4）采购公告与文件

点击【采购公告与文件】菜单→【新增采购公告与文件】按钮（见图7-36）→进入挑选分包页面，选择分包后点击【确认选择】按钮（见图7-37）→进入采购公告与文件信息填写页面填写相关信息（见图7-38）→点击【生成】按钮生成公告→点击【制作】按钮制作招标文件→点击【提交】按钮发布采购公告与文件（见图7-39）。

图7-36 新增采购公告与文件页面

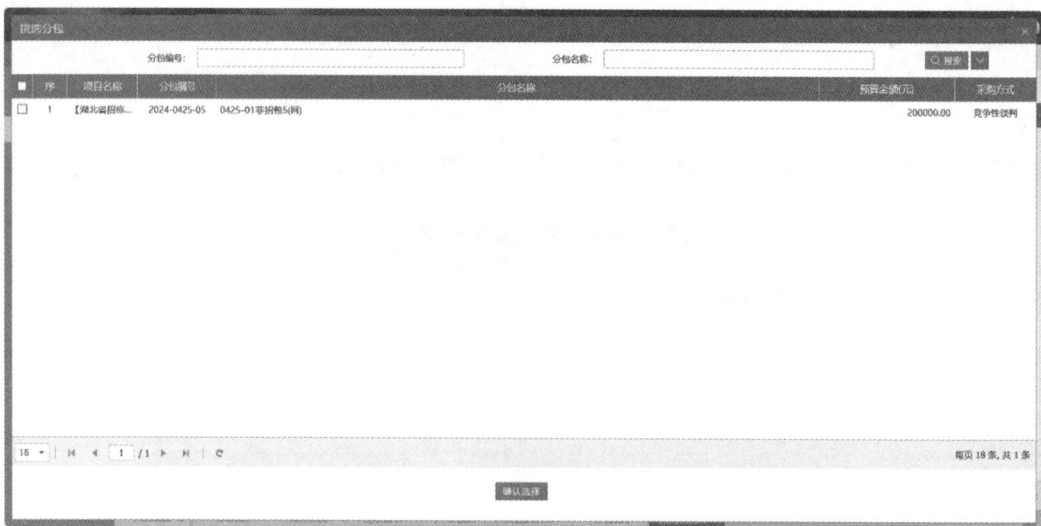

图7-37 挑选分包页面

图 7-38 采购公告与文件信息填写页面

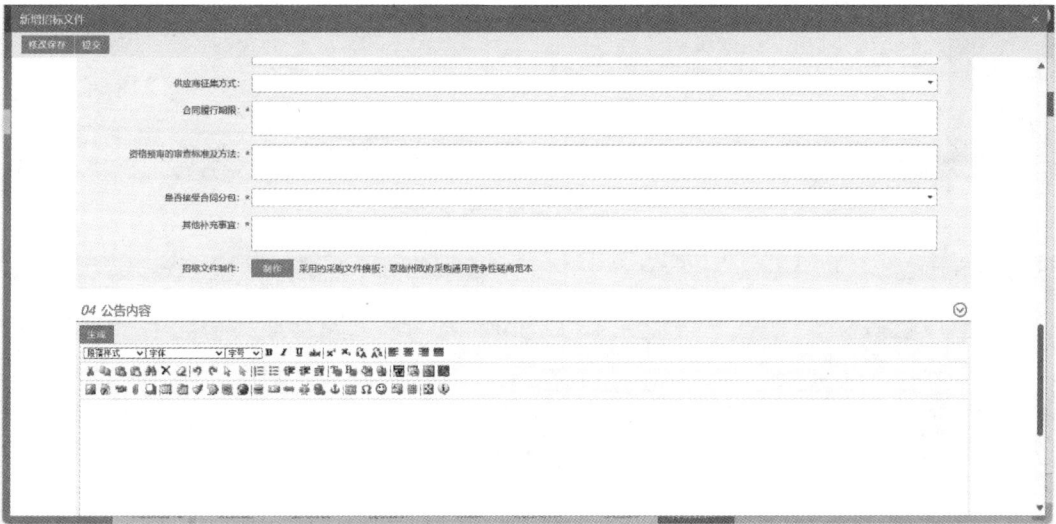

图 7-39 采购公告与文件制作页面

5）采购公告与文件（邀请招标）

采购公告与文件（邀请招标）的操作流程同上述采购公告与文件的操作流程。

6）变更公告与文件

开标时间未到之前，若公告或者文件内容有变更，可使用【变更公告与文件】变更或者澄清相关信息。

变更公告与文件的操作流程同上述采购公告与文件的操作流程。

7) 组建评审专家

点击【开标前】菜单，找到【组建评审专家】，点击页面左上方的【新增组建评审专家委员会】按钮（见图7-40），选择需评审的项目并点击【确认选择】按钮（见图7-41），进入组建评审专家页面，填写页面中的必填信息后点击【提交】按钮，完成组建评审专家操作（见图7-42）。

图 7-40　组建评审专家页面

图 7-41　组建评审专家挑选项目页面

图 7-42　组建评审专家信息填写页面

4. 开标中

开标时间到达后，采购代理使用账号和密码或者CA锁登录开标大厅开标，具体操作流程如下。

进入开标大厅后，单击需开标的项目，进入开标流程（见图7-43），点击【我已阅读】按钮等待开标（见图7-44）。

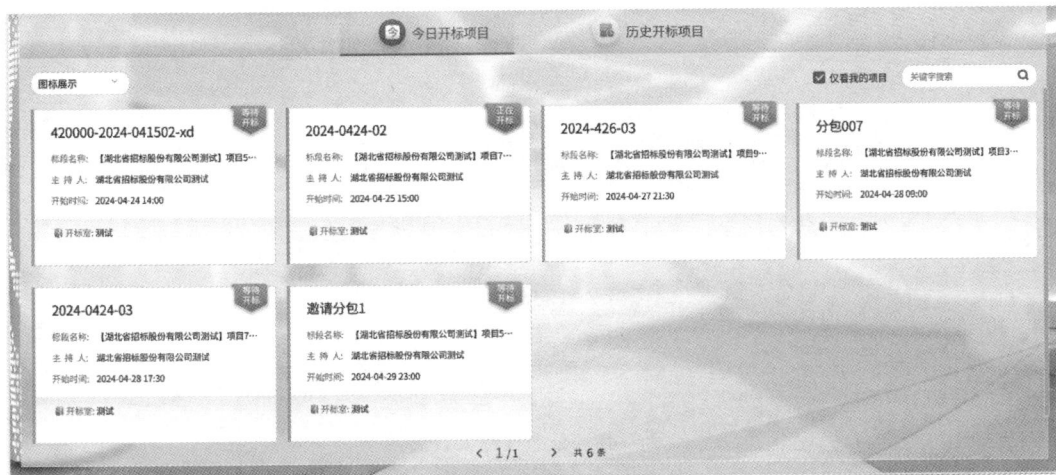

图 7-43　开标大厅首页

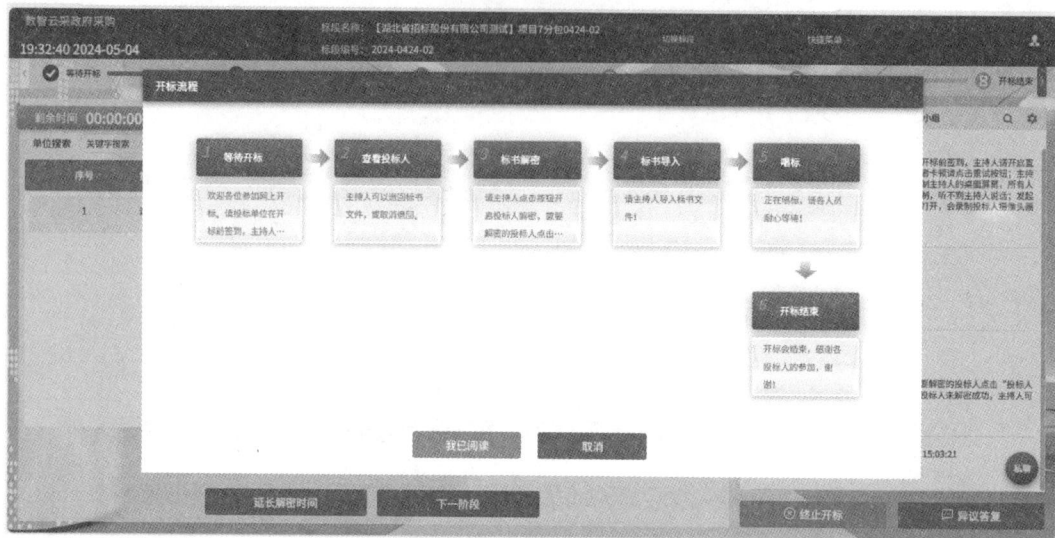

图 7-44　开标流程页面

开标时间到达之后，点击【公布投标人】按钮查看所有已签到的投标单位（见图 7-45）。

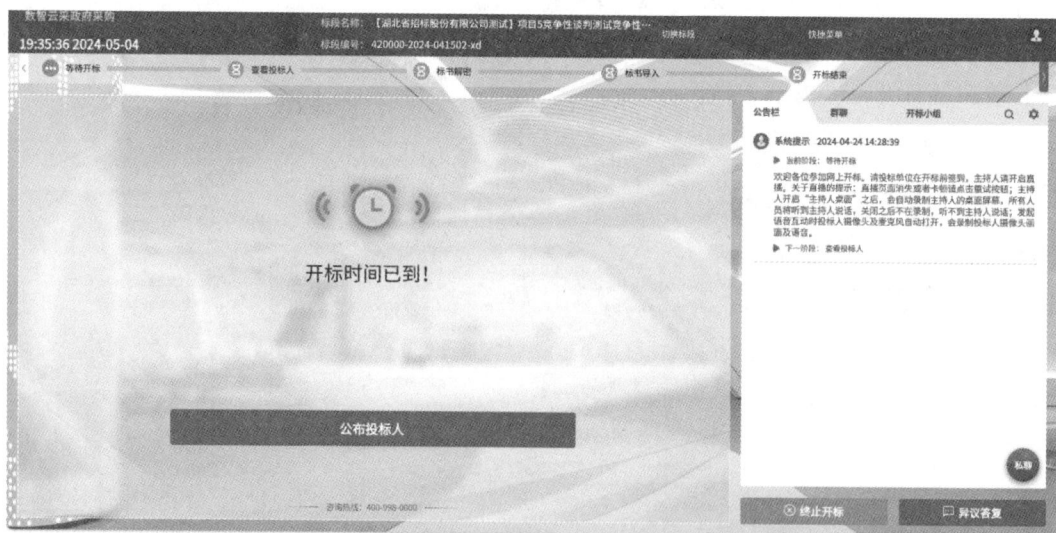

图 7-45　公布投标人页面

公布投标人完成后，进入投标人标书解密环节，等待各个投标单位在规定的时间内完成解密，若需延长解密时间，可点击【延长解密时间】按钮延长时间，投标人全部解密完成后点击【下一阶段】按钮，进入标书导入环节（见图 7-46）。

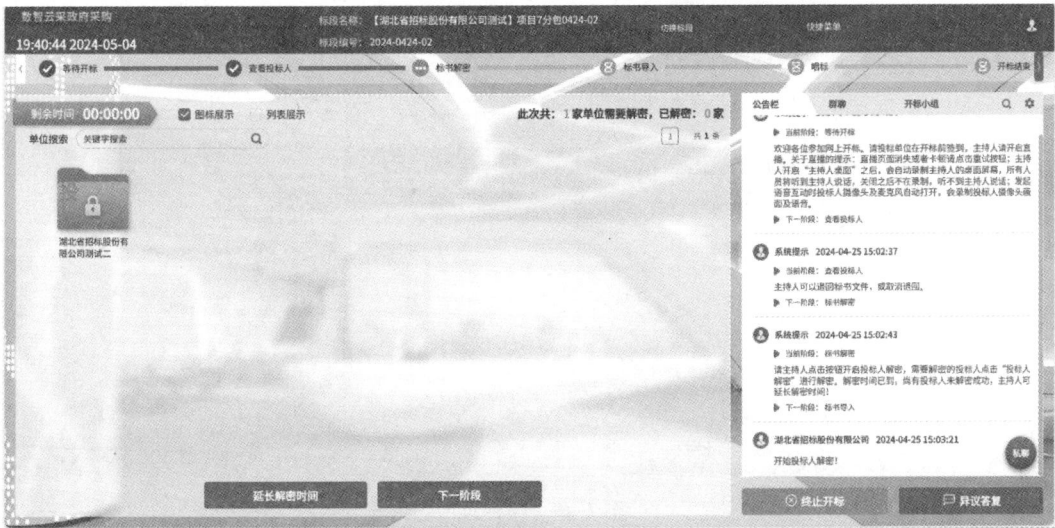

图 7-46 标书解密页面

点击【批量导入】按钮，导入已解密的标书（见图 7-47）。标书导入完成后进行唱标（见图 7-48），唱标结束后点击【开标结束】按钮结束开标。

图 7-47 标书导入页面

图 7-48 唱标页面

5. 评标

评审专家进入【网上评标系统】登录界面，使用采购项目机构项目负责人分配的随机账号和密码登录评标系统，选择并进入本次评标项目，按系统操作提示进行评标。

6. 开标后

开标后包括采购结果确认、中标（成交）结果公告、成交通知书、变更采购结果。

1）采购结果确认

点击【开标后】→【采购结果确认】菜单，再点击【新增采购结果确认】按钮（见图 7-49），进入挑选分包页面后，挑选项目，并点击【确认选择】按钮（见图 7-50）。选择项目后，进入采购结果确认信息填写页面，填写页面标红项后并点击页面左上角的【提交】按钮（见图 7-51）。

图 7-49 新增采购结果确认页面

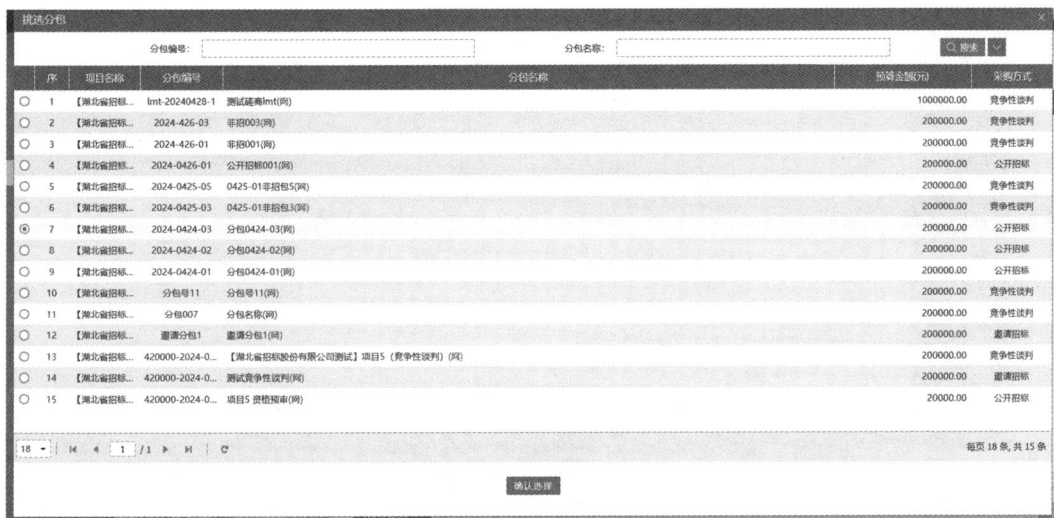

图 7-50 挑选分包页面

图 7-51 填写采购结果确认信息页面

2）中标（成交）结果公告

点击【开标后】→【中标（成交）结果公告】菜单，再点击【新增中标（成交）结果公告】按钮（见图7-52），进入挑选分包页面后，选择项目，再点击【确认选择】按钮（见图7-53），进入中标（成交）结果公告信息页面，填写标红项的公告信息（见图7-54）。

政府采购实务

图7-52 新增中标（成交）结果公告页面

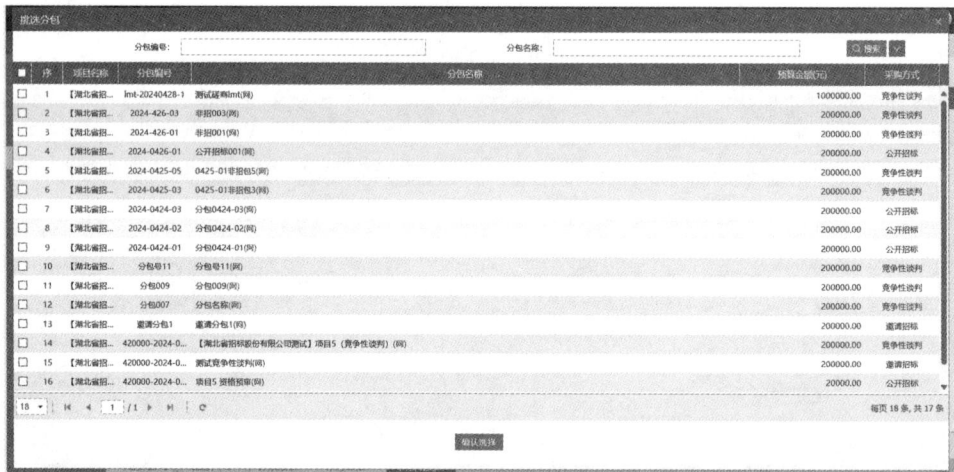

图7-53 挑选分包页面

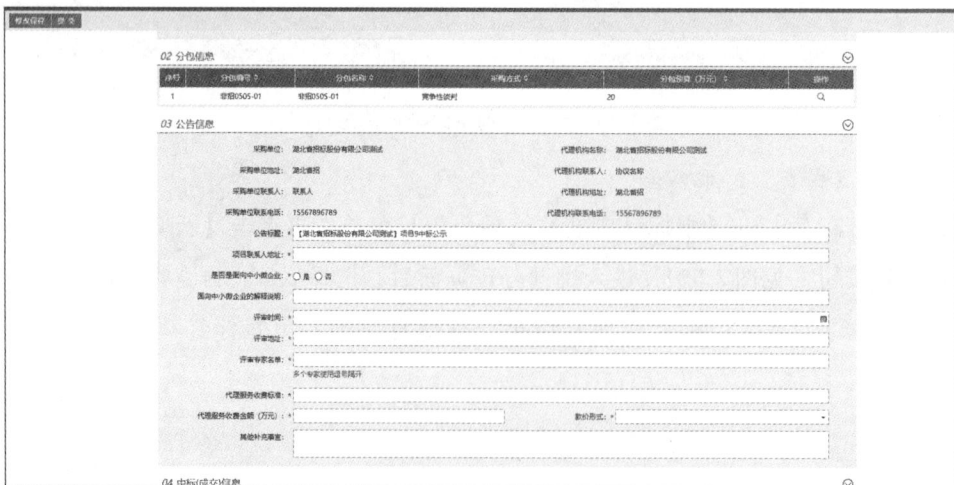

图7-54 中标（成交）结果公告信息填写页面

公告信息填写完毕后，在"04中标（成交）信息"栏点击操作按钮（＋）号（见图7-55），输入成交单位名称和中标价格等相关信息（见图7-56）。

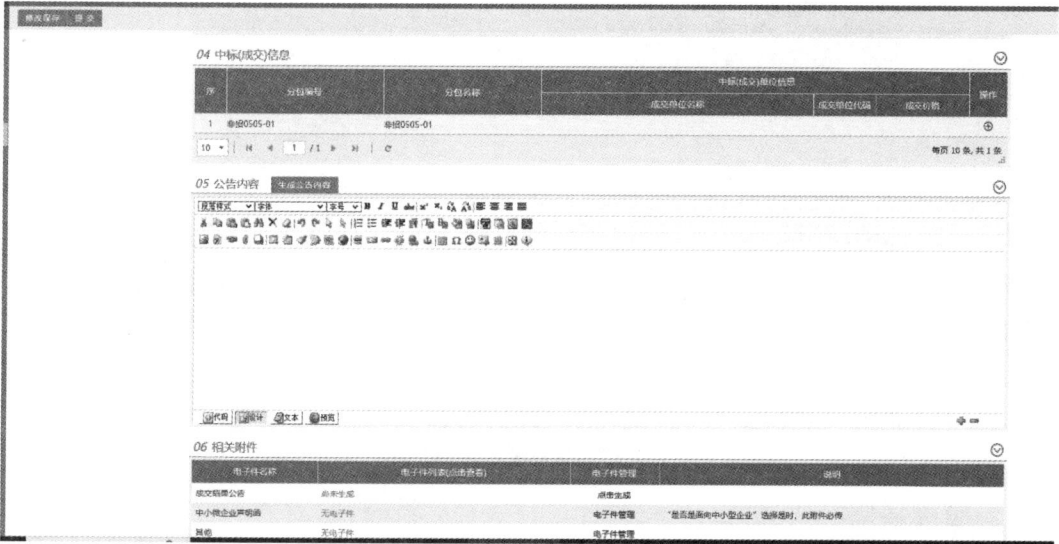

图7-55　新增成交单位页面

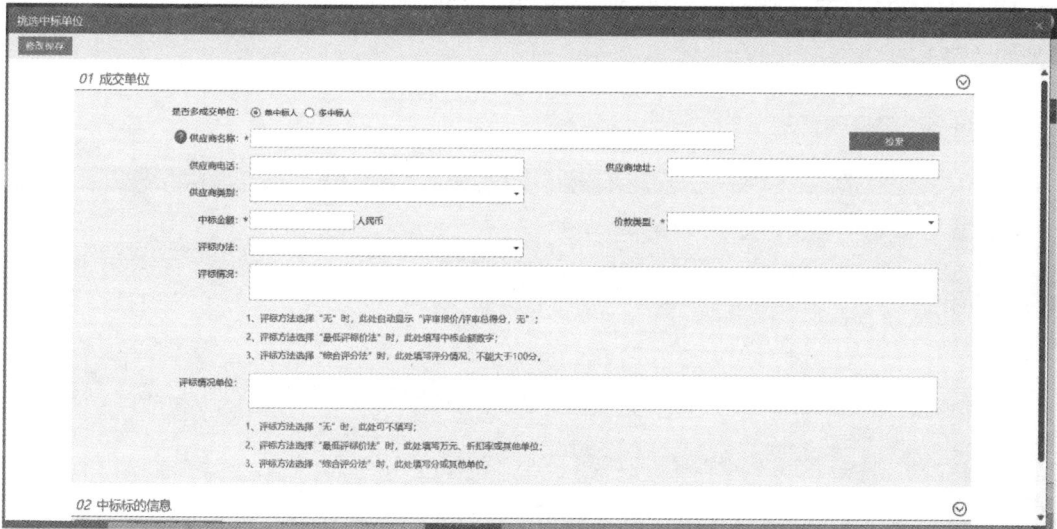

图7-56　成交单位信息填写页面

成交单位信息输入完毕后，在"05公告内容"栏点击【生成公告内容】按钮生成固定模板的公告，再点击【提交】按钮完成成交公示发布操作（见图7-57）。

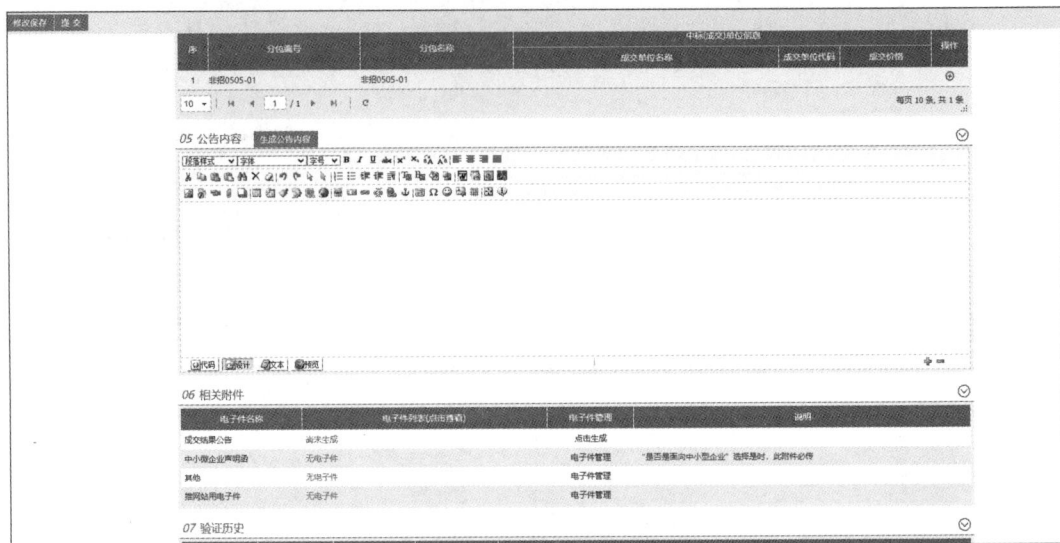

图 7-57　生成公告内容页面

3）成交通知书

点击【开标后】→【成交通知书】菜单，在页面左上角点击【新增成交通知书】按钮（见图 7-58），进入项目挑选页面，选择对应的项目，再点击【确认选择】按钮（见图 7-59）。

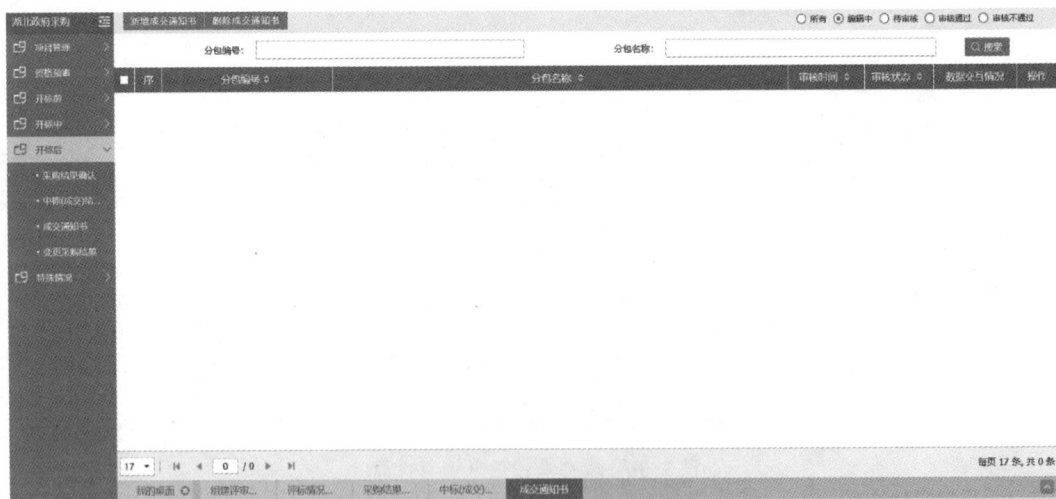

图 7-58　新增成交通知书页面

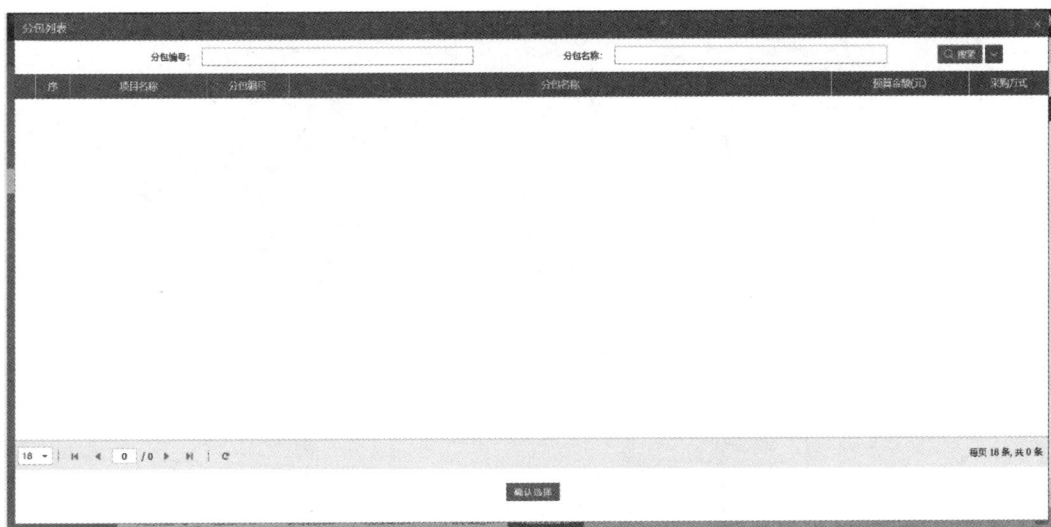

图 7-59 分包列表页面

挑选项目后，进入修改成交通知书页面，在"03 成交通知书"栏点击【生成通知书】按钮，跳转到通知书生成与盖章页面，盖章完成后关闭页面，点击【提交信息】按钮完成通知书发布操作（见图7-60）。

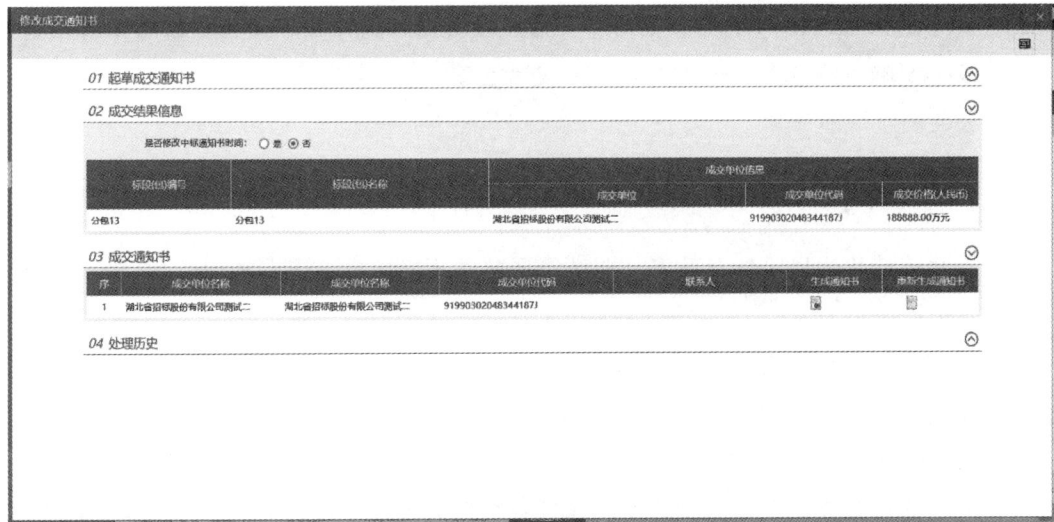

图 7-60 生成通知书页面

在线习题（第七章）

第一节　政府采购风险

《政府采购需求管理办法》（财库〔2021〕22号）第二十五条规定，对于本办法第十一条规定的采购项目，要研究采购过程和合同履行过程中的风险，判断风险发生的环节、可能性、影响程度和管控责任，提出有针对性的处置措施和替代方案。采购过程和合同履行过程中的风险包括国家政策变化、实施环境变化、重大技术变化、预算项目调整、因质疑投诉影响采购进度、采购失败、不按规定签订或者履行合同、出现损害国家利益和社会公共利益情形等。

一、国家政策变化风险

国家政策变化的风险涉及政府采购政策调整的不确定性、采购法规变动、供应商适应性以及价格波动等因素。

政府采购政策可能会随着国家的经济状况、产业政策以及市场趋势的变化而调整。这种不确定性可能导致采购计划和实施过程中出现偏差，需要及时关注相关政策动向，以便快速响应并调整采购策略。

政府采购国家政策变化的风险需要通过一系列的风险管理措施来应对。这包括但不限于持续监控政策动态、加强法规学习、审慎评估供应商能力以及采取成本控制手段。通过这些方法，可以在一定程度上降低政策变化给政府采购活动带来的不利影响。

二、环境变化风险

政府采购在实施过程中可能会受到环境变化的影响，这些变化可能包括技术环境、经济环境、法律法规环境等，带来一系列风险和挑战。以下是一些可能存在的风险。

成本增加：环境变化可能导致原定采购计划的成本发生变化，例如原材料价格上涨、货币贬值等，从而增加项目成本。政府需要及时应对这些变化，以避免预算超支和资源浪费。

供应链中断：环境变化可能影响到政府采购的供应链，例如供应商倒闭、运输中断等，导致采购物资无法及时交付，影响到项目的进度和效果。

技术适配问题：环境变化可能使得原本计划采购的技术设备或服务不再适用，需要进行调整或更新。如果政府在实施过程中未能及时应对技术适配问题，可能会导致资源浪费和项目效果不佳。

法律合规性：环境变化可能伴随着法律法规的更新和变化，政府在采购过程中需要确保符合相关法律法规的要求，否则可能会面临合规性问题和法律责任。

项目延误：环境变化可能导致原定的项目计划无法按时完成，延误项目进度。政府需要及时调整项目计划，以确保项目能够顺利实施并达到预期效果。

为了降低这些风险，政府在采购实施过程中可以采取一系列措施，包括加强风险管理和监控、建立健全的供应链管理机制、及时调整项目计划和预算、加强与供应商的沟通合作等，以确保政府采购项目能够顺利实施并达到预期效果。

三、重大技术变化风险

政府采购在面对重大技术环境变化时也面临着一系列风险，这些风险可能会影响到政府采购项目的顺利进行和项目目标的实现。以下是一些可能存在的风险。

项目延误：技术环境的快速变化可能导致原定的项目计划无法按时完成，延误项目进度。

预算超支：技术环境变化可能使得原本的预算安排不足以应对新技术的需求，导致项目预算超支。

信息安全风险：新的技术环境可能带来新的信息安全挑战，政府在采购过程中可能面临数据泄露、网络攻击等风险。如果政府在采购过程中未能充分考虑到信息安全问题，可能会造成严重的数据损失和社会影响。

技术过时：政府采购的技术设备可能在短时间内就会过时，无法满足项目需求，导致资源浪费和效率下降。

为了降低这些风险，政府在采购过程中可以采取一系列措施，包括加强风险评估和管理、及时更新采购政策和标准、加强供应商管理和监督等，以确保政府采购项目能够顺利实施并达到预期效果。

四、预算项目调整风险

政府采购应当严格按照批准的预算执行，负责编制部门预算的部门在编制下一财政年度部门预算时，应当将该财政年度政府采购的项目及资金预算列出，报本级财政部门汇总。部门预算的审批，按预算管理权限和程序进行；政府采购应当依法完整编制采购预算，严格执行经费预算和资产配置标准。在编制政府采购预算时，应注意以下几个方面的问题。

1. 建立管理制度

各级预算单位在编制政府采购预算时应在内部管理制度的约束内进行，统筹安排、协调合作、按岗司责，将政府采购预算编制工作程序化、制度化，避免因个别环节、个别部门或个人导致政府采购预算编制的混乱。

2. 科学编制预算

对市场技术或者服务水平、材料供应、价格等情况调查不充分，价格测算偏离市场，可能导致政府采购预算不准确。因此，在编制政府采购预算时，应当根据市场调查及分析情况，科学合理地编制政府采购预算。

3. 合理安排资金

各预算单位应根据本年度实际工作需求，罗列应该编入政府采购预算的项目。在此基础上，应考虑到后期政府采购实施的效率和效果，加强部门的沟通，统筹安排，对于内容相同或用途一致的项目应该整合，一次性采购，避免政府采购实施过程中的重复性工作，提高政府采购的执行效率，节约采购成本。

4. 重视预算调整

因政府采购预算编制未能完全考虑到市场情况，或者因市场本身的竞争机制导致政府采购资金结余较大，为提高政府采购资金的使用效益，采购人应当及时调整政府采购预算及执行计划。

5. 确保政策落实

负责编制部门预算的各部门，应当落实政府采购计划的编制工作，制定向中小企业采购的具体方案，统筹确定本部门（含所属各单位）面向中小企业采购的项目。在满足机构自身运转和提供公共服务基本需求的前提下，应当预留本部门年度政府采购项目预算总额的一定比例，专门面向中小微企业采购。

在政府采购活动中，监狱企业和残疾人福利性单位视同小型、微型企业，享受预留份额、评审中价格扣除等政府采购促进中小企业发展的政府采购政策。采购人向监狱企业和残疾人福利性单位采购的金额，计入面向中小企业采购的统计数据。采购人在编制政府采购预算时，应确保政府采购政策落实到位。

五、因质疑投诉影响采购进度风险

政府采购质疑投诉风险涉及对供应商提出的质疑和投诉的处理，以确保采购过程的公正性和透明度。在政府采购过程中，供应商可能会对采购文件、采购过程或中标结果提出质疑和投诉。采购人可通过以下几个方面尽量降低 质疑投诉风险。

1. 采购需求编制合法合规

采购需求应当符合法律法规、政府采购政策和国家有关规定，符合国家强制性标准，遵循预算、资产和财务等相关管理制度规定，符合采购项目的特点和实际需要。采购需求应当明确实现项目目标的所有技术、商务要求，功能和质量指标的设置要充分考虑可能影响供应商报价和项目实施风险的因素。对技术参数、商务要求进行严格把控，防止出现指向特定产品、特定供应商的情况，可有效减少质疑、投诉的可能性。

2. 采购文件编制合法合规

合理设置资格条件，合理设定技术参数，合理编制评分标准，避免出现采购需求或评分标准指向特定品牌或特定供应商的情况，降低对采购文件的质疑投诉风险。

3. 评审过程应合法合规

采购人或采购代理机构应组织评标委员会公开、公平、公正地对供应商投标（响应）文件进行评审，避免出现评审过程不合规，资格审查错误、评分错误等情况。

六、采购失败风险

在采购过程中，因供应商或有效供应商不足三家，导致项目废标、采购失败的情形时有发生。此种情形的发生虽然与供应商和市场环境密切相关，但在采购过程中，采取相应措施控制得当，可适当减小采购失败的影响。

1. 做好前期的市场调研

采购人在编制采购预算和采购需求时，应积极做好市场调研工作，对采购标的的市场价格、竞争环境、产品情况等做到心中有数。采购预算应符合市场行形，不应过低导致无人应标。同时采购需求中的技术参数及要求要符合主流市场情况，切忌技术参数及要求带有强烈的指向性和歧视性。

2. 加强采购需求管理

采购人对采购需求管理负有主体责任，应合法合规开展采购需求管理各项工作，对采购需求和采购实施计划的合法性、合规性、合理性负责。

1）采购需求

采购需求应当符合法律法规、政府采购政策和国家有关规定，符合国家强制性标准，遵循预算、资产和财务等相关管理制度的规定，符合采购项目的特点和实际需要。采购需求应当依据部门预算（工程项目概预算）确定。

采购需求应当明确实现项目目标的所有技术、商务要求，功能和质量指标的设置要充分考虑可能影响供应商报价和项目实施风险的因素。

采购需求应当清楚明了、表述规范、含义准确。技术要求和商务要求应当客观，量化指标应当明确相应等次，有连续区间的按照区间划分等次。需由供应商提供设计方案、解决方案或者组织方案的采购项目，应当说明采购标的的功能、应用场景、目标等基本要求，并尽可能明确其中的客观、量化指标。

采购需求可以直接引用相关国家标准、行业标准、地方标准等，也可以根据项目目标提出更高的技术要求。

2）采购实施计划

采购人应围绕采购需求的实现，对合同的订立和管理做出合理安排。采购实施计划根据法律法规、政府采购政策和国家有关规定，结合采购需求的特点确定。

采购人应当通过确定供应商资格条件、设定评审规则等措施，落实支持创新、绿色发展、中小企业发展等政府采购政策功能。还要根据采购项目实施的要求，充分考虑采购活动所需时间和可能影响采购活动进行的因素，合理安排采购活动实施时间。要根据有利于采购项目实施的原则，明确采购包或者合同分包要求。根据采购需求特点提出的供应商资格条件，采购方式、评审方法和定价方式的选择应当符合法定适用情形和采购需求特点。合同类型按照民法典规定的典型合同类别，结合采购标的的实际情况确定。合同权利、义务要围绕采购需求和合同履行设置。履约验收方案要明确履约验收的主体、时间、方式、程序、内容和验收标准等事项。

3.落实审查工作机制

采购人应当建立审查工作机制，在采购活动开始前，针对采购需求管理中的重点风险事项，以及采购需求和采购实施计划进行审查，审查分为一般性审查和重点审查。对于审查不通过的，应当修改采购需求和采购实施计划的内容并重新进行审查。

七、不按规定签订或者履行合同的风险

1.不按规定签订政府采购合同的风险

不按规定签订政府采购合同可能带来以下风险。

合规风险：政府采购活动需要遵守一系列法律法规和规定，包括采购程序、采购方式、资格条件等，如果不按规定签订合同，可能会触犯相关法律法规，导致合规风险。

合同效力风险：政府采购合同的签订需要符合法定程序，若未经法定程序签订的合同，可能存在效力瑕疵，当事人在争议解决时可能会受到不利影响。

资金风险：政府采购项目通常涉及大笔资金，如果合同未按规定签订，可能会影响到资金的使用和支付流程，增加资金管理风险。

双方权益风险：政府采购合同是双方权益的约束和保障，如果不按规定签订，可能会损害双方的合法权益，导致争议和损失。

影响项目进度和质量风险：政府采购项目往往与公共利益密切相关，如果不按规定签订合同，可能会导致项目进度延误、质量下降，影响公共利益，带来重大风险和不良影响。

2. 政府采购合同履行的风险

政府采购合同履行的风险可以包含多个方面，以下是其中一些主要的风险。

（1）政策风险：政府采购受政策、法律和监管框架的影响，政策的变化可能会影响到合同的履行方式和条件。

（2）财政风险：政府的财政状况、预算调整以及资金拨付问题可能会影响到合同履行的进程和结果。

（3）合同风险：合同条款的不明确、不完整或者不合理可能会导致履行过程中的纠纷和争议等问题。

（4）技术风险：政府采购项目通常涉及技术方面的要求，技术难题、技术变革或者技术更新可能会影响到合同的履行。

（5）市场风险：市场变化、供需关系变化以及价格波动等因素可能会影响到政府采购项目的履行成本和效果。

政府采购合同履行的风险需要在合同签订前进行充分评估和管理，并在合同中制定相应的风险管理策略和应对方案，以尽量降低风险对合同履行的影响。

在政府采购过程中，履约验收也是一个重要的环节，它直接关系到采购目标的实现和采购资金的使用效益。验收标准不明确、验收程序不规范等可能会导致以下风险。

（1）验收标准不一致：如果验收标准与采购文件中规定的标准不一致，可能会导致供应商提供的商品或服务无法满足实际需求。

（2）验收程序不规范：如果验收程序不规范，可能会导致验收结果的公正性和准确性受到质疑。

（3）验收人员专业素质不足：如果验收人员对采购项目的技术要求和标准了解不足，

可能无法准确判断供应商提供的商品或服务是否合格。

（4）后续监管不到位：如果在验收后没有进行有效的后续监管，可能会影响采购项目的持续运行和管理。

通过严格的合同签署及验收要求，可以有效地降低政府采购合同履约验收的风险，确保采购活动的顺利进行。同时，这也有助于提升政府采购的效率和效益，推动公共资源的合理配置和使用。

八、出现损害国家利益和社会公共利益情形的风险

政府采购如果不合理或存在违规行为，可能会造成以下风险，损害国家利益和社会公共利益。

（1）腐败风险：政府采购环节如果存在腐败、贿赂等问题，会导致公共资源被非法侵吞等后果，损害国家利益和社会公共利益。

（2）不公平竞争：政府采购如果存在利益输送、内定中标等问题，会导致市场竞争不公平，损害国家利益和公共利益。

（3）质量风险：政府采购过程中，如果存在质量把控不严、产品服务不达标等问题，可能会导致使用的设备或服务质量不达标等后果，损害国家利益和社会公共利益。

（4）造成资源浪费：政府采购存在不合理、草率决策等问题，可能会导致大量资源浪费，从而影响国家利益和社会公共利益。

为防范这些风险，政府在进行采购活动时，需要建立规范的制度，加大监督和审查的力度，保障公共资源的合理利用，维护国家和社会的长远利益。

第二节 采购代理机构的法律责任及风险防控

一、采购代理机构的法律责任

1. 一般违法行为及法律责任

一般违法行为包括以下方面。

（1）应当采用公开招标方式而擅自采用其他方式采购。根据《政府采购法》的规定，应当采用公开招标但因特殊情况而需要采用公开招标以外的其他采购方式采购货物或者服务的，应当在采购活动开始前获得设区的市、自治州以上人民政府财政部门批准，未经批准擅自采用其他方式采购的，属于违法行为。采购代理机构在代理采购中不采用规定方式或者擅自改变采购方式，也是违法的。

（2）擅自提高采购标准。采购标准一经确定和公开，即成为采购人和供应商的共同依据，采购人、采购代理机构不得擅自变更，否则，属于违法行为。

（3）不具备政府采购业务代理资格，从事政府采购业务。根据《政府采购法》的规定，采购人采购纳入集中采购目录的政府采购项目，必须委托集中采购机构代理采购；采购未纳入集中采购目录的政府采购项目，可以自行采购，也可以委托集中采购机构或经国务院有关部门或省级人民政府有关部门认定资格的采购代理机构，在委托的范围内办理政府采购事宜。采购人不按照法律规定委托集中采购机构或者委托没有政府采购业务代理资格的代理机构办理采购事宜，都是不允许的，采购人和没有政府采购业务代理资格的代理机构都应当承担相应的法律责任。

（4）以不合理的条件对供应商实行差别待遇或者歧视待遇。公平对待所有供应商是采购人、采购代理机构的法定义务，采取任何方式偏袒某些供应商，而对其他供应商实行差别待遇或者歧视待遇，属于法律禁止的行为。

（5）在公开招标采购过程中与供应商进行协商谈判。这一行为直接影响到采购活动和采购结果的客观、公正，应当予以禁止。

（6）拒绝有关部门依法实施监督检查。按照本法的规定，政府采购监督管理部门、对政府采购负有行政监督职责的政府有关部门、审计机关、监察机关有权对采购人、采购代理机构及其工作人员依法实施监督检查，采购人、采购代理机构必须依法接受监督检查。采购人、采购代理机构如果拒绝有关部门依法实施监督检查，则属于违法行为，应当追究法律责任。

（7）未按照《政府采购法》和《政府采购法实施条例》规定的方式实施采购。实践中在适用采购方式上存在的问题有：应当公开招标的未经财政部门审批采取非公开招标方式；政府采购限额标准以上，公开招标数额标准以下的采购项目，未依据政府采购法律制度规定的适用情形选择采购方式，如不符合单一来源采购适用情形而采取单一来源采购方式采购；采用未经国务院财政部门认定的采购方式开展采购，如采用所谓的"跟标"采购等方式。

（8）未依法在指定的媒体上发布政府采购项目信息。《政府采购法》第十一条规定，政府采购的信息应当在政府采购监督管理部门指定的媒体上及时向社会公开发布。《政府采购法实施条例》第八条规定，政府采购项目信息应当在省级以上人民政府财政部门指定的媒体上发布。

（9）未按照规定执行政府采购政策。在政府采购活动中落实政府采购政策，是《政府采购法》和《政府采购法实施条例》对采购人、采购代理机构设定的法定义务。实践中存在的问题有：在采购文件中未明确规定落实政府采购政策的相关内容，未规定优先采购节能和环境标志的产品，节能产品政府采购品目清单内属于政府强制采购的产品未执行强制采购政策的，未经财政部门审核采购进口产品，未将预留项目授予中小微企业，对小微企业未给予价格扣除优惠等。采购人或者采购代理机构未严格执行政府采购政策的，应当追究其法律责任。

（10）违反《政府采购法实施条例》第十五条的规定，导致无法组织对供应商履约情况进行验收或者国家财政遭受损失。《政府采购法实施条例》第十五条规定，采购人、采购代理机构应当根据政府采购政策、采购预算、采购需求编制采购文件。采购需求应当符合法律法规以及政府采购政策规定的技术、服务、安全等要求。政府向社会公众提供的公共服务项目，应当就确定采购需求征求社会公众的意见。除因技术复杂或者性质特殊，不能确定详细规格或者具体要求外，采购需求应当完整、明确。必要时，应当就确定采购需求征求相关供应商、专家的意见。实践中存在的主要问题有：采购人的采购需求不完整、不明确，或者不符合国家法律、行政法规以及政府采购政策规定的技术、服务、安全等要求，导致无法组织对供应商履约情况进行验收或者国家财产遭受损失。基于上述违法行为，采购人或者采购代理机构应当承担法律责任。

（11）未依法在政府采购评审专家库中抽取专家。采购人或者采购代理机构不依法在政府采购评审专家库内抽取评审专家或者违法指定评审专家的，应当追究其法律责任。

（12）非法干预采购评审活动。为保证评审的客观性和公正性，《政府采购法实施条例》及有关制度要求，评标委员会（评审小组）应当按照客观、公平、公正、审慎的原则，根据采购文件规定的评审程序、评审方法和评审标准进行独立评审，任何人不得非法干预评审专家的评审工作。实践中，采购人、采购代理机构非法干预评审活动的情况时有发生，最常见的干预形式是向评标委员会（评审小组）提供倾向性、误导性的解释或者说明。还有采购人或者采购代理机构明确指定产品或者服务供应商。不论是提供倾向性、误导性解释或说明，还是指定供应商，都违背了公平、公正的原则，采购人、采购代理机构都应当承担相应的法律责任。

（13）采用综合评分法时，评审标准中的分值设置未与评审因素的量化指标相对应。综合评分法的关键是如何确定评审因素和与评审因素的量化指标相对应的分值。实践中存在的主要问题是：将与投标报价无关的资格条件、业绩要求或商务条件等指标设定为评审因素，设定的评审因素缺乏量化指标，有量化指标的评审因素没有对应的分值设置等。上述问题导致了评审的随意性，严重影响了评审的质量和公正。所以，采购人或者采购代理机构应当严格执行评审的有关规定，否则将承担相应的法律责任。

（14）对供应商的询问、质疑逾期未作处理。供应商的询问、质疑是供应商进行权利救济的主要方式。供应商对政府采购活动事项有疑问的，可以向采购人、采购代理机构提出疑问，采购人、采购代理机构应当及时作出答复。实践中存在的问题有：一是采购人、者采购代理机构拒不接收供应商的询问、质疑，或者相互推诿，致使供应商错过了质疑有效期；二是未针对询问、质疑事项作有效答复，引起供应商的投诉；三是对询问、质疑未在规定的时间内答复，致使供应商丧失救济机会。

（15）通过对样品进行检测、对供应商进行考察等方式改变评审结果。评审结果是评标委员会（评审小组）依法评审的结果，采购人、采购代理机构不得擅自改变评审结果，否则将损害政府采购评审制度的严肃性，损害供应商的合法权益。实践中，存在采购人对评审结果不满意，重新评审改变中标、成交结果的情形。甚至在中标、成交结果公告或通知后，要求对中标、成交供应商的样品进行检测，或者自行组织评审专家或采购人单独对供应商进行考察，并根据检测、考察的结果改变评审结果。

一般违法行为应承担的法律责任如下。

（1）责令限期改正。责令限期改正是对违法行为采取的一种补救性行政措施，要求当事人在规定时间内停止违法行为，并予以纠正。这里的责令限期改正，是指政府采购监督管理部门对于有上述违法行为的采购人或者采购代理机构，要求其对应当采用公开招标方式的项目进行公开招标，恢复采购标准，委托具备政府采购业务代理资格的机构办理采购事宜，取消对供应商实行差别待遇或者歧视待遇的不合理条件，停止与供应商进行协商谈判，与中标、成交供应商签订采购合同，接受有关部门依法进行的监督检查等。

（2）警告。警告是行政机关对违反行政管理秩序的行为给予的申诫性质的行政处罚，处罚的力度相对较轻。本条规定的警告，属于行政处罚。

（3）罚款。罚款是行政机关对违反行政管理秩序的行为给予的财产性质的行政处罚。

（4）处分。本条规定的处分是指行政处分，包括对直接负责的主管人员和其他直接责任人员的处分，由其行政主管部门或者有关机关根据情节轻重，作出警告、记过、记大过、降级、降职或者开除的处理决定，并要给予通报。

2.严重违法情形及法律责任

《政府采购法》第七十二条规定，采购人、采购代理机构及其工作人员有下列情形之一，构成犯罪的，依法追究刑事责任；尚不构成犯罪的，处以罚款，有违法所得的，并处没收违法所得，属于国家机关工作人员的，依法给予行政处分：（1）与供应商或者采购代理机构恶意串通的；（2）在采购过程中接受贿赂或者获取其他不正当利益的；（3）在有关部门依法实施的监督检查中提供虚假情况的；（4）开标前泄露标底的。

《政府采购法》第七十六条规定，采购人、采购代理机构违反本法规定隐匿、销毁应当保存的采购文件或者伪造、变造采购文件的，由政府采购监督管理部门处以二万元以上十万元以下的罚款，对其直接负责的主管人员和其他直接责任人员依法给予处分；构成犯罪的，依法追究刑事责任。

《政府采购法》第七十八条规定,采购代理机构在代理政府采购业务中有违法行为的,按照有关法律规定处以罚款,在一至三年内禁止其代理政府采购业务,构成犯罪的,依法追究刑事责任。

二、采购代理机构的风险防控

1. 采购代理机构存在的风险

1) 技术风险

随着网络信息技术的不断发展,电子化采购得到了广泛应用。电子化采购在改变监管模式、规范行业现状、建立健全公平的社会监管机制等方面发挥着重要的作用。随着电子化采购的不断普及,智能化已逐渐代替简单的、单一的采购,程序化的工作通过网络就可以完成,如使用网络平台上传和下载相关文件、进行电子化评审等,可大大提高采购效率。

随着采购代理业务向全过程咨询业务的升级和转变,数据库的运用也日趋重要。技术行业的快速变化可能导致采购代理机构现有的人工技术在未来过时或不再适用。采购代理机构需要持续关注技术发展的趋势,并确保自身发展具有一定的可持续性。

信息技术应用能力的提升,要求采购代理机构与时俱进,加大信息化的投入,及时适应发展的需要,这也对采购代理机构提出了更高的要求。

2) 自身风险

采购代理机构自身也面临一系列潜在风险,这些风险可能影响其运营和业务发展。以下是一些可能存在的风险。

市场竞争风险。当前,采购代理市场存在激烈的竞争,新进入者可能通过价格竞争或提供更优质的服务来争夺市场份额。采购代理机构需要不断提升自身竞争力,以保持在市场中的地位。

信誉风险。信誉是采购代理机构业务成功的关键因素之一。如果出现服务质量问题、失误或不当行为,可能会损害其声誉,影响客户信任和业务发展。

人才流失风险。人才是采购代理机构的重要资产,员工流失可能会对业务造成不利影响,包括项目延迟、服务质量下降等。因此,采购代理机构需要实施有效的人才管理和留住人才的策略。

经济周期风险。经济周期的波动可能会影响企业客户的采购预算和需求。在经济低迷时期,采购代理机构可能面临客户减少或项目延迟的风险,从而影响业务收入。

采购代理机构需要认真评估和管理自身面临的各种风险,并采取相应的措施来降低风险并保障业务的稳健发展。

3）合规风险

采购代理机构的合规风险是指在其业务运作中可能违反相关法律法规或行业标准，导致法律责任、罚款或声誉损失等后果的风险。

程序合规性。依照《政府采购法》及相关规定，采购代理机构应有一套标准化的操作程序，任何一个环节都会出现难以预料的风险。例如，擅自提高资质门槛，压缩选择空间，并缩短采购时间等。如果采购代理机构的业务流程不完善、程序不规范，那么上述任何一个环节都将面临失职的风险，给采购人提供错误的建议和信息，甚至导致废标或投诉问题，严重影响项目的执行。

委托合规性。采购代理机构必须遵守相关法律法规和委托合同约定。这包括合同条款的执行、支付条款的遵守、采购代理工作过程中的合规操作等方面。违反合同约定可能导致合同无效、违约责任等后果。

数据保护和隐私合规性。在处理采购项目数据和敏感信息时，采购代理机构需要遵守规则。数据处理不当可能导致数据泄露、隐私侵犯等问题，造成法律责任和声誉损失。

反腐败合规性。采购代理机构在与采购人和供应商的交往中必须遵守反腐败法律法规。不合规的行为可能导致企业及其员工面临刑事指控、罚款等后果。

行业标准合规性。采购代理机构可能受制于特定行业的标准和规范，如ISO标准、行业协会制定的规定等。不符合行业标准可能导致合作伙伴和客户的信任丧失等后果，影响业务发展。

2. 采购代理机构风险防控

1）建立健全内控制度

建立完善的内部监督管理制度是采购代理机构执业的必备条件之一，完善的内部监督管理制度是采购代理机构贯彻落实政府采购公开、公平、公正和诚信原则的重要基础。采购代理机构应当建立健全内部监督管理制度。采购活动的决策和执行程序应当明确，并相互监督、相互制约。经办采购的人员与负责采购合同审核、验收人员的职责权限应当明确，并相互分离。

《政府采购法实施条例》将建立内部互相配合、互相监督和互相制约的内控管理制度，作为采购代理机构开展政府采购代理业务的必备条件提出。采购代理机构内部监督管理制度的内容主要包括工作岗位责任制度、工作人员执业守则、员工培训管理制度、工作流程控制制度、工作人员定期轮岗制度、采购文件编制审核制度、采购档案管理制度、廉洁从业管理制度等。

2）提高专业技术能力

需完善硬件设施。采购代理机构应具备独立的办公、开标、评标的场所并具有录音录像、门禁系统等电子监控设备，这是开展政府采购活动的基本的硬件条件，也是保证政府采购代理采购工作顺利开展和保障公开、公平和公正的竞争环境的客观需要，更是为财政、审计、监察等监管部门开展监督检查提供技术支撑的必要条件。

实行采购代理的职业化和专业化。采购代理行业的职业化和专业化对于提高服务质量、满足客户需求以及应对市场竞争至关重要。一是提高采购专业知识与技能，采购代理人员需要具备广泛的专业知识，包括采购法律法规、市场分析、谈判技巧等方面的知识，通过不断地培训和学习，提升采购代理人员的专业素养和能力水平。二是注重实践经验积累，通过参与各种类型的采购项目，积累丰富的实践经验是成为专业采购代理人员的重要途径。实践经验可以帮助采购代理人员更好地理解客户需求、把握市场动态，并能够灵活应对各种挑战。三是遵守职业道德与规范，采购代理人员需要遵守行业的道德规范和职业行为准则，保持良好的职业操守，建立和维护良好的职业声誉至关重要。四是提高团队合作与沟通能力，采购代理工作通常需要与采购人、供应商以及公司内部的各个部门密切合作，因此，采购代理人员需要具备良好的团队合作精神和沟通能力，确保项目顺利进行。五是持续学习与知识更新，技术和市场的不断变化要求采购代理人员保持持续学习和知识更新，跟上行业最新的发展趋势和技术变革，以便更好地为客户提供专业化的服务。

3）加强约束与监督

采购代理机构与采购人在政府采购活动中应当实行互相监督约束的机制，以确保整个采购过程的公正性、合法性和透明性。

一是明确职责分工，清晰界定采购人和采购代理机构的职责与权限，确保双方在各自职责范围内行使权力，并承担相应的责任。

二是建立沟通机制，确保采购人与采购代理机构之间信息的及时反馈，以便出现问题时相互理解并协调解决。

三是制定监督制度，制定具体的监督制度，包括对采购活动各环节的监督检查、结果评估等，以发现和纠正可能的问题。

通过上述措施的实施，可以有效地建立起采购代理机构与采购人之间的相互监督约束机制，不仅能够防止腐败和不正当行为的发生，还能够提升政府采购活动的整体质量和效率。

4）制定应急预案

采购代理机构在面对可能的突发事件时，制定应急预案是确保采购活动能够顺利进行并最小化风险的重要举措。主要包括：①风险评估，项目实施前进行全面的风险评估，识别可能影响采购活动的内外部风险因素；②预案制定，根据风险评估的结果，制定具体的应急预案，包括应对各种潜在风险的具体措施和流程；③责任分工，明确团队成员在应急情况下的角色和责任，确保每个人都清楚自己在预案中的位置和任务；④制定有效的沟通机制，确保在紧急情况下能够及时与所有相关方（包括供应商、采购人、监管机构等）进行沟通；⑤合法性检查，确保应急预案符合所有相关的法律、法规和政策要求，避免在执行过程中出现合规性问题；⑥建立数据和信息的备份系统，确保在信息系统故障或其他情况下能够恢复关键数据。

通过以上措施，采购代理机构可以有效地管理和控制采购过程中的风险，确保采购活动的合法性、公正性和透明性。

在线习题（第八章）